EL *SÍMBOLO CATÓLICO INDIANO* (1598) DE LUIS JERÓNIMO DE ORÉ

Saberes coloniales y los problemas de la evangelización en la región andina

CATALINA ANDRANGO-WALKER

Iberoamericana – Vervuert

2018

Derechos reservados

© Iberoamericana, 2018
Amor de Dios, 1 – E-28014 Madrid
Tel.: +34 91 429 35 22 - Fax: +34 91 429 53 97

© Vervuert, 2018
Elisabethenstr. 3-9 – D-60594 Frankfurt am Main
Tel.: +49 69 597 46 17 - Fax: +49 69 597 87 43

info@iberoamericanalibros.com
www.iberoamericana-vervuert.es

ISBN 978-84-16922-90-1 (Iberoamericana)
ISBN 978-3-95487-744-7 (Vervuert)
ISBN 978-3-95487-745-4 (e-book)

Depósito Legal: M-2089-2018

Diseño de la serie: Ignacio Arellano y Juan Manuel Escudero

Imagen de la cubierta: Virgen María, primera edición de *Symbolo catholico indiano*, Lima, por Antonio Ricardo, 1598.

Diseño de la cubierta: Marcela López Parada

Impreso en España

Este libro está impreso íntegramente en papel ecológico sin cloro.

A John y a Crix

ÍNDICE

AGRADECIMIENTOS

Desde el inicio de este proyecto tuve la suerte de contar con el apoyo no solo de instituciones, sino también de personas generosas que compartieron conmigo sus conocimientos y que me extendieron su valiosa amistad. Quiero expresar mi gratitud a la Oficina del Provost, al Departamento de Modern and Classical Languages and Literatures y al College of Liberal Arts and Human Sciences de Virginia Tech por la ayuda económica para subsidiar la publicación de este libro. Agradezco también a la Dumbarton Oaks Research Library donde inicié las primeras investigaciones sobre textos religiosos.

Tengo una gran deuda con mis queridos colegas y amigos que leyeron diferentes partes del manuscrito y que aportaron excelentes comentarios: Heather Allen, Elisabeth Austin, Asma Bouhrass, Isabel Estrada, Antonio Joaquín González, Domingo Ledezma, Stephanie Kirk, Felipe Ruan y, por supuesto, al lector anónimo de Iberoamericana Vervuert. El manuscrito original mejoró sustancialmente gracias a todos ustedes. Mis agradecimientos también a Andrew Becker por sus siempre ingeniosas traducciones del latín de algunas partes del *Símbolo* y a Carmen Fernández Salvador por iluminarme con sus ideas en lo referente a una de las imágenes incluidas en la obra. Seguirle los pasos a Luis Jerónimo de Oré, el protagonista itinerante de mi libro, fue una tarea que requirió de mucha colaboración en diversas partes del mundo. Agradezco la asistencia de Asma Bouhrass, quien me proporcionó documentos del Archivo General de Indias; en Perú, Álvaro Zúñiga, Rosana Calvi y Lorenzo Helguero hicieron hasta lo imposible por encontrar libros y artículos en diversas bibliotecas de Lima. Asimismo, agradezco al director ejecutivo de Ediciones de la Biblioteca Nacional del Perú, José Portocarrero, por enviarme material bibliográfico necesario para el capítulo 1. Las imágenes que he incluido en mi trabajo fueron proporcionadas muy generosamente por el personal de la Biblioteca Nacional de Chile, gracias especialmente a Daniela Schütte González, coordinadora de la Biblioteca Nacional Digital, Memoria Chilena. En la biblioteca de Virginia Tech, Jennifer Nardine gestionó eficientemente la adquisición de muchos libros imprescindibles para culminar este proyecto.

En el transcurso de la escritura del manuscrito he presentado diferentes secciones de mi trabajo en diversas conferencias tanto en Estados Unidos como en algunos países de Latinoamérica en donde he recibido excelentes comentarios y sugerencias de varias personas. Principalmente para una parte del capítulo 2 que fue presentada en el «2015 Symposium on Latin America in the Early Colonial Period» organizado por The Newberry Library obtuve los valiosos comentarios de varios participantes, en especial de Lisa Voigt y José Carlos de la Puente. Una versión preliminar del segundo capítulo será publicada en *Revista de Estudios Hispánicos*.

A lo largo de estos años he sido muy afortunada de contar con el apoyo de mis colegas en Virginia Tech; gracias especialmente a Elisabeth Austin, Jackie Bixler, Jennifer Bondy y Melissa Coburn por su inestimable amistad. Finalmente, mi familia en diferentes partes del mundo ha sido mi constante apoyo; mis padres Manuel y Mercedes, mis hermanas Imi, Marion y Crix me recuerdan siempre que su amor no tiene fronteras. Fabiana y Mateo gracias por hacerme siempre sonreír; aunque la distancia nos separe ustedes están siempre conmigo. Por último, infinitas gracias a John Walker por su comprensión y por hacer todo para que no tenga que preocuparme por nada. Es poco decir que nada de esto sería posible sin su amor sin límites y su paciencia infinita.

ÍNDICE DE ILUSTRACIONES

INTRODUCCIÓN

A partir de la década de los ochenta del siglo XX, tiempo en el que se aproximaba la conmemoración de los quinientos años de la llegada de Colón a América, se produjeron múltiples reflexiones que llevaron a intelectuales de diversas disciplinas a repensar el impacto del encuentro entre los dos mundos. Los proyectos recordatorios —que incluyeron exposiciones, libros, films, foros de discusión, y otras manifestaciones culturales— dentro de algunos sectores sirvieron para celebrar el evento enfocándose en la expansión del conocimiento renacentista. En cambio, en otras esferas, este aniversario fue una invitación para replantear las construcciones de la otredad, las relaciones de poder y, más que nada, convocaba a una celebración de la multiculturalidad[1]. Con motivo de este aniversario, también salieron a la luz obras que por siglos habían sido olvidadas.

Este es el caso del *Símbolo católico indiano* del criollo franciscano nacido y educado en Perú fray Luis Jerónimo de Oré (Huamanga, 1554-La Concepción de Chile, 1630), publicado por única vez en 1598 en Lima y presentado cuatro siglos más tarde, en 1992, en una edición facsimilar dirigida por Antonine Tibesar con estudios de Noble David Cook, Julián Heras y Luis Enrique Tord[2]. La reaparición del *Símbolo* responde a la atención que con la conmemoración del Quinto Centenario se fijó en las controversias

---

[1] Ver Boone, 1998, pp. 1-2.

[2] El título completo de la obra es *Symbolo Catholico Indiano, en el qual se declaran los mysterios de la Fe contenidos en los tres Symbolos Catholicos Apostolico, Niceno, y de San Atanasio. Contiene assi mesmo una Descripción del Nuevo Orbe, y de los naturales del, y un orden de enseñarles la docrina Chistiana en las dos lenguas generales Quichua y Aymara, con un Confesionaro breve, y Cathecismo de la Comunión.* En adelante solo me referiré a la obra

del lugar que ha ocupado y ocupa América desde la primera modernidad[3]. Este reconocimiento de la irrupción del Nuevo Mundo en el escenario del siglo XVI llevó a estudiosos como Aníbal Quijano e Immanuel Wallerstein a señalar que «[t]he Americas were not incorporated into an already existing capitalist world-economy. There could not have been a capitalist world-economy without the Americas»[4], haciendo notar así una contribución por muchos siglos subestimada. No es una casualidad entonces revisitar una obra cuyo autor, el primer criollo en publicar un escrito pastoral en el Virreinato del Perú, se apropió de los saberes peninsulares para cuestionar las construcciones europeas de la otredad que devaluaban tanto a su tierra como a quienes la habitaban.

El *Símbolo*, que según el autor nace de la necesidad de encontrar «uniformidad en el modo de enseñar la doctrina»[5], presenta estrategias pedagógicas de «utilidad [para] los indios, y provecho y ayuda de los religiosos»[6]. Adicionalmente, la obra contiene un estudio de la geografía, la historia y la etnografía del Perú. A través de estas disciplinas heterogéneas, Oré establece un diálogo con los vastos discursos científicos, filosóficos, políticos, teológicos e históricos que abarcan desde los pensadores grecorromanos hasta sus contemporáneos. Estos tópicos, a los que el autor mismo presenta como complementarios a la historia sagrada, en realidad contribuyen a mostrar en una época muy temprana las falencias de las teorías en las que los letrados renacentistas basaron su construcción imperial de la otredad americana. Al insertar sus observaciones geográficas y etnográficas locales, Oré retoma la tradición filosófica y científica marcadamente aristotélica e hipocrática adoptada en la Edad Antigua, que proponía una relación directa entre la geografía, el clima y la naturaleza humana. De acuerdo con estas teorías, el mundo estaba dividido en cinco franjas horizontales, de las cuales las regiones demasiado calurosas de los trópicos o las extremadamente frías de los polos eran las menos apropiadas, ya que este clima influía en sus habitantes haciéndolos débiles, faltos de razón y de moralidad, similares a las bestias[7].

---

como *Símbolo*, modernizaré la grafía y citaré del libro publicado en 1598. Utilizaré la versión digitalizada que se halla en la Colección Biblioteca Nacional de Chile, disponible en Memoria Chilena <http://www.memoriachilena.cl/602/w3-article-9532.html>.

[3] Ver Mignolo en Acosta, 2002, pp. 458.

[4] Quijano y Wallerstein, 1992, p. 549.

[5] Oré, *Símbolo*, fol. 65r.

[6] Oré, *Símbolo*, fols. 61v-62r.

[7] Wey-Gómez, 2008, p. 74. Para un estudio más detallado de la teoría de las cinco zonas, ver Wey-Gómez, 2011 y 2008.

En contraste, el clima moderado de las zonas templadas en las que se halla la Europa mediterránea, dotaba a sus habitantes de una moral y razón superiores. Estas características otorgaban a estos hombres el derecho a gobernar a aquellos a quienes consideraban bárbaros.

Aunque los cronistas que escribieron sobre el Perú desde el comienzo resaltaban en sus obras la fertilidad de la tierra, producto de un clima bondadoso, también continuaron basando sus caracterizaciones del hombre americano en estas teorías. En 1555, por ejemplo, Agustín de Zárate publicó la *Historia del descubrimiento y conquista del Perú*, en donde el autor describe la abundancia de animales y plantas, cuya existencia era posible gracias al medio en el que se hallaban. Pero, asimismo, reproduce los esquemas de la «jerarquía natural» cuando habla de la idolatría de los habitantes de algunas zonas asociándola con su ubicación geográfica. Según el cronista, el Perú «comienza desde la línea equinoccial adelante, hacia el medio día. La gente que habitaba debajo de la línea y en las faldas de ella, tiene los gestos ajudiados, hablan de papo, andaban tresquilados y sin vestido, más que unos pequeños refajos con que cubrían sus vergüenzas», y continúa explicando que ya que viven en una «tierra muy caliente y enferma [...] Tienen en esta provincia las puertas de los templos hacia el oriente, tapadas con unos paramentos de algodón: y en cada templo hay dos figuras de bultos de cabrones negros»[8]. La relación que hace Zárate entre la ubicación geográfica del punto en el que inicia el Perú y la naturaleza enfermiza y el temperamento salvaje de sus habitantes muestra la vigencia de estas creencias en el siglo XVI, como explicaré en el capítulo 2. Sin negar la validez de la teoría de las cinco zonas, Oré refuta las concepciones erradas que los estudiosos occidentales tenían del Nuevo Mundo, particularmente de su tierra natal, y de sus habitantes[9].

En este libro analizo el *Símbolo* enfocándome en sus discursos heterogéneos. Mi argumento es que este no es únicamente un texto que fomentó la expansión del catolicismo en la región andina, como los estudiosos lo han categorizado por mucho tiempo. Al ser el primer escrito dedicado a la evangelización producido por un criollo y publicado en Lima, el *Símbolo* es una obra fundacional tanto en la forma en la que el autor plantea los métodos

---

[8] Zárate, *Historia del descubrimiento y conquista del Perú*, fol. 3r.

[9] En el capítulo 2 me referiré al famoso debate de Valladolid entre Las Casas y Sepúlveda para explicar la forma en la que los defensores de la Corona utilizaban la creencia en la inferioridad de los nativos para justificar el derecho de España de ocupar, civilizar y cristianizar a los habitantes del Nuevo Mundo.

pedagógicos para la conversión, como en la manera en que cuestiona la posición del Perú con respecto a la metrópoli europea. Propongo que en la ópera prima de Oré, que tuvo gran acogida entre los catequizadores en el proceso de evangelización de los nativos, la religión también sirve al autor como un pretexto para exponer, por una parte, sus cuestionamientos acerca de las ideas preconcebidas que los defensores de la soberanía española sobre América tenían acerca del Nuevo Mundo y de sus habitantes; por otra parte, el discurso religioso también le es útil para poner en evidencia su descontento con la política imperial en la región andina[10].

Mi estudio se centra en las descripciones de la naturaleza del Perú y el vínculo que esta mantienen con las teorías occidentales del determinismo ambiental. Para contradecir dichas teorías, el autor presenta las excelentes cualidades del clima andino, con esto logra demostrar la racionalidad de los nativos y su capacidad para aceptar el cristianismo. Manteniendo las debidas diferencias étnico-raciales, esta relación entre clima y naturaleza humana apoya, además, su reclamo de la posición de los descendientes de los europeos nacidos en el Nuevo Mundo que como él, estaban contribuyendo a la consolidación política y religiosa del imperio español en el virreinato. No obstante, este descontento de ninguna manera significa una ruptura con la estructura imperial peninsular. Oré, al igual que los intelectuales de mediados siglo XVII que «buscan consolidar este orden ofreciéndose como los agentes con mayor capacidad para mantener el estatus quo de cualquier tipo de amenaza interna o externa»[11], se construye a sí mismo como agente de la Corona al escribir una obra tan necesaria para promover la expansión española, en la que además pone en práctica su dominio del saber occidental y su conocimiento de las culturas andinas. Pero, al mismo tiempo, el letrado también valora su tierra y las contribuciones económicas del Perú a la metrópoli europea. Estas posiciones del autor me llevan a resaltar en su escritura un momento de fundación de la actitud criolla. En mi análisis, por lo tanto, me preocupo más de los vínculos que el letrado tiene con el canon cultural de la metrópoli al que se adhiere y que, además, adapta al ámbito andino, que de un momento de ruptura, el cual es inexistente en una época tan temprana.

---

[10] El libro consta de 395 páginas; las primeras 142 están dedicadas al estudio de la geografía, la historia, la etnografía y a los problemas sociales que incidían directamente en el lento avance de la conversión religiosa.

[11] Vitulli, 2013, p. 35.

En mi estudio, argumento asimismo que Oré, hijo de ricos encomenderos, expone en su obra las disyuntivas de su tiempo, principalmente aquellas relacionadas con las preocupaciones por el lento avance del proceso de evangelización. El autor se vale de esta problemática para exhibir los conflictos entre las primeras generaciones de criollos y los recién llegados, los abusos de los encomenderos hacia los nativos y la mala administración política del Perú. Al exteriorizar estos desórdenes, que eran bastante discutidos en su época, especialmente dentro de la misma clase eclesiástica, el autor no hace ninguna referencia a escritos anteriores que denunciaban estos temas. Es decir, aunque es evidente que Oré sigue muy de cerca las ideas del padre Bartolomé de Las Casas, las de fray Domingo de Santo Tomás, así como las de otros religiosos que desde las primeras décadas del asentamiento español cuestionaron el maltrato a los nativos y el despoblamiento de la tierra, el huamanguino jamás cita sus textos[12]. En cambio, el autor sigue muy de cerca los libros pastorales producidos por el Tercer Concilio Limense y también los textos del padre José de Acosta. Más que nada, Oré entabla un debate con un vasto legado intelectual que abarca desde las ideas de los sabios griegos, romanos y latinos, hasta los más cercanos a su tiempo. De esta manera, el letrado se apropia de los saberes occidentales para cuestionar el *statu quo* del mundo virreinal y al mismo tiempo para colocarse como autoridad intelectual tanto entre sus pares andinos como también entre los sabios europeos.

El Tercer Concilio Limense (1582-1583) impulsó la impresión de manuales diseñados para unificar la enseñanza del catolicismo en la región andina. Así, entre 1584 y 1585, se produjeron en Lima los primeros textos pastorales oficiales trilingües (en español, quechua y aimara): *Doctrina cristiana y catecismo para instrucción de indios* (1584), *Confesionario para los curas de indios* (1585) y *Tercer catecismo y exposición de la doctrina cristiana por sermones* (1585). A partir de su aparición, estos, los primeros impresos en el Perú y en toda América del Sur, fueron los únicos autorizados para la evangelización de los nativos. Trece años más tarde, el *Símbolo* fue empleado en esta tarea con una distinción similar a las obras conciliares. Oré los sigue de cerca, complementándolos al ofrecer una visión de la geografía, la historia, las tradiciones y la religión del mundo andino con el pretexto de que los evangelizadores se familiaricen con la cultura de los catequizados. Pero también los contesta al refutar la forma negativa con la que se caracterizaba a los andinos en los

---

[12] Para más información sobre las críticas de la Iglesia a las campañas conquistadoras en el Perú, ver Lisi, 1990, p. 247.

mencionados escritos. Mientras que los textos pastorales conciliares puntualizaban que el retraso de la transformación religiosa se debía a la persistencia de las prácticas idolátricas de los indígenas a la que sumaban su rudeza para acercarse a la fe cristiana, Oré disiente de este enfoque. El letrado hace notar que el retraso del proceso de conversión no se debía a la supuesta inferioridad intelectual de los nativos, ni a la idolatría. En cambio, él atribuye el poco éxito del avance del catolicismo a la falta de métodos pedagógicos adecuados, a la corrupción de los propios evangelizadores y a la política imperial, incapaz de controlar la explotación de los nativos (ver capítulo 4).

El letrado huamanguino valora el largo trecho recorrido en el campo de la evangelización en las décadas anteriores, pero también reconoce que «es todavía muy grande esta mies de cristianos mal convertidos, y no hay poco que hacer en las doctrinas, si los curas de ellas atienden a la obligación de su oficio y vocación; que para tratar de esta conclusión, se han puesto antes las premisas de todos los notables pasados»[13]. Su consciencia de estas falencias le llevó a introducir en la obra sus propias composiciones en verso adaptadas del *Símbolo de la fe*, conocido también como *Quicumque*, que hasta ese entonces se atribuía a san Atanasio. El autor tradujo al quechua el *Símbolo de la fe* en forma de siete cánticos, uno para cada día de la semana, más uno adicional para ser cantado en los días de fiesta[14]. Los cánticos, gracias a los cuales el *Símbolo* adquirió mucha popularidad entre los evangelizadores, según el autor, eran una alternativa a la violencia con la que se intentaba borrar las creencias religiosas de los nativos e imponerles los preceptos de la fe católica (algunos de los castigos eran azotes, rapados de cabeza, pena de cárcel, el despojo de una parte de los bienes, entre otras)[15]. Siguiendo los dos ciclos de

---

[13] Oré, *Símbolo*, fol. 42v.

[14] Oré explica que este cántico «es una suma o epílogo de todo lo dicho antes en los siete cánticos para rezarlo a la tarde, o cantarlo al tono de *Sacris Solemnis*», Oré, *Símbolo*, fol. 158v. Gwynn, 2012, p.184 indica que hasta el siglo XVII se atribuyó el *Símbolo* o profesión de fe a san Atanasio posiblemente porque su contenido coincide con sus enseñanzas. El *Símbolo Quicumque*, que en adelante seguiré llamando de san Atanasio únicamente por seguir la concordancia con la obra de Oré, mantiene la igualdad y la unidad de la Santísima Trinidad, aunque también se mantienen las identidades individuales. Para más información sobre san Atanasio, ver Donker, 2011 y 2012.

[15] Ver Oré, *Símbolo*, fol. 54v. Aunque algunos evangelizadores eran partidarios de alejar a los nativos de sus creencias religiosas mediante la persuasión, desde las primeras décadas de la presencia española en suelo andino se produjeron documentos, como el del Primer Concilio Limense (1551) en el que se señalan los castigos para quienes persistieran en realizar sus rituales. Estos consistían en azotes, rapados de cabeza, pena de cárcel, el

la profesión de la fe de san Atanasio, el trinitario y el cristológico, los cánticos contienen temas que van desde el Génesis hasta la concepción, pasión, muerte y resurrección de Cristo. A esta estrategia pedagógica que de acuerdo con los modelos retóricos clásicos tiene como propósito enseñar, deleitar y conmover al catequizado, se unen además los mitos y otros referentes religiosos prehispánicos. El letrado se sirve de estos legados culturales para ir desde lo que resultaba familiar para los nativos hasta el nuevo conocimiento bíblico. Esta propuesta metodológica de Oré proviene de la búsqueda de una retórica evangelizadora apropiada para el contexto andino (ver capítulo 4).

Los escritos pastorales existentes en su época (los promovidos por el Tercer Concilio Limense y la obra del padre José de Acosta *De procuranda indorum salute*) resultaban insuficientes, especialmente porque no se ocupaban de conocer la cultura del catequizado en profundidad y más que nada por la caracterización negativa de los indígenas (ver el capítulo 4). Por lo tanto, en la creación de su propia pedagogía pastoral, Oré recurre también a las obras retóricas de fray Luis de Granada (1504-1588), las cuales le sirven parcialmente para responder a las complejidades del mundo colonial. Al apropiarse del código letrado europeo el autor huamanguino no únicamente imita, sino que también adapta las enseñanzas del teólogo español a su espacio enunciativo. De esta forma, Oré hace uso de los recursos retóricos granadinos para introducir métodos de predicación adecuados para la región andina, pero a la vez, este acercamiento pedagógico le sirve como pretexto para exponer los problemas locales que detenían el avance de la expansión católica (ver capítulo 4).

A finales del siglo XVI los escritos conocidos sobre el pasado de la región andina eran aquellos producidos únicamente por los europeos, entre los cuales se hallaban soldados, cronistas, oficiales de la Corona, religiosos y otros hombres de letras. Al incluir las memorias y los aspectos culturales de los incas en el *Símbolo*, así como la situación actual de su tierra natal, Oré se convirtió en el primer peruano en publicar una crítica a la historiografía realizada hasta ese entonces desde la exclusiva perspectiva de los foráneos. En un proceso de naturaleza colaborativa el letrado, que recorrió extensamente

despojo de una parte de los bienes, entre otras. La llegada del virrey Toledo al Perú marcó una época aún más represiva; en su afán por lograr la integración religiosa, Toledo nombró a visitadores para reprimir y extirpar la idolatría, entre los que se hallaban Cristóbal de Molina y Cristóbal de Albornoz. Este último produjo la *Instrucción para descubrir todas la huacas del Perú con sus camayos y haciendas* (1583), que constituye el primer tratado de extirpación de idolatrías en la región andina. Para mayor detalle sobre los castigos utilizados en el proceso de extirpación de idolatrías, ver Duviols, 2003, pp. 20-52.

la región andina, recoge los testimonios orales de los nativos (aunque sin mencionar sus nombres); esto permite al lector ver a Oré en su tarea etnográfica. Es así como el autor trata de acercarse a la «verdad» a través de sus fuentes acreditadas y como testigo ocular[16]. Más aún, en el acto de escritura de la historia, Oré se sirve de sus dos legados: su familiaridad con las culturas andinas y la educación humanística que recibió primero como estudiante en el Cuzco y más tarde en la Universidad de San Marcos en Lima.

El autor huamanguino hace evidente su capacidad de dialogar con los historiadores europeos incluyendo en su obra referencias a las autoridades intelectuales más renombradas del siglo XVI que escribieron sobre el Nuevo Mundo, como Agustín de Zárate, Gonzalo Fernández de Oviedo, y su principal influencia, el padre José de Acosta. Oré se vale de sus discursos para respaldar su propio trabajo y para complementarlos, ya que según él, estos habían sido «murmurados de falta de averiguación en algunas cosas que escriben, de que hay testigos de vista hasta ahora»[17]. De esta manera, el letrado ofrece una obra pastoral de naturaleza interdisciplinaria en la que incorpora por una parte, sus averiguaciones del pasado de los nativos desde su posición privilegiada de hablante de las lenguas locales y de testigo ocular, y por otra, sus conocimientos humanísticos de la historiografía occidental.

El *Símbolo* se convirtió en un significativo referente de escritos posteriores (ver capítulo 1). Oré se adelanta a tratar temas que más tarde fueron popularizados por autores canónicos. En efecto, solo por citar unos pocos ejemplos, algunos de los pasajes de la obra, como la corrupción eclesiástica que denuncia Felipe Guaman Poma de Ayala, la admiración por el Cuzco y las comparaciones de esta ciudad con Roma que nos hacen pensar inmediatamente en el Inca Garcilaso de la Vega, o las respuestas a las teorías occidentales que relacionaban el medio ambiente con la naturaleza del hombre que también trata del Inca Garcilaso y que llegan a ser muy debatidas, especialmente a partir de los años treinta del siglo XVII, ya las expresó Oré a finales del siglo XVI. Guaman Poma cita, copia y parafrasea las ideas de su coetáneo huamanguino, lo que indica el éxito del que gozó el *Símbolo* y el prestigio del autor entre los intelectuales de su tiempo[18].

---

[16] Ver Zamora, 1988, pp. 39-40 para un estudio más amplio de la historiografía y los cambios del concepto de "verdad histórica".

[17] Oré, *Símbolo*, fol. 37r.

[18] Adorno, 1991, p. 27. En *Guaman Poma: literatura de resistencia en el Perú colonial*, Adorno indica con exactitud los pasajes que Guaman Poma tomó del *Símbolo* señalando que algunas veces este atribuye dichos fragmentos a Oré y otras no.

Más difícil resulta establecer la conexión de Oré con el Inca Garcilaso, a pesar de que muchos de los temas que este trató en el *Símbolo* se hallan desarrollados más tarde en los *Comentarios reales de los Incas* (1609). Al contrario del autor de la *Primer nueva corónica*, Garcilaso nunca cita a Oré en la primera parte de los *Comentarios*; sí lo hace en la segunda parte, pero solo para relatar acerca de un encuentro que tuvieron en 1612, cuando el franciscano se hallaba en España. De la Vega comenta que en esa ocasión le regaló tres ejemplares de *La Florida del Inca* (1605) y cuatro de los *Comentarios reales*[19]. No obstante, no indica si fue o no reciprocado por su visitante con copias de alguna de sus tres obras, hasta ese entonces impresas (ver capítulo 1). Más aún, en su artículo «La biblioteca del Inca», el garcilasista José Durand se refiere al hecho asegurando que no se ha encontrado en el inventario de los libros del Inca ningún escrito del huamanguino[20]. Esto no quiere decir que Garcilaso no haya conocido la ópera prima de Oré, ya que, como explica Durand, hay muchas inexactitudes en dicho catálogo[21]. Por el contrario, el impacto del *Símbolo* sí se puede ver más claramente en intelectuales posteriores, especialmente en aquellos que publicaron sus trabajos a partir de la década de los treinta del siglo XVII como Antonio de la Calancha, Buenaventura de Salinas y Córdova, el magistrado español defensor de los criollos Juan de Solórzano Pereira, y otros, quienes también citan al letrado huamanguino. Estos escritores incluyen la historia y la naturaleza americana en un discurso que muestra ya abiertamente el descontento criollo expresado solo de manera cuidadosa en el *Símbolo* (ver capítulo 3).

A pesar de la influencia de Oré tanto en sus contemporáneos como en los intelectuales posteriores, su obra no ha sido muy tomada en cuenta por la crítica por varios motivos. El primero de ellos se debe posiblemente a su inaccesibilidad, ya que hasta antes de 1992 la edición de 1598 fue la única que circuló, aunque el autor intentó, sin ningún éxito, reeditarla a comienzos del siglo XVII[22]. El segundo factor que ha contribuido a este desinterés tiene que ver con que los estudios del *Símbolo* en el siglo XIX y parte del XX

---

[19] Ver De la Vega, *Segunda parte de los Comentarios reales*, pp. 271-272. En cambio, según Chang-Rodríguez tanto los *Comentarios reales* como *La Florida del Inca* influenciaron en la escritura de la obra de Oré *Relación de los mártires de la Florida* (c. 1619). Ver Chang-Rodríguez y Vogeley, 2017, pp. 20-21.

[20] Durand, 1948, p. 262.

[21] Durand, 1948, pp. 239-240.

[22] Para más información sobre la circulación de la obra más allá de los primeros años, ver la obra de Durston *Pastoral Quechua*, p. 148.

provienen principalmente de historiadores y teólogos que pusieron énfasis en el carácter evangelizador de la obra ignorando las observaciones etnográficas y las críticas al estado de la evangelización en el Perú. En su *Historia de la literatura colonial de Chile* publicada en 1878, el historiador chileno José Toribio Medina incluye varias obras de Oré y dedica un buen espacio al *Símbolo*. De este dice que «debe mirarse sólo como la producción primera del escritor, de la cual si se conservan hasta hoy fragmentos de interés, en cambio, la diversidad de materias agrupadas pudiera ser un indicio de que sólo se ha querido aumentar el número de páginas, contratada ya la impresión, y dando así un lugar para cuanto se encontró a mano, no importaba que hiciera o no al asunto»[23]. Por el contrario, como demuestro en mi trabajo, nada en el *Símbolo* es aleatorio y es precisamente esa heterogeneidad temática la que hay que rescatar tomando en cuenta además su contexto de producción dentro de un espacio enunciativo desordenado y en permanente conflicto.

CONSIDERACIONES METODOLÓGICAS

En las últimas décadas del siglo XX los estudiosos del periodo colonial plantearon las limitaciones de la escritura entendida desde la perspectiva eurocéntrica como única forma válida para abarcar la llamada alta cultura y para comprender el pasado[24]. Efectivamente, este cambio ha contribuido a repensar el *locus* de enunciación y a integrar otras manifestaciones culturales definidas hasta entonces únicamente en términos de categorías problemáticas por no atenerse a los cánones, por su naturaleza poco literaria, por no estar ligadas a la escritura, o por no haber sido escritas en español —como es el caso de la poesía quechua que Oré incluye en su obra—. De este modo, estas nuevas perspectivas son un intento de lograr una descentralización del conocimiento al poner de relieve el espacio de enunciación local así como también géneros y autores excluidos de un canon europeizado[25].

---

[23] Medina, *Historia de la literatura colonial de Chile*, pp. 87-88.

[24] Ver Mignolo, 1986, pp. 137-138. Para una evaluación reflexiva del impacto de estos debates producidos en los años noventa en los estudios coloniales, ver Díaz, 2014.

[25] Los estudios coloniales de las últimas décadas se han centrado ya en otras expresiones culturales, aparte de las escritas, que sin duda contribuyen a expandir el campo. Las consideraciones de Walter Mignolo de sistemas alternativos de literalidad, en el caso de las expresiones gráficas, para las culturas prehispánicas lo llevan a sugerir «the possibility of imagining not only *alternative literacies* but also *alternative politics of intellectual inquiry*

El encasillamiento del *Símbolo* como una obra únicamente pastoral, hizo que los críticos obviaran los otros temas que el autor incluyó en el libro, así como las estrategias discursivas de las que se vale para exponer su defensa del Perú y de sus habitantes. Ya en la década de los ochenta Margarita Zamora planteó la necesidad de entender las producciones coloniales situándolas dentro de su contexto sociocultural de creación, lo cual conllevaría a un mejor entendimiento tanto del tipo de discurso como de su función cultural[26]. Incluir en el campo de estudio discursos que antes habían sido considerados poco literarios requiere también de nuevos acercamientos teóricos. Así, Juan Vitulli, en su trabajo sobre el letrado peruano Juan de Espinoza Medrano, avanza la formulación de Zamora proponiendo el concepto de *deixis* criolla. Aunque Vitulli se refiere exclusivamente al caso del discurso criollo, propone esta herramienta teórica «para interpretar con mayor exactitud el significado amplio (social, político, estético) de la pose criolla»[27]. La *deixis* es un término tomado de la lingüística que, en el proceso de comunicación, remite a situaciones ya conocidas, pero que únicamente se llenan de contenido cuando se contextualizan[28]. En mi estudio la contextualización del *Símbolo*, tomando en cuenta las condiciones socio políticas del Perú virreinal de finales del siglo XVI, me permite un acercamiento a las diferentes facetas de Oré: como letrado capaz de debatir con sus pares europeos y de superarlos en conocimiento, como autoridad promotora de la cultura europea entre los nativos y como representante de una incipiente comunidad letrada local que ya comenzaba a manifestarse a finales del siglo XVI. El recorrido por estas facetas del autor facilita además un mejor entendimiento de la interacción de este sujeto criollo con el poder colonial al que contesta y a la vez apoya.

A pesar de que por mucho tiempo la notoriedad de la obra se debió a la relevancia que adquirieron los cánticos, la crítica tampoco se ha ocupado de la poesía quechua que era parte de ellos. En adición a las razones ya explicadas para el olvido en el que ha caído el resto de la obra, esto se debe también al idioma y a «la reducción de la literatura latinoamericana

---

and *alternative loci of enunciation*», 1994, p. 303. Esta propuesta invita a dejar de considerar las expresiones culturales andina y mesoamericana únicamente desde las fuentes canónicas europeas e insta a la valoración de las representaciones culturales producidas por los nativos ya sean estas gráficas, orales o escritas, en español o en sus respectivos idiomas.

[26] Ver Zamora, 1987, p. 343.

[27] Vitulli, 2013, p. 12.

[28] Ver Vitulli, 2013, p. 61.

exclusivamente a la escrita en lenguas europeas y bajo normas estéticamente propias o derivadas de las de Occidente»[29]. Hasta el presente solo se han publicado dos estudios, uno de Margot Beyersdorff, quien en su artículo «Rito y verbo en la poesía de Fray Luis Jerónimo de Oré» (1993) presenta una traducción al español con su correspondiente estudio del cántico seis. Asimismo, Gerald Taylor, en su libro *El sol, la luna y las estrellas no son Dios...* (2003), hace un breve análisis del cántico dos. Ojalá que la traducción de la poesía quechua al español que Miguel Ángel Espinoza incluye en su obra *La catequesis en Fray Luis Jerónimo de Oré, ofm: un aporte a la nueva evangelización* (2012) contribuya a hacerla más accesible para los estudiosos del género lírico virreinal.

El estudio de los cánticos requiere asimismo volver al contexto de producción de la obra. La metodología que Oré propone en dicha sección es una respuesta al discurso evangelizador delineado en los textos pastorales resultantes del Tercer Concilio. En estos se intentaba imponer el catolicismo a los nativos borrando todo rastro de sus propias manifestaciones religiosas por considerarlas idolátricas[30]. Al contrario de los textos pastorales conciliares, Oré no pone énfasis en la idolatría y más bien utiliza los mismos elementos de las culturas andinas para explicar a los neófitos un conocimiento que era ajeno a su realidad. En este trabajo propongo acercarme a este proceso de intercambio de conocimiento entre lo local y lo foráneo desde mi interpretación de la transculturación, el término que Fernando Ortiz acuñó en el *Contrapunteo cubano del tabaco y el azúcar* (1940). Para Ortiz, esta herramienta teórica permitiría explicar «las diferentes fases del proceso transitivo de una cultura a otra, porque este no consiste en adquirir una distinta cultura [...] sino que el proceso implica también necesariamente la pérdida o desarraigo de una cultura precedente»[31]. Críticos de diversos campos han visto los problemas que acarrea este planteamiento, ya que el término «contrapunteo» que Ortiz propuso como sinónimo de transculturación desde el punto de vista musicológico es la concordancia armoniosa de voces que se contraponen. Por lo tanto, la metáfora musical sería difícilmente adaptable, ya que excluiría el estudio del desequilibrio de poder[32].

---

[29] Cornejo Polar, 1987, p. 125.

[30] Ver, por ejemplo, el *Confesionario para los curas de indios* (1585), en donde se da instrucciones a estos para luchar contra la idolatría.

[31] Ortiz, 1973, pp. 134-135.

[32] Ver Spitta, 1995, pp. 5-6.

En mi análisis problematizo la metodología transculturadora de Oré, pues, como demuestro, no se trata de ningún modo de una combinación armónica de elementos de ambas culturas. Por el contrario, el letrado peruano desde su posición de autoridad eclesiástica usa como punto de partida los mitos, las leyendas y las tradiciones locales para enseñar el catolicismo y hacerlo prevalecer. En esta intersección del saber europeo y el poder colonial, Oré impone una estricta vigilancia de los nuevos rituales, lo que deviene también en una forma de control social. Para ello ofrece instrucciones precisas de la manera en que se deben realizar las ceremonias religiosas haciendo que los nativos mimeticen los rituales católicos. De este modo, el autor parte desde los elementos de la cultura andina para llegar a los conocimientos de la cultura hegemónica creando cánticos con música medieval basándose en fuentes teológicas tradicionales, pero interpretados en quechua. Asimismo, los elementos de la mitología andina le sirven para explicar que el hombre no puede originarse de una cueva porque así como de la semilla del maíz nace el maíz y de la semilla de la quinua nace la quinua, el ser humano proviene de otros seres humanos cuyo origen primero es Dios[33]. Este proceso transculturador revela también las complejidades identitarias del autor; en su papel de sujeto subalterno, súbdito del imperio español, la imitación de los modelos teológicos occidentales es su manera de afianzar sus lazos con el orden metropolitano imperial. En cambio, como agente de la expansión imperial y autoridad eclesiástica, el huamanguino crea una forma de religiosidad católica heredada de España pero diferente en cuanto esta se explica e interpreta a través de los elementos y contextos locales.

Los estudios más recientes sobre el *Símbolo* y su autor contribuyen a comprender mucho mejor el ámbito histórico del que Oré formó parte (Cook 1992, 1998 y 2008; Richter 1990; Pello 2000), a la vez que también han empezado a destacar otros aspectos del texto como por ejemplo la poesía quechua (Beyersdorff 1993, Taylor 2003). Todas estas valiosas investigaciones favorecen un mejor entendimiento de este letrado y de su intensa labor dentro de la vida religiosa e intelectual del virreinato de la que fue un participante muy activo. No obstante, los aspectos que los críticos han ignorado son aquellos en los que el autor cuestiona desde muy temprano las construcciones de la otredad ligadas al conocimiento científico y filosófico de su época. Asimismo, ningún estudio toma en cuenta el papel fundacional de Oré para el discurso criollo que se desarrollará en las décadas posteriores.

---

[33] Ver Oré, *Símbolo*, p. 291r.

Este libro en sus cuatro capítulos se enfoca en la heterogeneidad discursiva del *Símbolo*; mi interés es poner en el centro las aproximaciones del autor a la historia, sus preocupaciones políticas, y su misma posición como letrado criollo, temas que hasta hace poco fueron vistos como simples accesorios. Por razones prácticas para mi análisis he divido al *Símbolo* en dos partes, aunque, como explicaré en el capítulo uno, esta división es mucho más compleja. La primera está compuesta por las secciones en las que el autor se dedica a explicar la naturaleza de Dios, la historia natural, la etnografía del Perú y a delimitar las características del buen evangelizador. En la segunda, en cambio, Oré se centra completamente en proveer una metodología evangelizadora para la conversión ofreciendo materiales en su mayoría originales que están en español con traducciones al quechua y con glosas en latín.

En el primer capítulo presento una breve biografía de Oré con el objetivo de proveer una aproximación a su intenso quehacer como religioso y como intelectual; este acercamiento me permite ubicarlo dentro de su espacio enunciativo. A través de sus actividades de traductor, predicador, representante de su orden en España, devilo la imagen de un sujeto itinerante, ya sea en su propia tierra, como en la península o en la Florida —aunque para cuando escribió el *Símbolo*, su primera obra, jamás había estado en Europa—. Un acercamiento a la polifacética vida del letrado permite entender mejor la sociedad en la que vivió y en la cual, en medio del desorden político, social y religioso, desarrolló su obra. Todas estas actividades muestran al sujeto criollo en medio de sus dos mundos, tratando de conectarlos como puente cultural y de traducirlos constantemente para explicar el mundo andino a los europeos y viceversa. Asimismo, para entender mejor el *Símbolo* y la manera en la que este escrito se posicionó entre los religiosos e intelectuales de su tiempo proveo una breve revisión de los problemas metodológicos de la evangelización en la región andina en el siglo XVI. Este contexto contribuye a comprender su importancia como manual pastoral y la recepción que la obra tuvo en su tiempo.

La aproximación al contexto de producción de la obra me permite adentrarme en el otro discurso, es decir, en las preocupaciones del autor por los aspectos sociopolíticos de su época. La primera parte del *Símbolo* no es una denuncia abierta como la obra del padre Bartolomé de Las Casas, aunque el cura franciscano expresa constantemente su desacuerdo con las construcciones de la alteridad que reducían a los nativos a una escala inferior de humanidad. En cambio, documentos de archivo prueban que los últimos años de su vida, que los pasó como obispo de La Concepción de

Chile, fueron conflictivos. Estos escritos permiten una mirada, aunque de manera breve, a su crítica directa a la explotación y a la esclavitud de los araucanos. Aparte de estos documentos, para este capítulo son importantes los estudios previos sobre la vida de Oré, especialmente los aparecidos en las últimas décadas, como son los diligentes trabajos de Noble David Cook, Raquel Chang-Rodríguez, Margot Beyersdorff, Julián Heras, Luis Enrique Tord, Federico Richter y otros.

El segundo capítulo está dedicado al análisis de la historia natural y al estudio de la etnografía andina que el huamanguino introduce en el *Símbolo*. La primera constituye una forma de contestar las teorías del determinismo climático mediante las cuales el letrado establece una defensa de la racionalidad de los nativos. Oré cuestiona el conocimiento occidental que dividía al mundo en tres partes (Asia, África y Europa), y que además consideraba erróneamente que el clima de los trópicos incidía en la falta razón y moral de sus habitantes. Así, mediante la inclusión de la historia natural en la obra, el cura franciscano se enfoca en la forma en que la existencia de un Nuevo Orbe revolucionó el conocimiento renacentista y en la necesidad cada vez más urgente de replantear estas concepciones.

En cambio, la inclusión de las manifestaciones culturales prehispánicas contribuye a mostrar que los nativos como seres originarios de una tierra con abundantes «buenos aires» eran racionales y, por lo tanto, estaban listos para recibir el cristianismo. Según el letrado, sus conocimientos del hacedor del universo, los preparaba para aceptar al «único Dios verdadero». Esto le lleva a concluir que el retraso de la evangelización en la región andina no provenía de la incapacidad de los nativos para entender el cristianismo, sino de la incapacidad de los europeos de entender la cultura andina, como he señalado con anterioridad. Mi análisis se centra en la estrecha relación que existe entre la historia natural y las descripciones de las costumbres y la religión de los incas que el letrado incluye en su obra. Me enfoco en la forma en que Oré pone en práctica su formación humanística y su conocimiento de la escritura de la historia para documentar las memorias andinas siguiendo los modelos provenientes de los sabios griegos, romanos y latinos. Asimismo, el huamanguino establece un diálogo con las obras de los historiadores más cercanos a su tiempo reconociendo su valía, pero al mismo tiempo complementando y corrigiendo sus escritos. En este acto de escritura destaco además los retos que el autor enfrenta para poner en papel el pasado de una cultura ágrafa y las estrategias que utiliza para establecer su dominio de los códigos letrados occidentales.

En el tercer capítulo analizo la posición de Oré como un letrado que sienta las bases para el discurso criollo del siglo XVII. Aunque la palabra criollo ya se usaba a finales del siglo XVI para denominar a los descendientes de los españoles nacidos en las Indias, el rechazo de Oré a usar ese término para identificarse a sí mismo me lleva a adentrarme en la complejidad y heterogeneidad de estos sujetos y sus discursos. El huamanguino, quien se autodefine como «indiano» o «hijo de la tierra», se vale de su conocimiento de la cultura occidental a través de la que establece una continuidad de la estructura monárquica peninsular defendiendo la posición de España frente a sus enemigos imperiales. Pero, al mismo tiempo, como oriundo de los Andes, se esfuerza por realizar una defensa de su espacio enunciativo, al que coloca en un lugar cada vez más prominente con respecto a la metrópoli. En mi estudio destaco la forma en que las inclusiones de las riquezas del Perú, así como también la proliferación de los conventos, las iglesias y las muestras de religiosidad de la gente local, le son útiles para enfatizar la magnitud de la extensión del cristianismo en la región. Oré resalta especialmente las contribuciones de los religiosos descendientes de los primeros conquistadores en el éxito de esta tarea. Los detalles de la expansión católica asimismo le son útiles para demostrar que el Perú también era merecedor de los favores divinos, por lo que el autor aprovecha para hace notar las adopciones creativas marianas poniendo como ejemplo las figuras de las Vírgenes de Copacabana y de Guadalupe.

En este capítulo me enfoco además en las descripciones de Lima y su grandeza, prestando atención a los detalles que el cura franciscano presenta sobre sus centros educativos para analizar la estrecha relación que guarda la ciudad con la calidad de sus hombres sabios. Para posicionar a Oré dentro de su espacio de enunciación y de su tiempo, en mi análisis también tomo en cuenta los paratextos; me refiero a los escritos colocados al inicio del *Símbolo* con el propósito de avalarlo. Reflexiono especialmente en torno a los poemas de alabanza firmados por cuatro religiosos que pertenecían a su mismo entorno. Estos discursos laudatorios permiten un acercamiento a un círculo letrado que reclamaba reconocimiento para el autor, para su obra y para su lugar de enunciación. A través de sus poemas laudatorios y de defensa a Oré me acerco a la posición de estos poetas «hijos de la tierra», para averiguar la manera en que se constituyen a sí mismos como los nuevos protagonistas intelectuales del Perú. La participación de estos individuos que hacen gala de su dominio de las técnicas de la métrica clásica me permite examinar el modo en que Oré pone en un plano central la dinámica de la disparidad entre el vasto conocimiento al que ya estaban accediendo los descendientes de europeos nacidos en Perú y su exclusión de los círculos de poder. Por eso observo en la presencia de estos hombres doctos en el *Símbolo* mucho más que un respaldo para el libro y para el autor; en cambio, propongo que sus poemas laudatorios constituyen un aval para los letrados peruanos que ya empezaban a destacar a finales del siglo XVI. Aunque este grupo de letrados recoge las preocupaciones de su época de los hijos de la tierra, no pretendo de ninguna manera insinuar que ellos los representan en su totalidad. Por el contrario, estoy consciente de la heterogeneidad del sujeto criollo tanto en el ámbito del género como de la clase social. No obstante, debido a la temática de mi trabajo delimito la extensión de mi estudio a este exclusivo conjunto de sujetos que con sus estrategias de escritura aprovechan de la prosa y el verso para dar forma a sus reclamos y descontentos.

En el cuarto capítulo analizo la búsqueda del cura franciscano de una metodología adecuada para trasmitir los preceptos de la fe católica a los nativos. En la primera parte del mismo me enfoco en los modelos retóricos que Oré adapta para delinear el modo de comunicar las enseñanzas cristianas. Me refiero a la influencia de *De procuranda indorum salute* del padre Acosta y también a su interpretación de los textos pastorales resultantes del Tercer Concilio Limense. Oré se apoya en estas obras, pero a la vez toma otra dirección en cuanto a su forma de acercamiento a los neófitos. Asimismo, en este estudio presto atención al modo en que el autor adapta los tratados de retórica de fray Luis de Granada para adecuar estrategias de predicación que acerquen a los nativos a la fe, de manera que el sermón «penetr[e] más que cuchillo de dos filos, hasta la medula del corazón»[34]. Finalmente, me concentro en su uso de la retórica granadina como un pretexto para resaltar los problemas locales que influían en el lento avance de la tan ansiada transformación religiosa en la región andina. La segunda sección de este capítulo está destinada al estudio del método práctico que Oré propone para la conversión. Analizo principalmente dos ejemplos, las declaraciones en español de los cánticos cinco y seis que el letrado presenta en la segunda parte del *Símbolo*. En estos dos casos resalto la manera en que como aliado del poder imperial para la expansión religiosa el autor integra elementos andinos en el discurso religioso católico como la oralidad, la naturaleza y los rituales locales. Dichos elementos facilitan al autor llegar desde lo conocido para los neófitos hasta lo extranjero. Estas declaraciones son la explicación

---

[34] Oré, *Símbolo*, fol. 62v.

en prosa en español de los versos que componen los cánticos en quechua que el autor provee al inicio de cada uno de ellos.

Mi trabajo se ha beneficiado enormemente de los documentos de archivo mediante los cuales he podido situar mejor a este letrado peruano dentro de su espacio enunciativo, por eso al final de mi estudio presento también dos apéndices. Se trata de documentos que se hallan en el Archivo General de Indias en Sevilla, los cuales recogen la actividad religiosa y administrativa de la última parte de la vida de Oré, cuando se desempeñaba como obispo de La Concepción de Chile. El primero es una carta del 5 de marzo de 1627 titulada «Informa que hizo una procesión solemne por el buen alumbramiento de la Reina, sacando el Santísimo Sacramento y una imagen de Nuestra Señora de las Nieves muy devota y el obispo dijo misa de pontifical». Este documento muestra al autor como súbdito leal a la Corona española poniendo de relieve su compromiso con la expansión religiosa a través de las formas de culto a la Virgen que promovía en sus misiones.

El segundo es la «Carta de don Luis Fernández de Córdova sobre el obispo fray Luis Jerónimo de Oré. 1 al 29 de febrero de 1629». Su contenido muestra los conflictos que el obispo mantuvo con el gobernador Luis Fernández de Córdoba y Arce, quien envía este informe al rey quejándose de las disputas suscitadas por la competencia de jurisdicción que tuvo con el obispo sobre su autoridad para nombrar capellanes en el ejército. Fernández de Córdoba y Arce acompaña todos los documentos acreditativos haciendo recopilar las cartas intercambiadas entre él y Oré, los testimonios de testigos para sostener la veracidad de su palabra, y un informe sobre sus desencuentros. Lo más notorio de este informe es que, casi al final del largo documento, el gobernador reclama a Oré por una crítica que este había lanzado a los españoles en la misa dominical reprochándoles por la situación de esclavitud en que mantenían a los araucanos. El gobernador le hace notar que la defensa de los nativos que hizo el obispo de Chiapas décadas atrás no tiene nada que ver con la situación de los araucanos del reino de Chile. De esta manera se puede ver brevemente al Oré defensor de los indígenas, quien en su réplica insiste en que estos tienen «ángel que los defienda y que soy yo su obispo»[35]. Lamentablemente no hay más noticias de esta labor defensora de los nativos, por eso resulta aún más valioso este documento en el que se puede comprobar esta faceta un poco borrosa de la vida del autor.

---

[35] Ver Apéndice 2, pp. 219-222.

Como ya he insistido, una de las características del *Símbolo* es su heterogeneidad, tanto en el aspecto discursivo como en el cultural. Cuando Oré describe el Virreinato del Perú no se detiene exclusivamente en los centros de poder, sino también en las regiones alejadas de estos y sobre todo no simplifica a los nativos colocándolos en una sola clase social. El autor distingue su diversidad jerárquica y étnica. Para aproximarme a esta diversidad he escogido usar en mi trabajo el término andino, no de manera homogeneizadora, sino porque lo considero mucho más inclusivo para denotar la región de estudio a la que se refiere este autor itinerante. Siguiendo a académicos anteriores, también uso el término andino yendo más allá del aspecto espacial, para referirme a la heterogeneidad de sus habitantes ya sean estos nativos, criollos, mestizos, etc.[36]. Este libro tiene la finalidad de añadir a los estudios existentes del *Símbolo*, realizados principalmente desde las perspectivas históricas y teológicas, con las que dialogo constantemente, otra posibilidad de lectura. Desde mi formación literaria pretendo aportar al análisis de una obra cuya naturaleza interdisciplinaria reclama ser leída desde diferentes aproximaciones que abarquen los campos que el mismo autor inserta en su trabajo. Busco de esta forma enriquecer el campo de los estudios coloniales al poner en el centro una obra encasillada por siglos únicamente como un texto catequizador. Como demuestro, en realidad el *Símbolo* ofrece otra posibilidad de entender mejor el Perú virreinal de finales del siglo XVI al adentrar al lector a un discurso que anticipa tempranamente las posiciones ideológicas que adoptarán los intelectuales criollos aproximadamente cuatro décadas más tarde y que solo se consolidarán a finales del siglo XVII.

[36] Ver Dueñas, 2010, pp. 3-4.

Capítulo 1

EL *SÍMBOLO CATÓLICO INDIANO*: UNA OBRA POSTCONCILIAR

Luis Jerónimo de Oré, un letrado del siglo xvi

Aparte de los datos que ofrecen los documentos existentes de la época, hablar de la vida de Luis Jerónimo de Oré requiere ir a su propia obra tomando en cuenta la forma en la que el letrado construye su pose discursiva, es decir, la manera en que se incluye a sí mismo y habla de su situación dentro del ámbito colonial[1]. Pero también acercarse a su vida demanda tener cuidado con la información proporcionada por los religiosos de siglos pasados, quienes exageraron algunos de sus datos posiblemente para dar prestigio a la orden franciscana a la que perteneció el autor[2]. Así, por ejemplo, se ha repetido en múltiples ocasiones que Oré fue uno de los intelectuales empleados por las autoridades del Tercer Concilio Limense para hacer las traducciones de los documentos resultantes al quechua y al aimara. Este dato parece creíble por la coincidencia de tiempo. Oré, quien estudió Teología en la Universidad de San Marcos, se ordenó como sacerdote franciscano en 1582, precisamente el año en el que comenzó el concilio[3].

---

[1] Al hablar de pose discursiva tomo prestada la definición de Juan Vitulli, quien la define como «las distintas formas de expresión que asume el letrado criollo cuando se refiere a sí mismo, a su situación dentro de la ciudad virreinal y, también, cuando negocia su espacio de poder», 2013, p. 12.

[2] Ver Durston, 2007, p. 148.

[3] Ver Tibesar, 1953; Cook, 2008 y Durston, 2010.

Esta coincidencia en el tiempo, sumada a las facultades lingüísticas del autor, ha servido para que varios críticos afirmen que formó parte del equipo traductor de los textos pastorales. Sin embargo, concuerdo con Durston en que no hay ninguna evidencia de ello ni en la aprobación del *Símbolo* ni en la del *Rituale*, publicado nueve años más tarde. En estas obras, en las que el letrado se afirma como autoridad en las lenguas quechua y aimara, no se menciona un hecho que sería de bastante trascendencia[4]. Más aún, cuando en el *Símbolo* Oré hace referencia a los decretos del Tercer Concilio que le sirven de base para hablar de la forma en que se debe impartir la doctrina a los nativos dice que «se hizo traducción de la *Doctrina cristiana*, y del *Catecismo* y *Confesionario* en las dos lenguas generales, quichua y aimara»[5]. Esta afirmación en la que se le presenta la oportunidad para mencionar su propia participación en la elaboración de los documentos pastorales conciliares hace pensar que no tuvo nada que ver con las actividades de traducción.

Uno de los aspectos más llamativos de su vida, tanto religiosa como intelectual, es su condición de colocarse como puente cultural. Sus actividades de letrado, traductor, predicador, y representante de su orden en España siempre muestran a un sujeto que trata de conectar dos mundos, múltiples razas y dos espacios: el español y el andino, el extranjero y el nativo, y al Perú con la península. Toda esta actividad la realiza también en el contexto de su vida itinerante, moviéndose la mayor parte del tiempo entre espacios periféricos para difundir el catolicismo, pero también cuestionando el poder hegemónico con argumentos que obtuvo de sus propias experiencias y del conocimiento adquirido en las instituciones educativas locales. Lo que se sabe de su vida y obra permite explorar las diferentes funciones de este letrado criollo como individuo «viviendo en las márgenes del imperio», para tomar prestada la frase de Noble David Cook y todo lo que esto implica para un sujeto peruano en los siglos XVI y XVII[6].

Algunos datos biográficos se hallan indirectamente en el *Símbolo*. Por ejemplo, Oré habla de la participación de tres de sus hermanos, Pedro, Antonio y Dionisio, frailes franciscanos como él, en la traducción de la obra al quechua, a quienes presenta además como expertos teólogos y hablantes de las lenguas nativas[7]. Asimismo, menciona a sus cuatro hermanas, fundadoras del

---

[4] Ver Durston, 2007, p. 148.

[5] Oré, *Símbolo*, fol. 52r.

[6] Ver Cook, 2008.

[7] Ver Oré, *Símbolo*, fol. 65v. De acuerdo con Cook, 1998, p. XXIV, los cinco hermanos curas y las cuatro monjas serían parte de una familia de diecisiete hermanos.

convento de Santa Clara de Huamanga, institución establecida para «mujeres principales, hijas y nietas de conquistadores y personas beneméritas»[8]. La creación de dicha institución, según lo narrado por el mismo Oré en el *Símbolo*, se hizo posible gracias al provecho obtenido de una mina de plata ubicada en la encomienda de su padre en Huamanga. Esta información corrobora los datos que los biógrafos de Oré nos han hecho llegar hasta el presente. Aparte de la propia obra, los detalles de su vida y de su familia provienen principalmente del documento «Información hecha de oficio en la Real Audiencia de la Plata del Perú de los méritos de fray Luis Jerónimo de Oré», que data del año 1600 y que fue recogido por Federico Richter en su obra *Fr. Luis Jerónimo de Oré O.F.M. Obispo de Concepción* (1990)[9]. Este documento incluye referencias de los méritos y servicios de su padre a la Corona, quien según Cook no participó en la toma de Cajamarca, sino en las guerras civiles del lado de Pizarro[10]. Asimismo, en este escrito se recoge una breve información centrada sobre todo en los servicio de los hermanos Oré a la religión.

La «Información» tiene por objetivo pedir licencia al rey Felipe II para el viaje del religioso «a los reinos de España a imprimir unos libros que había compuesto muy necesarios para la conversión de indios»[11], viaje que emprendió cuatro años más tarde, en 1604[12]. Entre ellos aparece la mención de la reimpresión del *Símbolo*[13], una meta que no llegó a alcanzar. El informe consta de la declaración y de los testimonios de ocho testigos que contestan a siete preguntas. Este documento confirma que Luis Jerónimo de Oré nació en Huamanga (Ayacucho) y además proporciona detalles sobre sus padres, Antonio de Oré y Luisa Díaz de Rojas. Los datos sobre la vida del padre ratifican su aporte a la Corona y su notoriedad dentro del sistema colonial. En la «Información» se destaca que «Antonio de Oré, su padre, sirvió a su majestad en las conquistas y alteraciones pasadas con mucho lustre y valor. Siguiendo su nombre y voz y como a tal conquistador,

---

[8] «Información», fol. 3, citado en Richter, 1990. Según Richter estas hermanas fueron Ana del Espíritu Santo, Leonor de Jesús, María de la Concepción e Inés de la Encarnación, todas ellas llegaron a ser abadesas del convento, 1990, p. 7.

[9] También se conoce otro documento del siglo XVIII, se trata de la «Relación de los méritos del doctor don Dionisio Oré Peña de Chávez, Arcediano de la Santa Iglesia Catedral de Guamanga, desde el año de mil setecientos siete», en el que se recogen datos sobre sus ancestros y al final se incluyen las obras de fray Jerónimo.

[10] Cook, 2008, p. 13.

[11] «Información», fol. 2, citado en Richter, 1990.

[12] Ver Polo, 1907, p. 78.

[13] «Información», fol. 2, citado en Richter, 1990.

poblador y servidor de su majestad le dieron la encomienda y repartimiento de indios ananchilques en la provincia de Vilcas, en los términos de la ciudad de Guamanga»[14]. Los servicios de su progenitor a la Corona española y los aportes del resto de la familia para defender la religión católica son datos de los que el autor se vale de manera indirecta en el *Símbolo* para señalar las contribuciones de los españoles que llegaron a la región andina en los años iniciales de la conquista, como discutiré en el capítulo 3.

La «Información» también ofrece datos sobre su labor como misionero en los diferentes pueblos andinos donde enseñó la doctrina cristiana. En el documento se especifica que

> predicó todos los domingos del año y fiestas principales con gran concurso de gente [...] y aprovechamiento de sus almas. Y al presente el obispo de Charcas le ha encomendado la predicación de los naturales moradores de las catorce parroquias de la Villa Imperial del Potosí e indios de diferentes pueblos que han venido a la labor de las minas del cerro y beneficio de ingenios y metales, a los cuales ha predicado todos los domingos del año en la Iglesia mayor en las dos lenguas generales y enseñado la doctrina y catecismo[15].

Los testimonios confirman su dominio de las lenguas quechua y aimara, pero sobre todo estas aseveraciones acreditan su conocimiento de los pueblos indígenas, que el autor pone en práctica en el *Símbolo* para hablar sobre las costumbres de los andinos y para historiar sus memorias. Asimismo, las observaciones y experiencias de sus recorridos como predicador descritas en el documento contribuyen a establecer su autoridad para referirse a los duros trabajos de los nativos, un hecho que Oré critica en el *Símbolo* al tratar sobre las causas que frenaban el progreso de la evangelización.

La «Información», que tiene por objetivo avalar la conducta intachable del cura franciscano, presenta un testimonio de su dedicación como catequizador, así como también de los métodos que utilizó para impartir la fe a los nativos. Por ejemplo, el documento señala que caminaba por los pueblos «con mucho trabajo y cansancio, [por] las sierras, punas y estancias

---

[14] «Información», fol. 2, citado en Richter, 1990. Para más información sobre Antonio de Oré, ver Cook, 2008, pp. 13-16, en donde el autor ofrece más datos sobre la influencia de este en el camino religioso de sus hijos. Más detalles sobre la familia Oré como encomenderos y prominentes miembros de la sociedad huamanguina se pueden consultar en la obra de Stern, 1982.

[15] «Información», fols. 3v-4r, citado en Richter, 1990.

de ganado en las cuales descubrió más de cuatrocientos indios adultos sin conocimiento de las cosas de nuestra santa fe católica en que no estaban instruidos; y con sermones y pláticas cotidianas los enseñó, convirtió, catequizó y bautizó»[16]. Todas estas cualidades contribuyen a resaltar la vasta experiencia que el autor muestra en el *Símbolo*. Su familiaridad con los problemas de la evangelización, le ayuda a establecer una metodología enfocada exclusivamente en la realidad andina. De la misma forma, el conocimiento de la geografía de la región y de las costumbres de sus habitantes legitima su preparación para escribir sobre los aspectos etnográficos del Perú.

ORÉ PREDICADOR ITINERANTE Y ESCRITOR DE SUS EXPERIENCIAS

Oré perteneció a una pequeña minoría de letrados peruanos que, en su época, no solo pudo publicar varios escritos que gozaron de renombre, sino que también tuvo la posibilidad de viajar a Europa. Esto le permitió supervisar personalmente la impresión de algunos de sus libros, aunque este no es el caso del *Símbolo*, su primera obra, que escribió y publicó en el Perú antes de tener contacto directo con Europa. Pero, sobre todo, su producción intelectual está profundamente conectada a sus experiencias evangelizadoras, a la necesidad de contribuir con mejores métodos de cristianización y a la consolidación y prestigio de la orden franciscana en el Nuevo Mundo. En la primera etapa de su vida como misionero, el letrado huamanguino recorrió diversos pueblos del virreinato desde sus inicios en el sacerdocio en 1583 hasta su partida a Europa en 1604. De acuerdo con los estudiosos que han tratado de reconstruir su vida, en 1583 fue predicador en Cuzco y en ocho parroquias de indios aledañas a esta ciudad. De 1583 a 1585 ejerció como predicador en la provincia de Collaguas; este recogimiento tenía la particularidad de que sus habitantes hablaban quechua y aimara, por lo que Oré habría sido el candidato ideal para ocupar dicho cargo. Entre 1595 y 1598 fue guardián de las misiones de Jauja y también predicador en quince pueblos de indígenas. Su dominio de las lenguas nativas le dio la oportunidad de convertirse en lector de quechua en el convento de Lima y Cuzco. Hacia 1600, al tiempo en que se hizo el informe para su viaje a Europa, se desempeñaba como predicador en el convento de San Francisco de Potosí y en las catorce parroquias aledañas[17].

---

[16] «Información», fol. 4r-4v, citado en Richter, 1990.
[17] Ver Beyersdorff, 1993; Cook, 1992 y 1998; Richter, 1990 y Tord, 1992.

Una segunda faceta de la vida del letrado huamanguino fue la de defensor de los intereses franciscanos, tanto en el Perú como en España e Italia —Cook asegura que debió haber llegado a España aproximadamente en 1605—, en representación del obispo de Cuzco Antonio de la Raya. Los objetivos de enviar a Oré a Europa fueron salvaguardar los intereses de su diócesis amenazada por las pretensiones del obispo de Charcas y también tratar de obtener el favor real para la creación de la Universidad de San Antonio de Abad[18]. Los estudiosos de la vida y obra de Oré concuerdan en que, para 1595, habría terminado tres manuscritos, el *Símbolo católico indiano*, que se publicó tres años más tarde en Perú; el *Rituale, seu Manuale peruanum...*, publicado en Nápoles en 1607 y un *Diccionario y gramática en quechua y aimara*[19]. De estas obras, el *Diccionario y gramática* nunca se publicó, a pesar de la necesidad de textos que familiarizaran a los europeos con las lenguas nativas. Cook atribuye este fracaso a la aparición de diccionarios y gramáticas de autores jesuitas contemporáneos de Oré, tales como el *Arte y gramática muy copiosa de lengua aimara* (1603) —que se volvió a publicar en 1608 en una edición aumentada— y *El arte breve de la lengua aimara* (1603), del italiano Ludovico Bertonio; *Gramática y vocabulario de la lengua quechua, aimara y española* (1603), del español Diego de Torres Rubio; *Gramática y arte nueva de la lengua general de todo el Perú, llamada quechua* (1607) y *Vocabulario de la lengua general* (1608), de Diego González Holguín. Las tres primeras obras se publicaron en Roma, mientras que las de González Holguín se imprimieron en Lima en la imprenta de Francisco del Canto[20].

Un año antes de la aparición del *Rituale* Oré logró publicar en Alejandría su *Tratado de indulgencias y sermones del año* (1606). Después de pasar algún tiempo en España y Roma publicando sus obras, escribiendo y ejerciendo sus funciones de procurador de Cuzco ante el Consejo de Indias, hacia finales de 1611 lo comisionaron para organizar un grupo de religiosos con el fin de inspeccionar las misiones de la Florida[21]. Uno de los datos curiosos de esta etapa fue su encuentro con el Inca Garcilaso de la Vega,

---

[18] Cook, 1998, pp. XXX.

[19] Cook, 1998, pp. XXXI.

[20] Cook, 1992, p. 48. Cook además sugiere que esta obra no se pudo imprimir en Lima por falta de recursos, por lo que Oré habría decidido buscar auspicio en Europa.

[21] De la Vega, *Segunda parte de los Comentarios reales*, p. 272. Chang-Rodríguez, 2014, p. 29, explica que para 1612, alrededor de la época en que Oré recibió este encargo, se había constituido la provincia franciscana de Santa Elena en la Florida (que comprendía los actuales estados de Florida, Georgia y Carolina del Sur) e «incluía varios conventos en Cuba y un noviciado en La Habana».

quien describe este hecho ocurrido a principios de 1612 en la segunda parte de los *Comentarios reales* (1617). El Inca asegura que proporcionó al cura franciscano «siete libros; los tres fueron de la *Florida*, y los cuatro de nuestros *Comentarios*»[22], aunque como expliqué antes no existe constancia de que Oré le haya obsequiado ninguno de sus libros (ver Introducción). El letrado cumplió con la tarea de reclutar a los misioneros que partieron hacia su destino en 1612, pero él mismo no se embarcó dentro de ese grupo porque en aquel tiempo recibió el encargo de escribir la hagiografía de fray Vicente Solano para promover la causa de su beatificación[23]. Después de hacer las investigaciones sobre el futuro santo y de escribir su vida dando como resultado la *Relación de la vida y milagros del venerable P. Fr. Francisco Solano*, publicada en Madrid en 1614, Oré fue a la Florida, posiblemente sin haber visto la obra impresa como sugiere Cook[24].

De su estancia en la Florida Cook dice que «inspeccionó las misiones franciscanas, confirmó a cientos de indígenas recién convertidos y presidió la primera reunión del Capítulo General de la Orden Franciscana en la provincia»[25], recalcando otra vez su compromiso con la conversión de los nativos. Producto de su estadía en estas tierras es la *Relación de los mártires que ha habido en la Florida*, que apareció en Madrid en 1619[26]. Esta obra provee datos importantes para un acercamiento a las disputas imperiales por los

---

[22] De la Vega, *Segunda parte de los Comentarios reales*, p. 272. Garcilaso en *Segunda parte de los Comentarios reales*, pp. 271-272, narra que «vino un religioso de la orden del seráfico padre san Francisco, gran teólogo, nacido en el Perú, llamado fray Luis Jerónimo de Oré [...] Este religioso [...] iba desde Madrid á Cádiz con orden de sus superiores y del Consejo Real de las Indias, para despachar dos docenas de religiosos, o ir él con ellos a los reinos de la Florida, a la predicación del santo Evangelio a aquellos gentiles. No iba certificado si iría con los religiosos, o si volvería habiéndolos despachado. Me mandó que le diese algún libro de nuestra historia de la Florida, que llevasen aquellos religiosos para saber y tener noticia de las provincias y costumbres de aquella gentilidad. Yo le serví con siete libros; los tres fueron de *La Florida*, y los cuatro de nuestros *Comentarios*, de que su paternidad se dio por muy servido. La divina Majestad se sirva de ayudarles en esta demanda, para que aquellos idólatras salgan del abismo de sus tinieblas».

[23] Ver Chang-Rodríguez, 2014, p. 33.

[24] Cook, 1998, p. XXXIII. Para más información sobre la *Relación de la vida y milagros del venerable P. Fr. Francisco Solano*, ver la edición hecha por Noble David Cook en 1998.

[25] Cook, 1998, p. XXXIII.

[26] Para más detalles sobre la estancia de Oré en la Florida, ver la introducción de Noble David Cook a *Relación de la vida y milagros del venerable P. Fr. Francisco Solano* y la edición de Raquel Chang-Rodríguez de la *Relación de los mártires de la Florida del P.F. Luis Jerónimo de Oré (c. 1619)*.

territorios del Nuevo Mundo en el contexto de los cambios que se producían en Europa en el siglo XVII. De hecho, Chang-Rodríguez y Vogeley subrayan que, en la *Relación*, «Oré's view of the presence of Catholicism in an area where several Europeans powers contested for conquest and colonization provides a unique perspective on the breakdown in the Western world of the seemingly universal Christianity, on division in Europe as new legal codes, new arguments for human rights, and new sources of authority disrupted belief»[27]. Los documentos de la época indican que Oré habría regresado a España en 1618 para estar presente en el capítulo general de su orden realizado en Salamanca[28]. A su regreso a España ya tenía lista su obra *Corona de la Sacratísima Virgen María, Madre de Dios, nuestra Señora, en que se contienen ochenta meditaciones de los principales Misterios de la fe: que corresponden a setenta y tres avemarías y ocho veces el pater noster, ofrecidas a los felices años que vivió en el mundo*, que fue publicada en Madrid en 1619.

La etapa final de la vida de Oré se desarrolló en otra misión en América; mientras estaba en España en 1620 fue nombrado obispo de La Concepción de Chile. Aunque sus biógrafos no coinciden en la fecha de llegada a la nueva diócesis, existen documentos que prueban una corta estancia en Perú antes de llegar a Chile[29]. Asimismo, en una carta dirigida al rey con fecha del 20 de abril de 1626 Oré empieza su informe diciendo «tres años hace que llegué a este obispado de la Imperial donde me he ocupado en visitarle dos veces proveyendo de algunas cosas que han pedido remedio y celebrando el Concilio»[30]. El dato inicial de la fecha indica que Oré habría llegado a hacerse cargo de su obispado aproximadamente en 1623. Su nueva posición tenía la particularidad de encontrarse en uno de los territorios más conflictivos de la región andina. Como explica Cook, «La Imperial era una de las diócesis más difíciles de administrar en América: el territorio araucano pasaba por su mitad, dividiéndola así en dos partes separadas por los indómitos guerreros»[31]. Al constante peligro que representaban los enfrentamientos con los nativos había que añadir los desastres naturales y, por sobre todo, los conflictos entre las autoridades civiles y eclesiásticas, e inclusive entre los mismos religiosos.

---

[27] Chang-Rodríguez y Vogeley, 2017, p. 59.
[28] Chang-Rodríguez, 2014, p. 37.
[29] En Cook, pp. 32-38, hay más detalles de esta etapa de Oré.
[30] Oré, «Carta del obispo de la Imperial fray Luis Jerónimo a su majestad», fol. 1.
[31] Cook, 2008, p. 32.

En 1627 el gobernador de Chile y presidente de la Real Audiencia, Luis Fernández de Córdova y Arce, en un comunicado al rey de España, durante su primer año de estadía en este territorio, se refiere a La Concepción como «puerto de mar y frontera de la guerra»[32]. Con estos calificativos resume los motivos de su carta, en la que expresa su preocupación por la falta de recursos económicos, las disputas entre españoles por las encomiendas y el abandono del territorio por parte de la Corona. Por estas razones, el gobernador solicita urgentemente la presencia de un visitador general[33]. Fernández de Córdova y Arce dedica gran parte de su relato a llamar la atención sobre diferentes asuntos que aquejaban a la región, entre los cuales destacaban los desórdenes eclesiásticos en cuyas disputas, según él, le tocaba actuar constantemente como mediador y que a su parecer constituían un mal ejemplo para la comunidad[34]. Estas eran las condiciones que habría tenido que afrontar Oré en su estadía en La Concepción, un espacio que por su lejanía de los centros virreinales se hallaba asimismo descuidado por la administración española.

Además de todos estos conflictos y de los conocidos peligros de las invasiones de los nativos, Oré tuvo sus propios enfrentamientos con el gobernador. De esta última etapa de su vida no se conoce ninguna publicación; lo que sí existe son diversos documentos, cartas e informes, que ayudan a entender mejor su labor como obispo y especialmente dan a conocer las dificultades que tuvo con las autoridades civiles. En una carta informe que el gobernador Fernández de Córdova y Arce dirigió al rey con fecha del 1 de febrero de 1629 (la misma que incluyo en el apéndice), este hace referencia a otro comunicado que envió el año anterior en el que explicaba las disputas por la competencia de jurisdicción que mantuvo con el obispo acerca de nombrar capellanes en el ejército[35]. El gobernador, quien ocupó su cargo entre mayo de 1625 y diciembre de 1629[36], incluye en este largo informe diversos testimonios para acreditar su versión de las controversias.

---

[32] Gay, 1844, p. 347. El documento al que me refiero se halla en el volumen 2 de *Historia física y política de Chile, según documentos adquiridos en esta república durante doce años de residencia en ella y publicada bajo los auspicios del supremo gobierno*, de Claudio Gay, pp. 337-342. Para más información biográfica sobre el gobernador, ver Medina, 1906, pp. 296-301.

[33] Ver Gay, *Historia física y política de Chile*, p. 348.

[34] Gay, *Historia física y política de Chile*, p. 350.

[35] Se trata de la «Carta de don Luis Fernando de Córdoba y Arce. Cuartel de San Felipe de Austria de Chile, 14 de enero de 1628».

[36] Ver Medina, *Diccionario*, pp. 296-297.

El documento también recoge una copia fiel de la correspondencia que intercambiaron el gobernador y el obispo desde julio de 1627 hasta el 10 de diciembre de ese mismo año[37].

En este documento, Fernández de Córdova y Arce resume los conflictos existentes por su competencia, como funcionario de la Corona, para nombrar clérigos para los fuertes militares. En el documento se especifica que estos desacuerdos se remontaban a 1626, año de la llegada del gobernador a Chile. Uno de los testimonios que resalta las actividades misioneras de Oré se halla en la copia de una carta que Fernández de Córdova y Arce le envió con fecha del 9 de diciembre de 1627. En ella, el gobernador explica detalladamente las razones que tuvo para nombrar clérigos sin su autorización y casi al final de la misiva hace una muy breve referencia a un sermón que el obispo había pronunciado el día anterior:

> de lo que vuestra señoría dijo ayer en el sermón, algunas cosas juzgué (como otros) por no de aquel rigor; pues lo que el señor obispo de Chiapas escribió defendiendo a los naturales de las Indias no se entiende con los rebeldes de este reino apóstatas los más de nuestra santa fe que con tan grandes insultos la han negado, como la obediencia al rey nuestro señor que con tanta cristiandad y celo mira el bien de sus reinos. Y la esclavitud no tengo la de los moros por más justa que la de estos enemigos[38].

Lamentablemente, aparte de esta referencia pasajera, no hay más detalles sobre el sermón. Sin embargo, las acusaciones del gobernador muestran la sensibilidad y preocupación de Oré por la esclavitud de los nativos que había sido hechos prisioneros en las guerras araucanas.

El obispo basaba sus críticas argumentando que la cédula que legitimaba la esclavitud había estado suspendida desde hacía muchos años. En cambio, el gobernador justifica la necesidad de volverla a poner en vigor aclarando que «hoy con más justificación para que sean esclavos esos rebeldes que cuando se despachó dicha cédula por haberse guardado trece o catorce años el modo de la guerra defensiva en tan gran perjuicio de este reino, vidas

---

[37] Este documento se halla en el Archivo General de Indias catalogado como «Chile 19, R.7, N.79. Carta de D. Luis Fernández de Córdoba sobre el obispo fray Luis Jerónimo de Oré, 1-29 de febrero de 1629».

[38] Fernández de Córdova y Arce, carta del gobernador al obispo Luis Jerónimo de Oré. Ver Apéndice 2, p. 220. Fragmentos de este documento también se hallan en Cook, 2008, pp. 34-35.

de españoles y menoscabo de la real hacienda que de todo consta a vuestra señoría»[39]. La llamada de atención del gobernador, en la que contrasta las condiciones en las que escribieron el obispo de Chiapas Bartolomé de Las Casas y Oré como obispo de La Concepción, hizo reaccionar al letrado. Este contesta a Fernández de Córdova pidiendo «que se prosiga en la suspensión de aquella [licencia] que se envió al licenciado Melo de la Fuente». Además, le asegura que «en esta materia estoy tan neutral que cuando veo algún mal suceso en los nuestros lo siento en el alma y deseo el castigo. Y cuando a los enemigos los veo muy acosados, herrados y vendidos y los veo llevar a partes con guinguas me acuerdo que tienen ángel que los defienda y que soy su obispo y ruego a nuestro Señor los humille, convierta y reduzca al gremio de la Santa Iglesia»[40]. A pesar de que estos son los pocos datos que se tiene del sermón la respuesta de Oré a las quejas del gobernador muestra, de manera muy cuidadosa, asegurando inclusive su neutralidad, su firmeza y descontento con la política española con respecto al maltrato y explotación de los nativos.

Si en el *Símbolo*, publicado treinta años antes de estos acontecimientos, se vislumbra ya el interés que el autor tomó por la situación de los andinos sometidos a la explotación de los españoles, este, sin embargo, es el dato más contundente que demuestra su posición en cuanto al abuso de poder de los colonizadores. A pesar de todos estos inconvenientes, Cook destaca de esta época el progreso que se logró en mejorar las relaciones entre araucanos y españoles gracias a su mediación[41]. Su muerte a principios de 1630, la cual se describe en una carta del cabildo eclesiástico de La Concepción como una «falta [que] ha dejado desconsoladísimo su rebaño por el ejemplo de su vida»[42], según Cook, frustró el progreso de estas relaciones[43].

---

[39] Fernández de Córdova y Arce, carta del gobernador al obispo Luis Jerónimo de Oré. Ver Apéndice 2, p. 220.

[40] Oré, carta de fray Luis Jerónimo de Oré al gobernador Fernández de Córdova y Arce. Ver Apéndice 2, p. 222. La palabra *guinguas* es confusa, posiblemente se trata de un error del copista.

[41] Ver Cook, 2008, p. 36.

[42] «Carta del cabildo eclesiástico de La Concepción. Ciudad de La Concepción, reino de Chile, 24 de abril de 1630», fol. 1. Este documento se halla en «Cartas y expedientes de cabildos eclesiásticos de Santiago de Chile y Concepción. 1564-1696». En él se comunica la muerte del obispo Luis Jerónimo de Oré, y recomienda el nombramiento del canónigo Francisco de Pereda Rivera para el puesto vacante.

[43] Cook, 2008, p. 36.

CONTEXTO DE PUBLICACIÓN DEL *SÍMBOLO*: LAS INCONSISTENCIAS DE LOS
MÉTODOS EVANGELIZADORES Y LA BÚSQUEDA DE SOLUCIONES EN EL SIGLO XVI

El padre Antonine Tibesar, en su obra *Franciscan Beginnings in Colonial Peru*, cuenta que pocos años después de la ejecución del Inca Atahualpa en 1533, por las calles de la provincia de Cajamarca recorría a pie predicando el Evangelio un fraile lego de la orden de San Francisco llamado Mateo de Jumilla (¿-1578)[44]. En su recorrido, fray Mateo iba seguido de una banda compuesta por niños indígenas a los que había enseñado a cantar himnos cristianos. Para preparar el arribo del fraile a los distintos pueblos que visitaba, algunos de los muchachos llegaban antes y enseñaban al resto de habitantes la doctrina y los cánticos de la fe católica. Tibesar, además, afirma que «[a]lthough a lay brother, Jumilla composed his own catechism, and each morning at about eight o'clock, 8,000 to 10,000 children were wont to come together throughout the province to sing his compositions. Fray Dionisio de Oré states that many years later the Indians still sang the hymns which they had learned from this exceptional friar»[45]. A estos métodos de impartir las enseñanzas del Evangelio, Tibesar dice que fray Mateo añadió uno muy importante, su propia vida ejemplar basada en la oración, la bondad para con los nativos y sus mortificaciones a imitación del cuerpo de Jesucristo[46].

Este tipo de improvisación de los métodos pedagógicos, aunque exitoso en el caso de fray Mateo, no siempre dio buenos resultados. Por el contrario, la falta de uniformidad en la forma de llevar las enseñanzas de la fe católica conducía a los futuros conversos a múltiples confusiones[47]. A esta carencia de materiales de instrucción se sumaban además otros problemas, como la desorganización eclesiástica, el desconocimiento por parte de los españoles de las lenguas nativas y de las culturas locales en general y también la corrupción de los predicadores de la fe, quienes valiéndose de su posición

---

[44] Ver Córdova y Salinas, *Crónica franciscana de las provincias del Perú*, pp. 293-298, en donde el autor ofrece una amplia descripción del trabajo catequizador de Jumilla.

[45] Tibesar, 1953, p. 60. El franciscano fray Dionisio era uno de los hermanos de Jerónimo de Oré, a quien el autor menciona en el *Símbolo* como uno de los expertos en los idiomas nativos. Para más información sobre fray Dionisio, ver Córdova y Salinas, *Crónica franciscana de las provincias del Perú*, pp. 345-346.

[46] Ver Tibesar, 1953, p. 60

[47] Ver Estenssoro, 2003, pp. 48-53, para un recuento de esta problemática y las medidas tomadas desde muy temprano por el arzobispo Jerónimo de Loayza para unificar los métodos doctrinales.

explotaban a los nativos. Consecuentemente, las autoridades tanto civiles como eclesiásticas del siglo XVI, se preocuparon desde muy temprano por corregir estos desórdenes, los mismos que, a su parecer, contribuían a la persistencia de las prácticas religiosas nativas y al retraso de la conversión espiritual. Más aún, la problemática de la evangelización en el Perú representaba un obstáculo para la dominación política.

Aunque hay evidencia de que desde la década de los treinta del siglo XVI hasta principios de los ochenta, época en la que se llevó a cabo el Tercer Concilio, sí se produjeron materiales para la evangelización de los nativos, como traducciones de cartillas —especialmente al quechua—, silabarios y otros textos devocionales (que debieron circular en forma manuscrita), estos documentos en su mayoría no han sido encontrados. Por ejemplo, al hablar de los esfuerzos evangelizadores de las primeras décadas en la región andina, el Jesuita Anónimo explica la labor de las diferentes órdenes religiosas, y específicamente observa que «[n]o faltaron entre los agustinos (aunque llegaron más tarde) buenos operarios, particularmente uno, que no solo trabajó, pero escribió en la lengua para que se aprovechasen los venideros»[48]. Asimismo, en la *Suma y narración de los incas* (1551), su autor, Juan de Betanzos, en la dedicatoria al virrey Antonio de Mendoza manifiesta que antes de esta obra ha «[a]cabado de traducir y compilar un libro de doctrina cristiana, en el cual se contiene la doctrina cristiana y dos vocabularios, uno de vocablos y otro de noticias y oraciones enteras y coloquios y confesionario»[49]. Estas son algunas de las noticias que se tiene de la existencia de traducciones tempranas de documentos evangelizadores. Los textos en quechua más antiguos que existen hasta ahora datan de la década de los sesenta[50]. Se trata de la *Plática para todos los indios* contenida al final de la *Gramática o arte de la lengua general* del dominico fray Domingo de Santo Tomás, y también su *Confesión general para los indios* en quechua y castellano, incluida en el *Lexicón*; ambas obras fueron publicadas en Valladolid en 1560[51].

---

[48] Jesuita Anónimo, *Relación de las costumbres antiguas de los naturales del Perú*, p. 185. Según Carrillo, 1989, p. 113, la crónica del Jesuita Anónimo «fue terminada por 1578 y el manuscrito hallado en 1836, en Cádiz. Fue publicada por primera vez en 1879 por Jiménez de la Espada».

[49] Betanzos, *Suma y narración de los incas*, p. 7.

[50] Estenssoro, 2003, p. 49, señala además que para 1545, aparte del catecismo quechua de Betanzos, también estaban en uso otros compuestos por los dominicos Pedro Aparicio y Tomás de San Martín y el del franciscano fray Jodoco Ricke.

[51] Ver Harrison, 2012, pp. 60-61.

La escasez de materiales impresos durante el primer medio siglo de la presencia española en la región andina se debió a varios factores; entre ellos cabe mencionar las leyes dispuestas por Felipe II en 1556 que imponían un estricto proceso de aprobación para los manuscritos. En estas se mandaba a «virreyes, audiencias y gobernadores de las Indias, que provean, que cuando se hiciere algún arte o vocabulario de la lengua de los indios, no se publique, ni se imprima, ni use de él, sino estuviere primero examinado por el ordinario, y visto por la Real Audiencia»[52]. Asimismo, la promulgación de la Pragmática en 1558 como reacción a la difusión del protestantismo y a «la propagación de todo tipo de materias deshonestas»[53], tuvo un impacto significativo en la configuración de los libros que tenían que atenerse a estrictas normas para pasar la censura y a una minuciosa tramitación burocrática que, como en el caso del *Símbolo*, podía durar algunos años[54]. Otro problema que hacía difícil la reproducción de materiales de catequización, además de las mencionadas restricciones, era que Lima no poseía una imprenta, a pesar de la necesidad existente y de los esfuerzos llevados a cabo por las autoridades para contar con la tecnología que permitiera publicar materiales de instrucción religiosa a nivel local. Recién en 1581 llegó al Perú el italiano, radicado hasta ese entonces en México, Antonio Ricardo para hacerse cargo de imprimir los textos resultantes del Tercer Concilio Limense.

En búsqueda de una respuesta a la problemática del lento avance de la conversión de los nativos durante los primeros cincuenta años de asentamiento español, entre 1551 y 1583, se celebraron en Lima tres concilios. El primero (1551-1552) y el segundo (1567) estuvieron bajo la dirección del arzobispo de Lima fray Jerónimo de Loayza. El tercero (1582 y 1583) fue impulsado por el arzobispo Loayza y el virrey Francisco de Toledo, aunque ninguno de los dos llegó a presidirlo. Esta tarea recayó en sus respectivos sucesores, el arzobispo Toribio Alonso de Mogrovejo y el virrey Martín Enríquez[55]. Estos concilios se centraron no únicamente en el desorden, las inconsistencias de las enseñanzas bíblicas y otras dificultades existentes, sino

---

[52] Paredes, *Recopilación de leyes de los reinos de las Indias*, fol. 123v.

[53] Urzáiz Tortejada, 2009, p. 128.

[54] Ver Pascual, 1998, p. 408. Para más información sobre la censura de libros en este periodo, ver Friede, 1959.

[55] Ver Armas Asín, 2009, p. 131. Los decretos del Tercer Concilio Limense están recogidos en ediciones modernas, ver, por ejemplo, Bartra, 1982 y Lisi, 1990. Para más información sobre el concilio, ver los estudios introductorios de estas obras.

también en debatir sobre los métodos pedagógicos más adecuados para acercar a los nativos a la fe católica.

Aunque el sujeto central de los concilios era el nativo «considerado como "cristiano nuevo" o como pagano que debe convertirse»[56], encontrar soluciones para una realidad que estaba fuera del imaginario europeo resultó un reto muy complicado. Por ejemplo, ateniéndose en gran medida a los decretos tridentinos, las autoridades del Tercer Concilio se enfocaron específicamente en la manera de hacer más efectiva la conversión mediante el control de los nativos antes que en métodos para entender las diferencias culturales[57]. El problema fundamental para la adaptación del catolicismo a la nueva realidad radicaba en que, como menciona Francesco Lisi «[l]a conquista de América supuso para la corona la continuación de la política expansionista llevada a cabo en la península. De esta manera se aplica al nuevo continente [...] la vieja estructura político-religiosa que asentaba la acción en la ideología cristiana»[58]. Esto explica en parte el énfasis que las autoridades conciliares de los años ochenta pusieron en las construcciones de la idolatría, incluyendo inclusive entre sus documentos oficiales las informaciones sobre este tema hechas por el corregidor de Cuzco Juan Polo de Ondegardo[59], como discutiré en capítulos posteriores.

El impacto que generó el Tercer Concilio Limense radica en que a los decretos resultantes se añadieron los materiales de instrucción religiosa que las autoridades idearon y lograron imprimir con el propósito de unificar las enseñanzas evangélicas. Este cometido seguía los lineamientos del Concilio de Trento, el cual promovía la actividad evangelizadora ordenando que

> para que los fieles se presenten a recibir los sacramentos con mayor reverencia y devoción [...los obispos y párrocos debían explicarlos] según la capacidad de los que lo reciben [...] haciendo dicha explicación aún en lengua vulgar, si fuere menester y cómodamente se pueda, según la forma que el santo Concilio ha de prescribir respecto de todos los Sacramentos en su catecismo; el que cuidarán los Obispos se traduzca fielmente a lengua vulgar[60].

---

[56] Dussel, 1983, p. 474.

[57] Los decretos del Concilio de Trento celebrado de 1545 a 1563 se pusieron en vigencia casi inmediatamente en los territorios dominados por la Corona española —estos entraron en vigor en 1564, solo meses después de su conclusión—.

[58] Lisi, 1990, p. 12.

[59] Ver, Armas Asín, 2009, p. 131.

[60] *El sacrosanto y ecuménico Concilio de Trento*, 1848. p. 260.

Siguiendo las pautas de estos decretos, la *Doctrina cristiana y catecismo para instrucción de indios* (1584), el *Confesionario para los curas de indios* (1585) y el *Tercer catecismo y exposición de la doctrina cristiana por sermones* (1585) fueron publicados en español y en las lenguas generales quechua y aimara. Con estos textos se esperaba conseguir «que los indios hallasen conformidad en todos, y no pensasen que es diversa ley, y diverso Evangelio lo que unos y otros les enseñan»[61]. Todos estos textos fueron supervisados por el padre José de Acosta en el taller que Ricardo instaló en la misma casa de los jesuitas. El convento de la Compañía, que como dice Porras Barrenechea se transformó en «una academia de lenguas indígenas»[62], agrupó para esta misión a los mejores hablantes de quechua y aimara, tanto aquellos nacidos en Perú como españoles que contribuyeron a la traducción de los textos. Dichos documentos marcaron un hito debido a la influencia que tuvieron en adelante en la construcción de la espiritualidad andina[63].

El hecho de tener por primera vez textos oficiales y, sobre todo, producidos en Lima, marcó un avance para el proceso evangelizador. En el *Tercer catecismo*, después de hacer notar la urgencia de producir y difundir documentos que unifiquen las enseñanzas del Evangelio, las autoridades justifican la trascendencia del lugar de impresión, indicando que estas se hicieron «en la casa, y Colegio de la Compañía de Jesús de la dicha Ciudad de los Reyes»[64]. Aparte del énfasis que se pone en la influencia jesuita en la producción de los documentos, también se indica la importancia de que la publicación sea hecha en Lima «así por no poderse llevar para [que] los impriman a los nuestros reinos de Castilla, por no poder ir allá los correctores de las dichas lenguas quechua y aimara, como por el irreparable, y grave daño que se seguiría de venir viciosa la dicha impresión, y los errores, que se podrían mostrar a los dichos naturales andando escritos de mano, que de tantos inconvenientes se podrían seguir»[65]. De esta manera se justifica la urgencia de tener una imprenta local, apelando a la utilidad de los escritos conciliares y en especial a la necesidad de precisión de su contenido para evitar los errores anteriores.

---

[61] «Epístola del concilio», fol. s.n. La «Epístola del concilio» se halla al comienzo de la *Doctrina cristiana*.

[62] Porras Barrenechea, 1952, p. VII.

[63] Ver Guibovich Pérez, 2001, pp. 167-188, en donde el autor ofrece más detalles sobre los esfuerzos por tener una imprenta en Lima.

[64] *Tercer catecismo*, fol. s.n.

[65] *Tercer catecismo*, fol. s.n.

Las obras pastorales se constituyeron como el modelo oficial de manuales subsiguientes, pues tanto el *Confesionario* como el *Tercer catecismo* siguieron en vigencia hasta el siglo XIX[66], y como señala Alan Durston las traducciones de las oraciones cristianas se hallan en uso hasta la actualidad[67]. Junto con la *Pragmática sobre los diez días del año* que apareció en 1584 un poco antes que la *Doctrina*, los documentos conciliares fueron los primeros textos impresos en Lima y en toda América del Sur[68]. Más que nada, estos se establecieron como medios de control tanto para los religiosos promulgadores de la fe como para los nativos, por lo que inmediatamente se convirtieron en los instrumentos pedagógicos oficiales para la evangelización en el Virreinato del Perú[69]. Aunque la *Doctrina cristiana*, el *Confesionario* y el *Tercer catecismo* fueron los únicos textos autorizados que circularon en forma impresa durante mucho tiempo, en décadas posteriores aparecieron obras que continuaban tratando de dar soluciones efectivas al problema de la evangelización. La primera de ellas fue el *Símbolo católico indiano* del criollo huamanguino fray Luis Jerónimo de Oré (1554-1630). La obra, que fue sancionada por las correspondientes autoridades civiles y eclesiásticas, siguiendo las normas de su tiempo, se publicó también en Lima en la misma imprenta de Antonio Ricardo (la única en su época) en 1598, apenas trece años después de los textos oficiales.

---

[66] Ver Estenssoro, 2003, p. 248.

[67] Ver Durston, 2007, p. 104.

[68] Para más información sobre la labor de Antonio Ricardo como impresor en el Virreinato del Perú y especialmente sobre su participación en la impresión de los materiales resultantes del Tercer Concilio, ver el primer tomo de la obra de José Toribio Medina, *La imprenta en Lima*, 1904, pp. 4-29. También se puede consultar Guibovich Pérez, 2001.

[69] Harrison, 2012, p. 61, aclara que los textos pastorales conciliares redactados por el secretario de la asamblea, el jesuita José de Acosta, fueron traducidos por españoles y por religiosos nacidos en el Perú. La *Doctrina cristiana*, el *Confesionario* y los *Sermones* fueron traducidos por los canónigos Juan de Balboa y Alonso Martínez, el jesuita Bartolomé de Santiago y el clérigo secular Francisco Carrasco. También constan como evaluadores de la versión quechua el agustino Juan de Almaraz, el mercedario Alonso Díaz, el dominico Pedro Bedón, los jesuitas Blas Valera, Lorenzo González y Martín de Soto. No se sabe exactamente quién hizo la traducción al aimara de la *Doctrina*, el *Catecismo breve* y el *Catecismo mayor*. Algunos estudiosos atribuyen esta labor a Blas Valera y otros, a Martín de Soto. Para más información sobre los textos pastorales que acompañaron a los decretos conciliares y su larga influencia en la cultura andina, ver las obras de Estenssoro, 2003, p.248; Lisi, 1990, pp. 58-83; Dussel, 1983, pp. 475-487 y Hamerly, 2011, pp. 31-36.

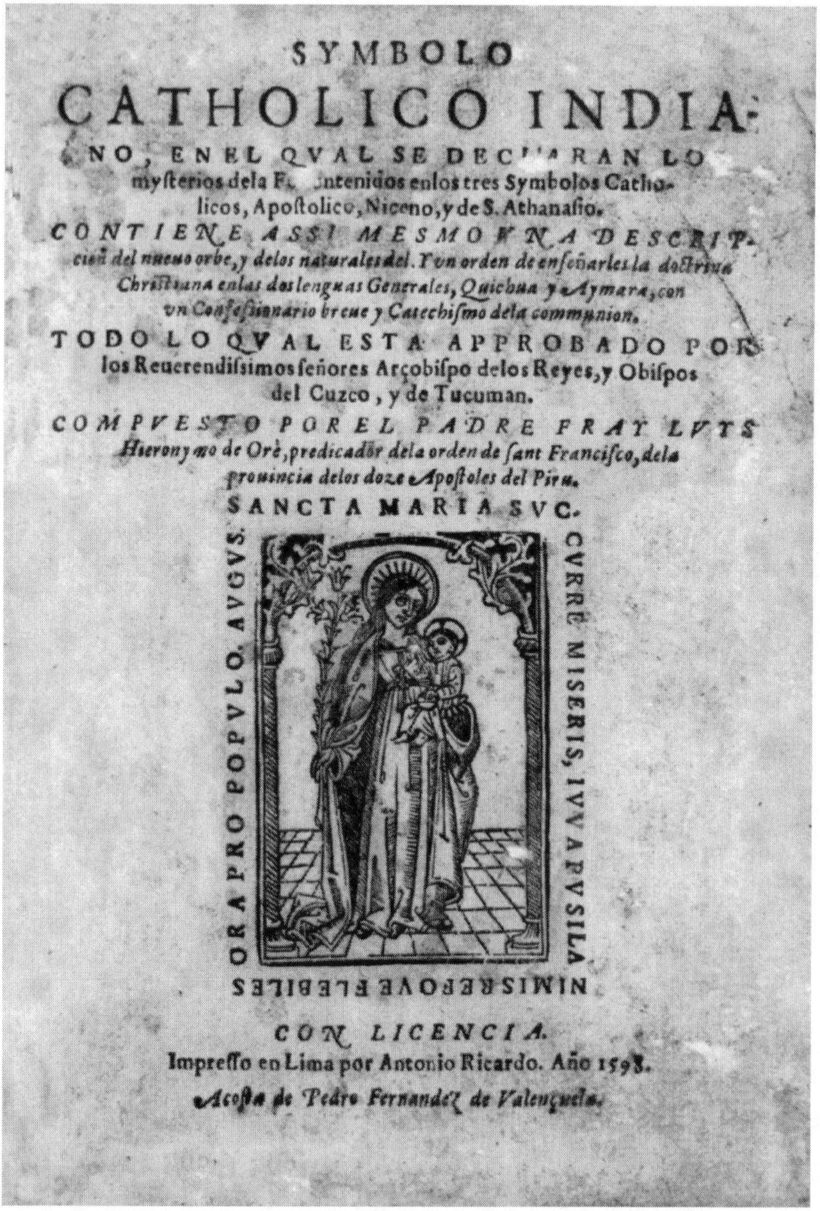

SYMBOLO
CATHOLICO INDIA-
NO, EN EL QVAL SE DECLARAN LO
mysterios dela Fe contenidos enlos tres Symbolos Catholicos, Apostolico, Niceno, y de S. Athanasio.
CONTIENE ASSI MESMO VNA DESCRIP-
ciõ del nueuo orbe, y delos naturales del. Y vn orden de enseñarles la doctrina
Christiana enlas dos lenguas Generales, Quichua y Aymara, con
vn Confessionario breue y Catechismo dela communion.
TODO LO QVAL ESTA APPROBADO POR
los Reuerendissimos señores Arçobispo delos Reyes, y Obispos
del Cuzco, y de Tucuman.
COMPVESTO POR EL PADRE FRAY LVYS
Hieronymo de Orè, predicador dela orden de sant Francisco, dela
prouincia delos doze Apostoles del Piru.
SANCTA MARIA SVC-
CVRRE MISERIS, IVVA PVSILLA-
NIMIS REFOVE FLEBILES
ORA PRO POPVLO AVGVS.
CON LICENCIA.
Impresso en Lima por Antonio Ricardo. Año 1598.
A costa de Pedro Fernandez de Valençuela.

Fig. 1 *Símbolo católico indiano*. Portada.
Fuente: Colección Biblioteca Nacional de Chile.

A pesar de que Oré sigue de cerca los documentos conciliares y hasta reproduce parte de ellos, el *Símbolo* no es solamente una traducción de los preceptos de la fe al quechua. Al contrario de las obras pastorales del Concilio, el letrado provee una metodología para una conversión más adecuada basándose en la necesidad de entender la cultura andina. Con este fin el autor incluye en los primeros capítulos de su libro una explicación tanto de la naturaleza del Perú como de la historia de los incas. Esto le ofrece al letrado la oportunidad de explicar la importancia del contexto desconocido a los extranjeros, pero a la vez le otorga la ocasión de adentrarse en los problemas sociales provocados por la administración colonial, a lo que me referiré en los capítulos siguientes. Más que nada, basándose en su vasta experiencia como cura misionero y hablante del quechua y el aimara, Oré recoge una metodología que ya había estado en uso desde las primeras décadas del arribo de los españoles. Me refiero al canto, que como ya indiqué en el caso de fray Mateo de Jumilla, resultaba bastante exitoso. Oré incluye en su obra un conjunto de cánticos que contienen el *Símbolo de la fe*, atribuido a san Atanasio y compuestos en verso en quechua. No obstante, no se trata de una simple traducción, ya que el letrado se muestra atento a las dificultades anteriores para exponer a los nativos a conceptos que estaban fuera de su imaginario. Por lo tanto, Oré se propone explicar el contenido de las enseñanzas católicas usando los mitos, las formas de los rituales y otros elementos de la cultura andina. De esta forma, las controversias de la política evangelizadora, las falencias de los métodos que los religiosos usaron en el siglo XVI, a los que se suman los conflictos del Perú colonial, contribuyen a entender mejor el contexto en el que se produjo el *Símbolo*. Asimismo, todos estos factores explican la forma en la que el autor enfrentó la censura para la aprobación de su manuscrito.

ESTRUCTURA DE LA OBRA

Para facilitar mi estudio he dividido al *Símbolo* en dos partes, que a la vez contienen divisiones internas como puntualizaré más adelante. Este criterio de división obedece a la estructura que el autor mismo presenta: una sección inicial, compuesta por 18 capítulos, dedicada a explicar la naturaleza de Dios y el contexto andino. La segunda, en cambio, la conforma la sección estrictamente metodológica constituida por los himnos, varias plegarias y un breve confesionario. Además de estas dos partes, estudio por separado los paratextos de la obra, ubicados al inicio de la misma y que constan de las autorizaciones de rigor para la impresión, poemas de alabanza al autor, la dedicatoria y el proemio[70].

LOS PARATEXTOS: EL *SÍMBOLO* UNA OBRA NECESARIA PARA LA EVANGELIZACIÓN

De acuerdo con las normas de la Pragmática dictada en 1558, en la obra se incluye el documento del visto bueno del virrey del momento, García Hurtado de Mendoza, datado en abril de 1596[71]. También a este documento legal se suman las autorizaciones y avales respectivos del arzobispo de Lima y los obispos de Cuzco y Tucumán. Estos paratextos preliminares permiten al lector contemporáneo un acercamiento al círculo de autoridades, tanto civiles como eclesiásticas que intervinieron en el proceso de publicación de la obra. Después de la autorización del virrey y de la rúbrica de rigor del escribano, el resto de aprobaciones provienen de la élite letrada de diferentes órdenes[72]. Por tratarse de un autor religioso, dicho conjunto de evaluadores comprende a sus superiores franciscanos y a la jerarquía eclesiástica, quienes cumplen con la obligación de aprobar el contenido teológico del libro[73]. Asimismo, dentro de este grupo, también se hallan otros clérigos considerados como autoridades en los idiomas nativos. Todos estos sujetos, además de cumplir con el deber legal de avalar el texto, certifican su eficacia didáctica y la fidelidad de la traducción al quechua[74].

---

[70] García Ahumada, 1990, divide la obra en nueve partes, de esta forma: teología de la salvación I-VI, antropología cultural VII- IX, espiritualidad de la evangelización X-XI, práctica de la catequesis XII- XIII, catequesis sobre sacramentos y devociones XIV-XVI, preámbulo del *Símbolo* XVII-XVIII, siete cánticos, complementos de piedad y de doctrina, algunos subsidios para el sacerdote. Esta división limita la obra únicamente a su aspecto religioso.

[71] Para información más detallada acerca del impacto de la pragmática en la estructura de los libros, ver Moll, 1979.

[72] Constan las aprobaciones de los canónigos: Alonso Martínez del Cuzco, las licencias de sus superiores franciscanos, las aprobaciones de otras autoridades como el jesuita Esteban de Ávila, la aprobación del Santo Oficio firmada por fray Juan de Lorenzana y fray Pedro Corral. Se incluyen también las aprobaciones de autoridades de diferentes órdenes, como el jesuita Juan Vásquez, el franciscano Cristóbal Chavero, fray Juan Martínez, el aval de su hermano fray Pedro de Oré, la aprobación conjunta de Pedro Baptista de Solís y de Juan Gómez de León.

[73] Sobre el tema de las aprobaciones de rigor para la impresión de textos, ver Guibovich Pérez, 2001, p. 169.

[74] Al pie de la portada, después del nombre del impresor y del año de impresión, consta: «A costa de Pedro Fernández de Valenzuela», lo que indica posiblemente el nombre

Hacia el final de las aprobaciones de rigor se añade otro grupo, constituido por cuatro letrados criollos; estos se hallan dentro de la categoría que el autor describe como «religiosos doctos, familiares devotos y amigos en el Señor, [quienes] con deseo que he tenido se encubran mis faltas con el parecer de personas doctas como (después de haberle examinado), le han favorecido con su aprobación»[75]. Se trata de un grupo de sabios que vivieron en la región andina durante la mayor parte de su vida (como Vega y Valenzuela), o que nacieron en el Perú en condiciones bastante similares a las del autor (como Hinojosa y Valera) y que dedicaron poemas laudatorios a Oré. La obra incluye el epigrama latino del franciscano Juan de Vega, lector de Gramática; el soneto del dominico fray Jerónimo de Valenzuela prior del convento de Parinacocha; versos en quechua con traducción al español del maestro de Lengua General Alonso de Hinojosa y versos latinos del doctor en Teología fray Jerónimo de Valera. Los poemas de estos autores en forma de homenaje, en adición de las alabanzas a la autenticidad del *Símbolo*, cumplen con el propósito de enaltecer la virtud religiosa y la sabiduría del cura franciscano. Pero sobre todo, manifiestan su orgullo como hijos de la tierra, situando a Oré como el representante de los letrados peruanos, capaz de superar en conocimientos a los europeos más doctos (ver capítulo 3)[76].

Luego de las aprobaciones y discursos de elogio se halla el proemio; en este espacio el autor se preocupa por explicar la estructura de la obra, a la que relaciona con los Padres de la Iglesia, principalmente con san Agustín, san Ambrosio y san Atanasio. Oré justifica la importancia de la escritura de un libro de esta naturaleza argumentando que «justo es [que los nativos] tengan exposición de los misterios de la fe contenidos en el *Símbolo* de los apóstoles, el cual explica el Niceno y el de san Atanasio, y a todos tres este indiano con la claridad que para la rudeza de los indios fue más conveniente»[77]. En esta afirmación explica que su trabajo está íntimamente

---

de la persona que patrocinó económicamente la publicación (ver figura 1; p. 50). Esto no sería raro tomando en cuenta los altos costos de las producciones impresas en esa época, por lo que es común ver en obras similares datos referentes al aspecto económico. Siguiendo con esta misma cuestión, en el folio sucesivo se hace notar que el valor de cada pliego es de un real.

[75] Oré, *Símbolo*, «Proemio», fol. s.n.

[76] Hinojosa era criollo; Valera, mestizo; Vega nació en Portugal, pero vivió la mayor parte de su vida en Perú; de Valenzuela no se conservan muchos datos. Para más detalles de estos autores, ver Córdova y Salinas, *Crónica franciscana de las provincias del Perú*, pp. 353-357 y Medina, 1909, pp. CVI-CVII.

[77] Oré, *Símbolo*, fol. s.n.

ligado al de los Padres de la Iglesia y a los dogmas de la fe cristiana. No obstante, busca diferenciar su discurso del de estas autoridades por su lugar de enunciación, en cuanto Oré se posiciona a sí mismo como indiano, otra forma de decirse nacido en América[78]. Lo mismo hace con su obra, ya que, en una suerte de homenaje al teólogo español fray Luis de Granada, toma el título de su famoso libro *Introducción al símbolo de la fe* (1583), pero realiza una variación y denomina a la suya *Símbolo católico indiano*. De esta manera el letrado hace referencia a los dos ámbitos culturales que interfieren en su trabajo y más que nada destaca las adaptaciones que hace del conocimiento europeo a su propio espacio enunciativo.

Primera parte: del conocimiento de Dios a la situación del Perú

La primera parte de la obra se caracteriza por una temática heterogénea. En los cinco capítulos iniciales Oré se concentra en acercar al lector a la teología de la salvación. Este segmento se centra alrededor de un tema principal, «el conocimiento de Dios»; a partir de esto, el autor expone la historia natural (desarrollaré este tema en el capítulo 2), el sistema geocéntrico del universo, la naturaleza de las cosas y su jerarquía, y la naturaleza del hombre. Este orden le sirve para explicar en el capítulo 3 los atributos divinos y la perfección de Dios y, más tarde, en los capítulos 4 y 5, para aclarar el concepto de la Santísima Trinidad. El capítulo 6 en cambio tiene como objetivo estipular el deber de los religiosos de impartir el Evangelio por el mundo. Aprovechando del tema, en las últimas páginas de dicha sección, el autor introduce directamente el problema de la catequización en las Américas. Esto le brinda la oportunidad para referirse al asunto del lento avance del programa evangelizador y a determinar que las causas principales están ligadas a la corrupción y a la ambición de los religiosos. Este pasaje marca además el preámbulo para adentrarse en el desarrollo del pasado andino.

En los capítulos 7 y 8, Oré se enfoca en temas que le resultan muy familiares: el Perú y su situación. Siguiendo las descripciones cosmográficas tradicionales añade a América, la cuarta parte del mundo, a la estructura existente hasta finales del siglo xv, con lo que demuestra las equivocaciones de los pensadores occidentales en cuanto al hombre americano y su medio ambiente. Luego describe los pueblos de la región andina, haciendo hincapié en la geografía, la abundancia de la flora, la fauna y, sobre todo, la riqueza

---

[78] Ver Lavallé, 1993, p. 15.

mineral. En cambio, el capítulo 9 está dedicado a historiar las memorias de los nativos. El acercamiento de Oré al pasado de los incas tiene un objetivo: demostrar que su grado de desarrollo y su entendimiento de lo sagrado, de alguna manera los preparaba para aceptar el catolicismo, como explicaré en el capítulo 2. Pero a la vez, en esta sección muestra el caos actual de la región, contrastándola con el progreso de los tiempos prehispánicos, para señalar el desorden de la administración colonial. Por eso esta sección del *Símbolo* se ubica dentro de la categoría de escritos de los que Adorno dice que «are better characterized as polemical moralistic narratives than as objective history»[79]. Este segmento está marcado por un sentimiento de admiración por la cultura inca, aunque al mismo tiempo Oré muestra la inferioridad de los nativos basándose en los métodos que usaban para conservar su pasado.

Tomando en cuenta que la obra más que nada intentaba ser una respuesta al problema del lento avance de la evangelización, el segmento más extenso de esta primera parte —de los capítulos 10 al 16— se centra en la manera en que los ministros del Evangelio debían acercarse a los nativos y en especial a la delineación del predicador ideal. Este segmento, destinado casi por completo a los evangelizadores, comprende una serie de advertencias. Estas se centran en las características personales de los catequizadores, enfatizando en el capítulo 10, por ejemplo, la importancia de saber las lenguas locales. Oré también se preocupa de proveer una retórica adecuada para el medio andino, por lo que en el capítulo 11 discute la retórica de fray Luis de Granada adaptándola a su espacio enunciativo. En los capítulos posteriores el autor delinea cada uno de los aspectos necesarios para una conversión más efectiva; por ejemplo, el capítulo 12 está dedicado al ornato de las iglesias; el 13, a la manera en que se debe llevar a cabo la doctrina, especialmente usando el canto como un vehículo eficaz para conmover a la audiencia; el capítulo 14, a la forma en que se debe cantar a la Virgen; el 15, a la devoción de las ánimas del purgatorio y el 16, a la administración de los sacramentos. Para Oré adentrarse en la historia y la geografía de los Andes es una manera de dar a conocer la realidad no solo en cuanto a la riqueza del suelo, sino también a los problemas que aquejaban a esta región. Por eso, siguiendo los preceptos de fray Luis, aprovecha esta sección para referirse al predicador ideal, que concluye en una crítica a la falta de preparación y demás falencias de muchos de los evangelizadores establecidos en el Perú como explicaré en el cuarto capítulo.

---

[79] Adorno, 2007, p. 8.

El contenido del capítulo 17 en cambio gira alrededor de la necesidad y utilidad de su propia obra para el desarrollo de la evangelización. El autor destaca la importancia del *Símbolo* no únicamente para los neófitos, sino también para los sacerdotes y demás predicadores de la fe. El letrado se centra en uno de sus métodos pedagógicos más importantes: los cánticos con los que explica la doctrina, los mismos que expone en la segunda parte del libro. El autor ubica a estos dentro de la larga tradición del catolicismo, indicando que «pues de estos misterios hay compuestos himnos en latín por san Ambrosio, san Gregorio, san Hilario y Prudencio, y por otros autores y en romance y en toscano, y en las demás lenguas de las naciones que han recibido la cristiandad, hay versos y composturas diferentes en octavas, sonetos y tercetos, canciones y en otros metros»[80]. De este modo, Oré explica y justifica la importancia de la inclusión de los cánticos en su obra como parte de una larga tradición del cristianismo[81], pero también como una parte significativa de la tradición de los nativos en cuya cultura nota la relevancia de la música. Especialmente señala que en su caso los cánticos representan una práctica alternativa a la violencia con la que se trataba de imponer el catolicismo a los andinos[82].

Los cánticos son composiciones en metro en quechua que Oré escribe «para el aprovechamiento de los indios»[83]. Para explicar la complejidad de su tarea, el letrado comienza citando los tres primeros versos del prólogo a las «Sátiras» del poeta latino Persio (34-62) «Nec fonte labra prolui caballino/ Nec in bicipiti somniasse Parnaso/ Menini ut repente sic poeta prodirem» [Ni he bebido en la fuente Cabalina,/ ni he soñado jamás, que yo recuerde,/ sobre la doble cumbre del Parnaso][84]. Con estos versos hace un paralelismo con su propia obra poética indicando que más que producto de la inspiración, esta es el resultado de intensos años de trabajo y de búsqueda constante de un método que se ajuste a las necesidades de los catequizados «porque se muevan a la devoción con la letra principalmente y el tono les sea ayuda y parte para lo mismo»[85]. De este modo, el letrado reutiliza métodos tradicionales de la Iglesia católica a los que incorpora elementos de la cultura andina, con el objetivo de presentar las enseñanzas del Evangelio para que sean cantadas en quechua con el afán de enseñar deleitando.

---

[80] Oré, *Símbolo*, fols. 62v-63r.
[81] Ver Oré, *Símbolo*, fol. 63r-63v.
[82] Ver Oré, *Símbolo*, fol. 64v.
[83] Oré, *Símbolo*, fol. 61v.
[84] Oré, *Símbolo*, fol. 61v. Traducción de Cuenca, 2014, <http://poeticas.es/?p=128>.
[85] Oré, *Símbolo*, fol. 63v.

El capítulo 18, en cambio, representa una transición entre la primera y la segunda parte. El autor habla del éxito de su metodología, la cual queda avalada por la experiencia de religiosos de diferentes órdenes, quienes han aprobado la obra y también de algunos que ya la han puesto en práctica obteniendo de ella buenos resultados[86]. Asimismo, aclara varios aspectos de la traducción al quechua, como por ejemplo que «[e]n verso se usara de alguna más libertad, y siempre se procurará seguir la letra y el sentido: y cuando no fuere posible seguir la letra, jamás habrá falta en seguir el sentido»[87]. Con esto hace notar una vez más que la traducción es una adaptación creativa; al mismo tiempo explica al lector las dificultades de este proceso, que inclusive le han obligado a recurrir a la ayuda de sus tres hermanos, todos sacerdotes franciscanos como él, para la traducción de los términos y vocablos más complicados. El letrado termina esta primera parte de la obra ofreciéndola a sus compresbíteros y otros sacerdotes a quienes solicita que reciban su trabajo piadosamente[88].

LA SEGUNDA PARTE DEL *SÍMBOLO*: LOS HIMNOS, UN ACERCAMIENTO PEDAGÓGICO DESDE LOS ELEMENTOS BICULTURALES

> Cam intip ruraquen: quillacta çamachic:
> Coyllor cunactapas: Llapantam yupanqui:
> Mana yupanacta: Tucuytam reccinqui
> Sutimpitacmi huacyanqui.
>
> Tú hacedor del sol: quien dio vida a la luna:
> Y a las estrellas: Tú las cuentas todas:
> Cuando son incontables: Tú las conoces a todas
> Y las llamas por sus nombres[89].
>
> (Luis Jerónimo de Oré)

En el año 1264, el papa Urbano IV instauró oficialmente la celebración del Corpus Christi, cuya liturgia fue compuesta por santo Tomás de

---

[86] Ver Oré, *Símbolo*, fol. 65r.

[87] Oré, *Símbolo*, fol. 65r.

[88] Ver Oré, *Símbolo*, fol. 65v.

[89] Oré, *Símbolo*, fol. 160r. He tomado la traducción al inglés de Rosaleen Howard que aparece en la grabación del álbum *New World Symphonies. Baroque Music from Latin America* (2003), interpretada por el coro Ex Cathedra bajo la conducción de Jeffrey Skidmore. La traducción al español es mía.

Aquino[90]. Paul Murray, en su libro *Aquinas at Prayer: The Bible, Mysticism and Poetry*, explica que, en esa época, componer una liturgia «[did] not mean making something entirely new. It [meant] rather drawing together into a new whole individual elements from past tradition, texts for example from the Scriptures and the Fathers, and prayers and hymns belonging to already existing liturgies, and then forming out of these disparate sources something at once manifestly ancient and manifestly new»[91]. Exactamente eso es lo que hace Oré para componer los himnos quechuas religiosos que incluye en la segunda parte de la obra. Mientras que el texto de los cánticos se basa en el *Símbolo de la fe* atribuido a san Atanasio y en las enseñanzas de los apóstoles que traduce al quechua, el autor especifica que la melodía destinada a acompañarlos sea al estilo de canto llano[92]. Así, Oré trata de alejarse de las adaptaciones que en épocas anteriores eran motivo de crítica en la región andina, como explicaré en el capítulo 4. No obstante, el autor es consciente de que la fe cristiana estaba fuera del imaginario de los andinos. Por eso aborda la nueva religión desde lo que resultaba familiar a los indígenas y la explica a través de los mitos, los elementos de la naturaleza y las formas orales prehispánicas.

Cada uno de los cánticos se centra en un tema bíblico; en el primero expone los misterios de la Santísima Trinidad basándose en san Atanasio. El segundo está dedicado a la creación del universo. El tercero se centra en la creación del hombre, su caída de la gracia de Dios y la concepción de Cristo. El cuarto está destinado a la naturaleza y atributos de Cristo, su nacimiento y su niñez. En el quinto, el autor vuelve al origen del hombre, pero esta vez contrastando las enseñanzas bíblicas con las narraciones andinas sobre el origen de los incas. El sexto cántico tiene como tema central la Pasión de Cristo. El séptimo, en cambio, culmina con la Resurrección. A estos siete cánticos, que deben ser entonados uno por cada día de la semana en forma de canto llano o acompañados de instrumentos musicales, como el autor indica, se añade uno más, «el cual es una suma o epílogo de todo lo dicho antes en los siete cánticos para rezarlo a la tarde, o cantarlo al tono de *Sacris solemniis*»[93].

---

[90] Ver Murray, 2013, pp. 172-173.
[91] Murray, 2013, pp. 169-170.
[92] Ver Oré, *Símbolo*, fol. 51v.
[93] Oré, *Símbolo*, fol. 158v.

El cántico adicional, que debía ser entonado diariamente al atardecer por los niños indígenas de las escuelas con las mejores voces para guiar al resto del pueblo, es además el único para el que el autor ofrece especificaciones sobre la melodía. Oré determina que este debe ser cantado en la lengua nativa al tono de *Sacris solemniis*, uno de los himnos medievales del Corpus Christi (ver figura 2)[94]. En cuanto a la poesía, en la estrofa citada en el epígrafe, por ejemplo, el autor hace referencia a los motivos de adoración prehispánicos, como el sol, la luna, y las estrellas, elementos fácilmente identificables para los nativos. Esta inclusión tiene como objetivo mostrar la oposición de la religión nativa al catolicismo. Carolyn Dean hace referencia a la necesidad que tienen rituales como el Corpus Christi de mostrar la alteridad, ya que magnifica el triunfo del cristianismo[95]. Esta es precisamente la forma en la que los elementos andinos se incorporan a las enseñanzas del Evangelio. Así, el sol, la luna y las estrellas aparecen en un plano secundario, ya que el autor indica más tarde que estos fueron creados por un ser supremo, el hacedor del universo[96]. De esta manera, Oré establece un paralelismo con los elementos de la naturaleza, aunque sea únicamente como una antítesis del catolicismo, como explicaré en el capítulo 4. Este es el tipo de material que el letrado provee para el uso de los catequistas, a quienes había explicado detalladamente en la primera parte la manera de celebrar los rituales, incluyendo las enseñanzas que deben impartir, así como también la forma de atender a las necesidades espirituales de los neófitos. Este aspecto práctico de la segunda parte del *Símbolo* cumple con la tarea de ofrecer una pedagogía basada en el entendimiento de la cultura andina.

Al total de ocho cánticos también se suman el himno a san Ambrosio y san Agustín, el *Tedeum laudamus*. Seguidamente, el autor incluye su adaptación resumida del «Confesionario breve» que se halla en la *Doctrina cristiana*, el texto resultante del Tercer Concilio, y al igual que en el original la versión de Oré también contiene la traducción al aimara. La obra, además, contiene el «Catecismo breve del Santísimo Sacramento de la comunión», y oraciones cortas dedicadas a la Virgen y otras breves para diferentes ocasiones, seguida por una «Lira a nuestra Señora del Rosario». El libro termina con un colofón en el que promete un copioso arte y vocabulario que contribuya «a la interpretación de los términos dificultosos»[97] que ha expuesto en su obra.

---

[94] Para más información sobre este himno, ver Murray, 2013, pp. 202-204.

[95] Dean, 1999, p. 49.

[96] Proveeré un análisis más detallado de los cánticos 5 y 6 en el cuarto capítulo.

[97] Oré, *Símbolo*, fol. 191v.

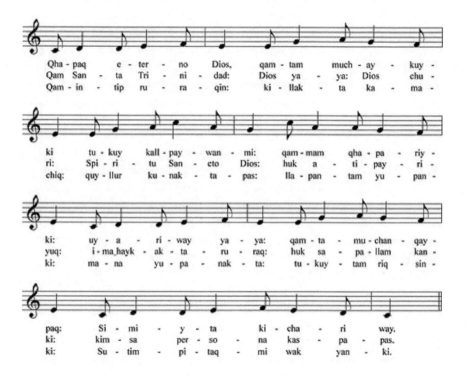

Fig. 2. «Qhapaq eterno Dios» (citado en Stevenson, 1968, p. 279).

De este modo, Oré propone otra forma de acercamiento a la evangelización de los nativos que difiere de los textos conciliares, en cuanto hace de los neófitos participantes activos en el proceso de evangelización mediante el *performance* de los rituales, como explicaré en el cuarto capítulo[98]. Aunque también dichos escritos presentan traducciones a las lenguas nativas, Oré ya no parte de la incapacidad de los andinos para entender los conceptos elevados del cristianismo. El punto de partida del autor radica en el reconocimiento de los contextos culturales diferentes, por eso busca las semejanzas de los mitos y las formas de la religión prehispánica como elementos que contribuían a introducir e integrar a los indígenas al catolicismo. El cura franciscano incluye estos elementos, a los cuales va alejando cada vez más de la similitud con el cristianismo hasta llegar a su negación. Esta parte de la obra gozó desde el comienzo de mucho éxito, por lo que hablar del *Símbolo* por mucho siglos era hablar de los cánticos, olvidando que la obra es mucho más que un texto evangelizador.

La importancia de la metodología de Oré y su impacto

Parte del testimonio que explica la importancia del *Símbolo* en su tiempo se halla en los documentos que conforman los paratextos; me refiero a los escritos pertenecientes a las autoridades eclesiásticas y civiles que dieron su aval para la publicación de la obra. Todos ellos coinciden en dar la bienvenida a un libro de esta naturaleza. Por ejemplo, el jesuita Esteban de Ávila, catedrático de Teología en San Marcos, quien reconoce haber visto el texto, es enfático en declarar la importancia de la poesía quechua asegurando que

> me parece muy provechoso para los que doctrinan indios porque se les da muy buenos avisos para el modo de enseñarles la doctrina; y también a los mismos indios para que se aficionen a las cosas de nuestra sancta fe viendo los misterios de ella compuestos en verso en su lengua, y con esto se ocupen de estos santos

---

[98] Como el autor mismo menciona, esta no es una metodología nueva, pues reconoce que tiene como ejemplos los himnos latinos. De igual modo, el *performance* de los rituales también tiene sus bases en prácticas habituales de la época en Europa, que se habían extendido al Nuevo Mundo, como por ejemplo los autos sacramentales, aunque de ninguna manera sugiero que el *performance* delineado por Oré esté en la misma categoría del auto sacramental.

cantares, olvidándose de sus supersticiones, y así será cosa muy justa su Excelencia de licencia para que se imprima[99].

La utilidad de la obra que señala Ávila tanto para los doctrineros como para los nativos, coincide con el resto de testimonios y con la declaración del mismo autor. Oré, reconoce la importancia de trasmitir el Evangelio a los nativos por medio del canto y la poesía debido a la relevancia de ambas manifestaciones en la cultura andina. Aunque las lenguas nativas eran «consideradas por algunos clérigos como portadoras de supersticiones contagiosas [que] obstaculizaban, [...] la aplicación exitosa de las nuevas políticas de evangelización»[100], el camino abierto por los documentos conciliares oficiales hizo posible la impresión de una obra cuya metodología parece haber estado en práctica mucho antes de su publicación.

Los censores de la obra también dan fe de la capacidad de Oré para realizar un trabajo de esta naturaleza, destacando la claridad de sus explicaciones y enseñanzas del Evangelio, su competencia lingüística y su amplia experiencia como predicador. Por ejemplo, el comisario del Santo Oficio fray Pedro Corral da constancia de la fidelidad de la traducción quechua y alaba en especial la «claridad, elegancia y propiedad»[101] con la que se declaran los misterios de la fe. Más aún, el mismo fraile se posiciona como «testigo de vista [y dice] haber visto indios muy rudos estar tan adelante en todas las cosas que el dicho padre fray Luis Jerónimo de Oré les ha enseñado de las contenidas en estos tratados, que si las hubieran aprendido los dichos indios en escuelas con más capacidad de lo que su rudeza pide no estuvieran más provectos»[102]. El aval de Corral, escrito en junio de 1596, dos años antes de la publicación de la obra, da cuenta del sentido práctico y de la eficacia metodológica de la misma.

Más aún, sus palabras son un testimonio de la necesidad imperante de acercar a los nativos a los preceptos de la fe en su propia lengua, un aspecto ya bastante tratado en los concilios. De hecho, en el proemio del *Tercer catecismo*, se expresan las frustraciones debido a que después de medio siglo de presencia española en la región andina los resultados de la evangelización eran escasos. Las autoridades conciliares exteriorizan su queja anotando que

---

[99] Oré, *Símbolo*, fol. s.n. Para más información sobre Esteban de Ávila, ver Martín Hernández y Martín de la Hoz, 2011, p. 118.
[100] Charles, 2004, p. 19.
[101] Oré, *Símbolo*, fol. s.n.
[102] Oré, *Símbolo*, fol. s.n.

«si les preguntáis [a los nativos], que sienten de Cristo, y de la otra vida, y si hay más que un Dios, y cosas tales que son el A.B.C. cristiano, los halláis tan ignorantes, que ni aún el primer concepto de eso han formado»[103]. Tomando en cuenta este contexto, la apreciación tanto de Corral como del resto de autoridades que aprobaron la obra invita a reflexionar también sobre la eficacia de los propios documentos conciliares oficiales. A pesar de que estos se habían implantado y estaban en práctica por más de una década, los problemas que pretendían remediar seguían sin solución. Es entendible entonces el entusiasmo que muestran las autoridades eclesiásticas por otro tipo de acercamiento.

Coincidiendo con la observación de Corral, el mismo Oré habla en capítulos posteriores de las razones para escribir una obra de esta naturaleza. Refiriéndose especialmente al aspecto metodológico dice

[c]omo por experiencia se ha visto en las doctrinas de la provincia de los Collaguas de la Corona real, y en el valle de Jauja, y en la provincia de Vilcas, y en otras partes donde se ha recibido este *Símbolo católico*, porque atraídos con el gusto y devoción de estos cánticos, frecuentan los indios las iglesias y procuran hallarse a la doctrina y catecismo, cuya explicación es lo contenido en estos cánticos. Otros los trasladan y rezan devotamente, por ser los misterios de nuestra fe, historia agradable y llena de verdad que ellos persuaden a ser creídos con eficaz fuerza, por la honestidad que hay en ellos. Por lo cual fui mandado por mis prelados, y rogado de religiosos y de otras personas que lo han visto, que procurase imprimir este *Símbolo* en el que se contienen los misterios de la fe copiosamente, así los artículos de la divinidad, como los que tocan a la sacratísima humanidad de nuestro señor Jesucristo[104].

El letrado deja entrever así otra estrategia de escritura al revelar que su obra es un acto de obediencia a sus superiores. Este modo de posicionar su libro es una forma de implicar que el *Símbolo* contaba con un amplio aval de sus correligionarios. Al mismo tiempo, Oré presenta su texto como una manera de dar paso a una pedagogía interactiva en la que se logre la participación de los nativos mediante el canto de los himnos y el *performance* de los rituales, cuyas instrucciones el autor también provee en la obra.

El impacto metodológico del *Símbolo* tuvo repercusiones que fueron más allá de sus contemporáneos. Así, por ejemplo, el jesuita Pablo del Prado, autor del *Directorio espiritual en la lengua española y quechua general del Inca*,

---

[103] *Tercer catecismo*, fol. 3v.
[104] Oré, *Símbolo*, fol. 62r-62v.

publicado originalmente en 1641, en su apéndice de letanías e himnos incluye algunos del *Símbolo*[105]. En una edición más tardía, que data de 1650, Del Prado los atribuye directamente a Oré, indicando en el título que estos son «Algunos cánticos traducidos en lengua quechua por el ilustrísimo señor don fray Luis Jerónimo de Oré, obispo de la Imperial, sacados de su *Símbolo indiano*»[106]. En la actualidad dos de sus himnos son muy conocidos; se trata del himno dedicado a la consagración de la Eucaristía *Qanmi Dios kanki*, que según Durston es una modificación del quinto cántico y también se le conoce como el *Yuraq hostia santa*[107]. El otro himno que gozó de popularidad es el que Oré compuso para ser cantado en la hora canónica de completas, *Qhapaq eterno Dios* ("Todopoderoso Dios eterno"). Robert Stevenson, en su obra *Music in the Aztec & Inca Territory*, incluye la partitura de este cántico como un ejemplo del uso de la música en el proceso de transformación religiosa en el Nuevo Mundo (ver figura 2)[108]. Aunque según Jorge A. Lira, este «ya [se halla] en desuso»[109], dicho himno es parte del álbum *New World Symphonies. Baroque Music from Latin America* (2003). Este sería el impacto metodológico y la influencia del *Símbolo* en otros escritos posteriores; pero su importancia va más allá, pues al ser una obra heterogénea también tuvo una variedad de lectores y usuarios en los que influyó desde sus diferentes géneros discursivos.

EL USUARIO Y EL LECTOR DEL *SÍMBOLO*

> Inculta gente del oculto mundo
> De niebla oscura hasta aquí cercada,
> Y en el tartáreo piélago anegada
> Del satánico reino furibundo[110].
>
> (Fray Jerónimo de Valenzuela)

Una de las características del *Símbolo* es que su contenido está dirigido a una gran variedad de lectores y usuarios. En las aprobaciones y declaraciones

---

[105] Ver Durston, 2010, p. 150 y Eichmann Oehrli, 2014, p. 376.

[106] Del Prado, *Directorio espiritual*, p. 211v.

[107] Durston, 2010, p. 148. Para más información sobre los himnos quechuas, ver también Estenssoro, 2003, pp. 139-193.

[108] Ver Stevenson, 1968, pp. 278-280.

[109] Citado en Durston, 2010, p. 150.

[110] Oré, *Símbolo*, fol. s.n.

de examinación provenientes de diversas autoridades, estas califican la obra y reiteran el provecho que sacarán de la misma aquellos que «doctrinan indios porque se les da muy buenos avisos para el modo de enseñarles la doctrina. Y también a los mismos indios para que se aficionen a las cosas de nuestra sancta fe»[111]. Esta es la idea que persiste inclusive en los poemas dedicados al autor, como lo demuestra el soneto de fray Jerónimo de Valenzuela, prior del convento de Santo Domingo de Parinacocha, a quien pertenece el cuarteto del epígrafe. El soneto se enfoca en la sabiduría del autor, quien ha dado al público un escrito capaz de conducir a los nativos a la salvación que ofrece el catolicismo. Los versos de Valenzuela resumen el contenido de quienes dan fe del valor de la obra como un instrumento fundamental para la transformación religiosa en la región andina.

La parte del libro que se ocupa de la evangelización está dedicada mayormente al adoctrinamiento de los nativos comunes, no de las élites indígenas, quienes recibían otro tipo de educación y tratamiento. David Cahill y Blanca Tovías, al referirse a la función religiosa de las élites indígenas andinas, señalan su responsabilidad «de que toda la comunidad asistiera a la misa, a la doctrina y a las fiestas, no obstante que estas funciones formalmente recaían en cierto número de oficiales menores y patrocinadores»[112]. El propio Oré subraya la importancia de estas tareas asignadas a caciques y principales de la comunidad[113]; pero, asimismo, como Cahill y Tovías destacan, los miembros de las élites se insertaron dentro del catolicismo y de la cultura dominante dejando «testimonio elocuente de su propia piedad, habiendo sido fundadores y patrones de capillas, obras pías, monasterios y beaterios, todo lo cual sirvió para engrandecer su prestigio social»[114]. Oré no se refiere en más detalles a las élites indígenas, quienes enfrentaron las demandas de las nuevas formas de religiosidad y del nuevo orden hegemónico de manera diferente, como explican Cahill y Tovías.

Sin embargo, no toda la obra está dedicada a la evangelización de los nativos; como ya he referido anteriormente, la traducción del Evangelio al quechua solo se halla en la segunda sección del libro y ese es el segmento dedicado a sus compresbíteros y demás sacerdotes a quienes ofrece el texto y también a los catequistas y maestros de coro[115]. A diferencia de las

---

[111] Declaración de Esteban de Ávila, Oré, *Símbolo*, fol. s.n.

[112] Cahill y Tovías, 2003, p. 11.

[113] Oré, *Símbolo*, fol. 55v.

[114] Cahill y Tovías, 2003, p. 11.

[115] Ver Oré, *Símbolo*, fol. 65v. Asimismo, esta es otra diferencia del *Símbolo* y los documentos conciliares que estaban destinados exclusivamente para el uso del clero criollo

indicaciones en las que el autor reitera que el texto está destinado a la catequización de los nativos, este no ofrece ningún indicio del posible lector de los primeros 18 capítulos. Asimismo, uno de los enigmas del *Símbolo* es que ninguno de los declarantes toma en cuenta la primera parte de la obra en la que Oré mantiene un diálogo permanente con un amplio listado de pensadores que abarca desde los clásicos grecorromanos hasta sus mismos contemporáneos. Tanto las autoridades civiles como las eclesiásticas se enfocan únicamente en la metodología, en el uso de la música y en la cuestión de la traducción, sin hacer siquiera mención de los capítulos iniciales. Claramente, por su acercamiento científico, filosófico e histórico, esta sección tiene otro tipo de lector; por ejemplo, podría tratarse de la misma clase de estudioso peruano o europeo interesado en los escritos del padre José de Acosta.

De hecho, el segmento en el que introduce la historia andina desde muy temprano resultó de interés para varios cronistas contemporáneos, entre quienes el *Símbolo* gozó de prestigio, como Felipe Guaman Poma de Ayala, el cronista anticlerical, quien coloca a Oré en la categoría de hombres de letras sabios, en contraposición con los farsantes, y cita pasajes de su obra[116]. Asimismo, Annalyda Álvarez-Calderón, en su artículo «Fray Martín de Murúa y su crónica: vida, obra y mentiras de un mercedario en los Andes (fines del siglo XVI-principios del XVII)», coteja uno de los relatos sobre la historiografía andina que aparece tanto en el *Símbolo* como en la obra de Murúa, demostrando que el mercedario lo copió del libro de Oré[117]. Precisamente, los historiadores de la región andina tanto locales como extranjeros constituyen el tipo de lector interesado en el discurso que el autor expone en estos capítulos de su obra.

Un impacto más contundente de la primera parte del *Símbolo*, sin embargo, se halla en intelectuales posteriores. Comenzando en la década de los treinta del siglo XVII, la inclusión de la historia y la naturaleza americana en las obras escritas por letrados criollos llega a ser muy frecuente. Estos, al igual que Oré, empiezan a rechazar las teorías de que el clima del continente y las constelaciones tenían correlación con el carácter de los

---

o español, mientras que la obra de Oré se dirige a una audiencia más amplia incluyendo los predicadores ladinos.

[116] Guaman Poma de Ayala, *Primer nueva corónica*, p. 855. Adorno, en su obra *Guaman Poma: literatura de resistencia en el Perú colonial*, indica varios pasajes que el autor tomó del *Símbolo*. Chang-Rodríguez, 2016, estudia la relación entre Guaman Poma y Oré en su artículo «Felipe Huaman Poma de Ayala y Luis Jerónimo de Oré, dos ingenios andinos».

[117] Álvarez-Calderón, 2004, pp. 111-112.

sujetos nacidos en América. Este discurso, al que los críticos han denominado «criollismo patriótico»[118], llevó a intelectuales como Buenaventura de Salinas y Córdova (1592-1653), Antonio de la Calancha (1584-1684), Juan de Solórzano Pereira (1575-1655) y otros, a escribir una defensa astrológica de América[119]. Dichos autores y sus obras aportaron para posicionar al Perú no únicamente como un productor de riqueza material y por lo tanto contribuidor importante al progreso de la metrópoli, sino que también destacan el valor del intelecto de los criollos en un nivel igual o inclusive superior al de sus pares europeos (ver capítulo 3).

EL *SÍMBOLO* FRENTE A LA CRÍTICA

El *Símbolo* es una obra que ha sido poco estudiada. En el siglo XIX, José Toribio Medina incluyó una descripción completa de los paratextos del libro y fragmentos cortos de la obra misma junto con un breve estudio en *Biblioteca hispano-chilena 1523-1817* (1897). Medina hace un recuento de las opiniones erradas vertidas sobre la obra, comenzando por las de las propias autoridades que dieron el visto bueno para su impresión, de quienes critica muy acertadamente la generalidad y vaguedad de los comentarios. Luego, también toma en cuenta las descripciones, mayoritariamente equivocadas y asimismo ligeras, de los escritos que mencionan el *Símbolo* a lo largo de los siglos, comentando que, aunque son varios autores los que dan noticia de esta obra, «tengo para mí que solo uno o dos de ellos la hojearon alguna vez»[120]. Medina coloca en esta categoría a letrados como Diego de Córdoba y Salinas, autor de la *Relación de la fundación de la Santa Provincia de los Doce Apóstoles*; Ramón Briceño, autor de la *Estadística bibliográfica*; fray Francisco Javier Ramírez, autor del *Cronicón sacro imperial*, entre otros. Estos detalles indican que a pesar de la trascendencia de la obra en su tiempo los estudiosos posteriores no dejaron de verla más que como un manual de catequización, fallando en entenderla desde el contexto en el que fue producida[121].

---

[118] Ver Brading, 1991; Lavallé, 1993 y Cañizares-Esguerra, 1999.
[119] Ver Cañizares-Esguerra, 1999, p. 50.
[120] Medina, 1897, p. 87.
[121] En la *Crónica franciscana de las provincias del Perú* (1651), Diego de Córdova Salinas incluye la biografía de los hermanos Oré; el autor se detiene en el más famoso de ellos, fray Luis Jerónimo, centrándose exclusivamente en su misión evangelizadora.

Ya en el siglo XX, los críticos se acercan de diferente manera a este texto. Los estudios sobre Oré que provienen de la segunda mitad de tal centuria (Vargas Ugarte 1951, Tibesar 1961, Heras 1966, García Ahumada 1990, Richter 1990) aportan datos imprescindibles sobre la biografía del obispo, centrándose más que nada en su tarea evangelizadora. La aparición de la edición facsimilar en 1992, dirigida por el franciscano Antonine Tibesar, contribuyó a investigaciones más profundas sobre el autor y su obra. A dicha edición acompañan tres ensayos analíticos; mientras que el aporte del padre Julián Heras resalta el valor antropológico e histórico de la obra, Luis Enrique Tord hace un recuento de los estudios dedicados a Oré comenzando por las breves inclusiones en diccionarios históricos, bio-bibliográficos, artículos breves de las últimas décadas del siglo XIX, hasta las investigaciones más exhaustivas de las últimas décadas del XX[122]. Ambos autores enfatizan en el aporte del *Símbolo* a la evangelización de los andinos.

Noble David Cook, por su parte, aporta nuevos datos biográficos, incluyendo información de documentos de archivo. Cook se centra en los ancestros de Oré, su actividad como predicador, cura itinerante y promotor de su orden y finalmente rescata su conflictiva etapa de obispo de La Concepción, en donde murió en 1630. Este importante estudio se complementa con su artículo «Viviendo en las márgenes del imperio: Luis Jerónimo de Oré y la exploración del *Otro*» (2008), en el que Cook se centra en Oré como sujeto colonial y mediador entre las dos culturas. A estos estudios hay que añadir la investigación de Xavier Pello «Los últimos días de Luis Jerónimo de Oré (1554-1630): un nuevo documento biográfico» (2000), en donde el autor provee datos sobre el destino de los bienes del obispo después de su fallecimiento. Asimismo, la obra de Miguel Ángel Espinoza Soria *La catequesis en Fray Luis Jerónimo de Oré, ofm: un aporte a la nueva evangelización* (2012) es un análisis de la obra desde la perspectiva religiosa; su mayor aporte a los estudios del cura franciscano es la muy necesaria traducción al español de los cánticos.

Las investigaciones posteriores a la publicación del facsímil del *Símbolo* en cambio se enfocan finalmente en análisis de fragmentos de la obra misma. Por ejemplo, Margot Beyersdorff publicó un estudio del sexto cántico en «Rito y verbo en la poesía de Fray Luis Jerónimo de Oré» (1993); Gerald Taylor, en 2003, en un libro dedicado a la evangelización en quechua en el siglo XVI, analiza el segundo cántico que, según él, es la contribución de Oré

---

[122] Ver Oré, *Símbolo*, edición facsimilar, pp. 15-16.

«a la refutación del culto a las *huacas*». El crítico se centra en este aspecto y «en el lenguaje que escoge para formular su mensaje»[123]. Alan Durston hace una muy breve mención del cántico quinto en su artículo «Apuntes para una historia de los himnos quechuas del Cusco» (2010). Estos son los estudios más significativos de una obra que está logrando un poco más de difusión, no solo gracias a la edición facsimilar, sino también a que actualmente se la puede encontrar en dos versiones electrónicas; se trata de una copia del manuscrito que se halla en la Biblioteca Nacional del Perú y otra que se conserva en la Biblioteca Nacional de Santiago de Chile[124].

El *Símbolo* fue solo la primera publicación de Oré y quizá la más popular. A pesar de la extensa productividad de este letrado sus otras obras tampoco han sido muy estudiadas a lo largo de los siglos. No obstante, a partir de la década de los noventa tanto historiadores como literatos empezaron a prestar más atención a sus escritos. Noble David Cook realizó la edición de *Relación de la vida y milagros del venerable P. Fr. Francisco Solano* publicada en Lima en 1998. En 2014 Raquel Chang-Rodríguez publicó también en Lima su edición de la *Relación de los mártires de la Florida del P.F. Luis Jerónimo de Oré (c. 1619)*. Más recientemente esta misma obra fue editada y traducida al inglés por Chang-Rodríguez y Nancy Vogeley con el título de *Account of the Martyrs in the Provinces of La Florida* (2017). La *Relación de los mártires* parece haber corrido con más suerte, ya que fue reeditada en 1931 con el título de *Relación histórica de la Florida, escrita en el siglo XVII* con un estudio introductorio de Atanasio López. En esa misma década apareció la primera traducción al inglés de la obra editada por Maynard J. Geiger bajo el título de *The Martyrs of Florida (1513-1616)*. Todos estos estudios, especialmente los más recientes, contribuyen a un conocimiento más extenso del quehacer intelectual de Oré. Estos también facultan la posibilidad de destacar otros aspectos de su vida multifacética, lo que ha abierto gran parte del camino para un acercamiento al contexto de producción de los escritos del huamanguino. Pero más que nada, dichos trabajos dejan entrever la urgencia de aproximaciones que tomen en cuenta la interdisciplinaridad que caracteriza la obra de Oré, que es el enfoque de los siguientes capítulos de este libro en lo concerniente al *Símbolo*.

---

[123] Taylor, 2003, p. 119.

[124] Ver <https://dl.wdl.org/13749/service/13749.pdf> y <http://www.memoriachilena.cl/602/w3-article-9532.html>. También existe una copia en The British Library.

Capítulo 2

LA HISTORIA NATURAL Y MORAL EN EL *SÍMBOLO*

> Téngase, pues, por cierto e inconcuso, puesto que lo afirman sapientísimos autores, que es justo y natural que los hombres prudentes, probos y humanos dominen sobre los que no lo son. Y esta causa tuvieron los romanos para establecer su legítimo y justo imperio sobre muchas naciones, según dice San Agustín en varios lugares de su obra *De Civitate Dei*, los cuales cita y recoge Santo Tomás en su libro *De Regimine Principum*. Y siendo esto así, bien puedes comprender ¡oh Leopoldo! si es que conoces las costumbres y naturaleza de una y otra gente, que con perfecto derecho los españoles imperan sobre estos bárbaros del Nuevo Mundo e islas adyacentes; los cuales en prudencia, ingenio, virtud y humanidad son tan inferiores a los españoles como los niños a los adultos y las mujeres a los varones, habiendo entre ellos tanta diferencia como la que va de gentes fieras y crueles a gentes clementísimas, de los prodigiosamente intemperantes a los continentes y templados, y estoy por decir que de monos a hombres[1].
>
> (Juan Ginés de Sepúlveda)

En 1550, en la Junta de Valladolid, el padre Bartolomé de Las Casas (c. 1484-1566) presentó su defensa en favor de los nativos del Nuevo Mundo, en la que condenaba el sistema de encomiendas y rechazaba los argumentos de quienes insistían en que los indígenas americanos eran «brutales bestias,

---

[1] Sepúlveda, *Demócrates Segundo*, p. 305.

incapaces de virtud y doctrina»[2]. En esta forma de pensamiento se basaba su oponente, Juan Ginés de Sepúlveda (1490-1573), quien, para proteger la soberanía del imperio español, impulsaba la idea del barbarismo de los nativos, como expone en su tratado *Demócrates Segundo*. Los conceptos expuestos por Sepúlveda se fundaban en los planteamientos delineados por Aristóteles en la *Política*, donde el filósofo griego establecía que «[a]quellos hombres que difieren tanto de los demás como el cuerpo del alma o la bestia del hombre [...] son por naturaleza esclavos, y para ellos es mejor ser mandados con este género de mando»[3]. Los pensadores renacentistas siguieron este orden jerárquico apoyados además en las creencias de la división geopolítica del mundo, ligada a la tradición filosófica y científica marcadamente aristotélica e hipocrática adoptada en la Edad Antigua.

Estas teorías proponían una relación directa entre la geografía, el clima y la naturaleza humana[4]. De acuerdo con esta forma de conocimiento, el mundo estaba dividido en cinco franjas horizontales, de las cuales las regiones demasiado calurosas de los trópicos o las extremadamente frías de los polos eran las menos apropiadas para el desarrollo humano, ya que este clima influía en sus habitantes haciéndolos débiles, faltos de razón y de moralidad, similares a las bestias[5]. Estas regiones contrastaban con las dos zonas templadas, en las que se hallaba la Europa mediterránea, cuyo clima moderado dotaba a sus habitantes de una moral y razón superiores. Dichas características otorgaban a estos hombres el derecho a gobernar sobre aquellos a quienes consideraban bárbaros[6]. Los defensores de la Corona española se valieron de la teoría de las cinco zonas en la construcción de la ideología imperial, ya que esta contribuía a justificar sus intervenciones políticas en el Nuevo Mundo, intervenciones que se escudaban en su deber de civilizar y cristianizar a sus habitantes.

Así lo demuestra el cronista Gonzalo Fernández de Oviedo cuando, para explicar la naturaleza defectuosa e infantil de los habitantes americanos, inserta en la primera parte de su *Historia general y natural de las Indias* (1535)

---

[2] Las Casas, *Historia de las Indias*, p. 30.

[3] Aristóteles, *Política*, p. 8.

[4] Ver Wey-Gómez, 2008, p. 61.

[5] Ver Wey-Gómez, 2008, p. 74. Asimismo, para un estudio más detallado de los argumentos de Las Casas y Sepúlveda, ver el «Estudio preliminar» de Edmundo O'Gorman en la *Apologética*, pp. XV-LXXIX y el capítulo 1 de *The Tropics of the Empire* de Nicolás Wey-Gómez.

[6] Ver Wey-Gómez, 2008, p. 84, y también el capítulo 6 de la *Política* de Aristóteles.

una anécdota relatando el encuentro de Colón con los Reyes Católicos. El Almirante contaba a los monarcas que los árboles en las Indias, por más grandes que sean, no entierran sus raíces muy profundamente en el suelo. Al ser cuestionado por la razón de este hecho, su explicación fue que esto sucedía «por estar en tal clima esta tierra; y por eso había de ser más caliente en lo hondo y quemar las raíces que allá bajasen». La reina aparentemente muy apesadumbrada le contestó: «[e]n esa tierra, donde los árboles no se arraigan, poca verdad y menos constancia habrá en los hombres», a cuyas palabras el cronista complementa: «[p]or cierto quien conociera bien estos indios, no podrá negar que la reina Católica habló lo que es dicho, sino como más que filósofo natural, y no adivinando, sino diciendo la misma verdad y como pasa. Porque esta generación de los indios es muy mentirosa y de poca constancia, como son los muchachos de seis o siete años, y aún no tan constantes»[7]. A pesar de que tanto Colón como muchos de los cronistas posteriores, incluido el mismo Fernández de Oviedo, ya reconocían la abundancia de la tierra y el buen clima del Nuevo Mundo, las percepciones negativas acerca de sus habitantes continuaron en décadas posteriores. Este tipo de construcciones del hombre americano y su naturaleza obedecía a la necesidad de los españoles por hacer frente a las dudas que generaban en el resto de Europa sus derechos a gobernar el Nuevo Mundo. La perpetuación de las teorías del determinismo climático en los escritos de la época[8] es un claro intento de refutar a quienes cuestionaban la extensión de autoridad que las bulas papales de 1493 daban a España, según las cuales la Corona solo debía ocuparse de la evangelización[9].

Aunque para la fecha en que se publicó el *Símbolo* ya había pasado más de sesenta años desde la aparición de la obra de Fernández de Oviedo y casi cincuenta desde la Junta de Valladolid, estos temas controversiales seguían siendo tópicos recurrentes[10]. Es por esto que los letrados criollos, y

---

[7] Fernández de Oviedo, *Historia general y natural de las Indias*, pp. 100-101.

[8] De hecho, Francisco López de Gómara publicó su *Historia general de las Indias* un año después de la Junta de Valladolid y, a pesar de que su capítulo 3 se titula «Que no solamente es el mundo habitable, más que también es habitado», reconociendo así el error del pensamiento occidental, también ofrece una explicación amplia de la teoría de las cinco zonas para explicar el salvajismo de los nativos.

[9] Wey-Gómez, pp. 100-101, resume esta cuestión sintetizando las dudas expresadas en la junta de 1504 organizada por el rey Fernando acerca de la extensión de las bulas papales en lo concerniente al derecho político de España sobre las tierras americanas.

[10] Ver Adorno, 2007, quien explica el impacto que estas polémicas, especialmente las de la Junta de Valladolid, dejaron en los autores coloniales.

más tarde los mestizos y nativos, ya desde finales del siglo XVI empezaron a contestar este tipo de discurso que degradaba su tierra y a ellos mismo (ver capítulo 3). Consecuentemente, el hecho de que el letrado huamanguino haya insertado en una obra dedicada a promover la evangelización varios capítulos en los que trata sobre la naturaleza andina y sobre el pasado de los incas no es aleatorio. Dichos segmentos deben ser interpretados en relación a estos debates legales-teológicos ya mencionados. Oré, como un intelectual atento a las polémicas de su tiempo, introduce sus observaciones etnográficas con el claro propósito de entablar un diálogo con el discurso científico de la época y como una respuesta a la necesidad de ubicar América dentro del *orbis terrarum*. Asimismo, el autor contesta las construcciones imperiales de la otredad americana demostrando ciertos errores en la aplicación de la teoría de las cinco zonas en las que estas se basaban. A pesar de que después del siglo XVII dichas secciones del libro no fueron mayormente tomadas en cuenta, es evidente que influyeron a intelectuales locales y peninsulares de la primera mitad del siglo XVII, como Felipe Guaman Poma de Ayala, Antonio de la Calancha y Juan de Solórzano Pereira (ver capítulo 3), en cuyos escritos se incluyen referencias al letrado huamanguino y al *Símbolo* en particular.

En cuando a las estrategias narrativas que el letrado utiliza para su inclusión del pasado inca, Oré se construye a sí mismo como sujeto apto para historiar las memorias locales mostrando la autoridad que le confería su preparación académica. En el siglo XVI, el acto de escribir la historia se regía por la forma en que los pensadores renacentistas concebían esta tarea basándose en los modelos historiográficos de la antigua Grecia. Es decir, ateniéndose a las raíces etimológicas de la historia, esta labor consistía en «*ver o formular preguntas apremiantes a testigos oculares*; y significa[ba] también el informe de lo visto o lo aprendido por medio de preguntas»[11]. No obstante, los letrados que llegaron a América tuvieron que buscar otros métodos para representar un mundo que estaba fuera de su imaginario, de ahí que ya no solo era importante la autoridad del testigo ocular, sino también la propia experiencia[12]. Una característica importante de este tipo de narrativa es el

---

[11] Mignolo, 1982, p. 75. Oré muestra sus conocimientos sobre estos atributos de la historia y por eso se asegura, por ejemplo, de no poner en la misma categoría los informes de Américo Vespucio, a cuyos escritos llama acertadamente «relaciones», separándolos así de la autoridad de historiadores como López de Gómara, Fernández de Oviedo y Acosta; ver Oré, *Símbolo*, «Proemio», fol. s.n.

[12] Para un estudio más detallado sobre la escritura de la historia y su lenguaje, ver el capítulo 3 de Zamora, 1988.

énfasis que ponen los letrados en establecer su credibilidad, por lo que estos «dressed their reports in elaborate rhetorical language which attested to their personal dignity, acumen, and thorough familiarity with the events in question»[13]. El cura huamanguino emplea todas estas formas de representación como estrategias de escritura. Para esto establece su dominio de las lenguas nativas, y sobre todo se deja ver a sí mismo en el acto de compilación de las memorias, ya sea como observador o averiguando los hechos e interrogando a testigos confiables.

De esta manera, Oré combina su comprensión renacentista de la historiografía con sus propias experiencias de los recorridos que hizo por la región. Estos dos aspectos le son de utilidad para recoger diversos relatos orales en las lenguas nativas y también para hablar de los artefactos de los que se sirve para corroborar el pasado andino. Asimismo, el autor muestra de manera prolija la autoridad de sus testigos, entre los cuales se hallan prominentes miembros de la comunidad (generalmente los propios protagonistas de los hechos o personas cercanas a ellos). Gary Urton hace un recuento de las fuentes que los letrados empleaban para recoger las memorias andinas y afirma que la mayoría de estas provenían «from (primary male) informants in Cusco who were members of the Inca nobility [which] gives a decidedly élitist, masculine and Cusco-centric cast to the corpus of myths available to us»[14]. Al escribir sobre el pasado de los incas, Oré utiliza los mismos recursos que sus antecesores, pero a diferencia de la mayoría de sus pares europeos, dominaba el quechua y el aimara, y poseía una vasta educación humanística. El autor se sirve de todo este conocimiento para recoger los mitos y demás tradiciones orales, centrándose ya no únicamente en el Cuzco, sino también compilando las memorias de los diversos pueblos que él mismo recorrió en su calidad de cura doctrinero.

Por otra parte, también hay que tomar en cuenta que aunque en los años iniciales de la llegada de los españoles al Perú los religiosos, cronistas, funcionarios de la Corona y otros letrados en general se sirvieron de sus propias observaciones y de los testimonios de los nativos para escribir la historia, ya para finales de siglo XVI, tuvieron que buscar nuevas formas de documentar sus escritos. Sabine MacCormack argumenta que la pérdida de autoridad de los andinos dominados hizo que «historians and scholars no longer consulted Andeans about their past but instead reviewed the writings of early

---

[13] Zamora, 1988, pp. 39-40.
[14] Urton, 1999, p. 26.

Spanish students of the Andes»[15]. A pesar de que Oré todavía busca avalar su obra en sus propias observaciones, en sus meticulosas averiguaciones y en la autoridad de testigos confiables para explicar mejor aspectos que para los forasteros resultaban incomprensibles e inaccesibles, el autor también recurre a los historiadores de su tiempo.

El cura franciscano apoya sus argumentos en las obras de Agustín de Zárate (1514-1585), Gonzalo Fernández de Oviedo (1478-1557) y el padre José de Acosta (1540-1600), quienes al igual que él combinaron el conocimiento de la escritura de la historia con sus propias observaciones y experiencias. Pero, sobre todo, al introducirlos en su narrativa, el huamanguino se propone complementarlos, ya que reconoce que sus obras carecen de algunas evidencias «de que hay testigos de vista hasta ahora»[16]. A pesar de que para la época en la que el religioso redactaba el *Símbolo* múltiples autores habían ya dedicado sus esfuerzos para describir tanto la naturaleza como el pasado de los habitantes andinos, el autor elige a estos tres letrados porque reconoce que ellos habían escrito historia y que se hallaban bien informados del desarrollo de sus métodos de escritura de acuerdo con el canon occidental[17]. De esta manera, Oré se posiciona ante los intelectuales anteriores a él haciendo prevalecer la autoridad que le confiere el haber nacido en la región, la comprensión de las culturas nativas y, sobre todo, su familiaridad con los modelos provenientes de las tradiciones grecorromanas y renacentistas de la escritura de la historia. Todas estas herramientas le permiten hacer uso de las mismas estrategias narrativas empleadas por los intelectuales europeos, pero las adapta a su realidad para traducir las memorias

---

[15] MacCormack, 1991, p. 12.

[16] Oré, *Símbolo*, fol. 37r. Oré se atiene a los modelos establecidos desde la antigua Grecia y deja ver las influencias de una larga lista de historiadores que cita, comenzando por Herodoto, quien según De Courcelles, 2009, p. 11, «había sustituido la creatividad del poeta, el narrador de leyendas y el dispensador de gloria para los héroes con el trabajo de investigación —*historiê*— realizado por un personaje antes desconocido, el *histor*, o historiador». El letrado reconoce la autoridad de Fernández de Oviedo, Zárate y Acosta ya que valora la minuciosidad de sus observaciones y el dominio que estos tenían de las teorías de la escritura de la historia.

[17] La primera parte de la *Historia general y natural de las Indias* de Fernández de Oviedo se publicó en 1535; el autor fue nombrado cronista real en 1532 (ver Coello de la Rosa, 2012, p. 31). La *Historia del descubrimiento y conquista del Perú* de Agustín de Zárate se imprimió en 1555 por orden de Felipe II. Además de los tres autores, Oré también hace referencia a Francisco López de Gómara cuando habla de manera más amplia acerca de escritos sobre el Nuevo Mundo.

andinas a una audiencia que no concebía sistemas diferentes a la escritura para preservar el pasado.

Este capítulo está dedicado al estudio de la forma en que Oré se apropia de la teoría de las cinco zonas, pero no para contradecirla como tal. En cambio, el autor se vale de ella para explicar las consecuencias que el desconocimiento del Nuevo Mundo por parte de los estudiosos occidentales significó en la construcción de las características que estos dieron tanto a la tierra americana como a sus habitantes. Mi acercamiento a la historia natural que el letrado introduce en el *Símbolo* prueba que esta es una estrategia para posicionar la región andina como una tierra productiva localizada, en su mayor parte, dentro de un clima templado y saludable[18]. En efecto, los accidentes geográficos, la abundancia de la flora y la fauna sirven al letrado para explicar al lector las falencias de estas hipótesis y para ubicar al Perú dentro de la geopolítica universal. Entonces, probar las bondades del clima constituye para Oré un paso necesario para corroborar la racionalidad de los nativos y su facultad para entender y aceptar el cristianismo. El letrado comprueba estos aspectos principalmente presentando como ejemplo las formas de religiosidad prehispánicas. Más aún, mediante un atento estudio etnográfico muestra también los complejos sistemas de administración política y social de los incas. Sin oponerse al dominio peninsular sobre las colonias americanas, este nivel de desarrollo prehispánico sirve a Oré para contradecir los discursos en los que primaban las construcciones del salvajismo y la idolatría y que servían de pretexto para la dominación española.

LOS «BUENOS AIRES» DEL PERÚ Y LA RACIONALIDAD DE LOS NATIVOS

El padre José de Acosta cuenta que cuando llegó a las Indias se había preparado para sufrir el calor insoportable de la zona tórrida descrito en los tratados filosóficos clásicos que había leído. En su lugar narra que esto «fue tan al revés, que al mismo tiempo que la pasé sentí tal frío, que algunas veces me salía al sol, por abrigarme [...] Aquí yo confieso que me reí, e hice donaire de los meteoros de Aristóteles, y de su filosofía, viendo que en el lugar y en

---

[18] Como ya expliqué antes, esta aproximación se verá más tarde también en los *Comentarios reales* (1609) y, por sobre todo, llega a ser muy popular en los letrados que empiezan a publicar sus obras a partir de los años treinta del siglo XVII. Estos intelectuales se valen de las cualidades del Perú para exaltar la influencia positiva que el medio ambiente tenía en sus habitantes como explicaré en el capítulo 3.

el tiempo que, conforme a sus reglas, había de arder todo, y ser un fuego, yo y todos mis compañeros teníamos frío»[19]. Las teorías aristotélicas del clima de la zona tórrida, como demuestra Acosta, contribuyeron a las preconcepciones y a la ansiedad de los europeos que llegaban a América por lo desconocido, aunque ya desde los primeros años aparecieron escritos que las cuestionaban. Este es el caso de Cieza de León, quien al hablar de la abundancia del Perú menciona que «ahora los que hemos andado por estas partes hemos conocido lo que hay debajo de esta línea Equinoccial, aunque algunos autores antiguos (como tengo dicho) tuvieron ser tierra inhabitable. Debajo de ella hay un invierno y verano, y está poblada de muchas gentes. Y las cosas que se siembran se dan muy abundantes, en especial trigo y cebada»[20].

Las construcciones antiguas del clima y la naturaleza de las regiones ignotas se aplicaban de igual forma a sus habitantes. Anthony Pagden, en su obra *The Fall of Natural Man* (1982), sugiere que «the travelers of the sixteenth century went to America with precise ideas about what they could expect to find there. They went looking for wild men and giants, Amazons and pygmies. They went in search of the Fountain of Eternal Youth, of cities paved with gold»[21]. Las afirmaciones de Pagden resumen la manera fantástica en que Occidente imaginaba tanto la naturaleza como a los seres de las tierras desconocidas del Nuevo Mundo. No obstante, al igual que en la anécdota de Acosta y las confirmaciones de Cieza de León, estas teorías sufrieron un gran revés cuando los recién llegados constataron una realidad completamente diferente al pensamiento heredado desde el humanismo clásico. Se hizo necesario entonces repensar esta nueva realidad comenzado por los cuestionamientos de cómo añadir esta cuarta parte a la estructura tripartita del mundo, como se le concebía hasta ese entonces. Asimismo fue evidente la urgencia de una revisión de la escala de humanidad en la que se había colocado a sus habitantes.

En el siglo XVI, la búsqueda de nuevas herramientas conceptuales para definir al otro americano y a su espacio ocupó a unos cuantos intelectuales, entre ellos al padre José de Acosta. Este contribuyó a insertar los nuevos paradigmas dentro de las formas de pensamiento tradicional, mediante «un intento profundo y sistemático de aprehender la extrañeza del mundo americano»[22]. Para demostrar el error del modelo geopolítico en el que se

---

[19] Acosta, *Historia natural*, p. 144.
[20] Cieza de León, *El señorío de los incas*, p. 112.
[21] Pagden, 1982, p. 10.
[22] Elliott, p. 2005, p. XIV.

cimentaba la construcción de la autoridad imperial, Oré se basa en la obra de Acosta. El letrado huamanguino cita con frecuencia sus tratados escritos en América en la década de 1570 y publicados en 1588: *De procuranda indorum salute* y *De natura Novi Orbis* (Acosta tradujo este último al español para incorporarlo a los dos primeros libros de la *Historia natural y moral de las Indias* que apareció en 1590)[23]. El cura franciscano se apoya en *De procuranda* para explicar los problemas de la conversión de los nativos, mientras que *De natura Novi Orbis* le sirve como modelo para integrar América y a sus habitantes dentro de la historia universal.

La categorización de Acosta del orden natural y moral resultaba novedosa en la época en cuanto a su postura antropológica, mediante la cual presenta a los nativos como «sujetos históricos» y como seres racionales. Aunque el letrado jesuita condena las prácticas idolátricas de los habitantes americanos, hay que resaltar que reconocía su aptitud para aceptar el catolicismo; sin dejar de considerar, eso sí, su estado infantil y por lo tanto su incapacidad de autogobernarse[24]. En el *Símbolo* Oré sigue en gran medida las ideas de Acosta, especialmente aquellas con las que posicionaba a los andinos con el potencial para convertirse en buenos cristianos. Asimismo, se sirve de sus métodos para explicar la naturaleza del Perú y para ubicar al Nuevo Orbe dentro del mundo tripartito. Para ello el autor explica primero la creación divina, luego expone los errores en los que incurrieron los pensadores occidentales al otorgar características negativas a las zonas desconocidas y consideradas no habitables y, finalmente, da a conocer la naturaleza del Perú.

De acuerdo con Acosta, el propósito de explicar el espacio desconocido para Europa desde la Filosofía y la Teología iba más allá de describir la geografía, la flora, la fauna, las condiciones climáticas y la naturaleza del hombre americano. Todos estos aspectos eran una manera de llegar al entendimiento de Dios y de su creación[25]. Oré se aproxima a la historia natural desde esta

---

[23] Ver Del Pino, 2008, p. XXV. A pesar de que la *Historia natural* ya se publicó en la época en la que Oré escribía el *Símbolo*, el autor jamás menciona esta obra y se refiere únicamente a *De Natura*.

[24] Ver Coello de la Rosa, 2010, p. 56; Del Pino, 2008, p. XXV. También, para un estudio del programa evangelizador de Acosta ligado a su concepción del indígena, ver el capítulo 4 de la obra de Abbott, 1996. Asimismo, ver el prólogo en la edición de la *Historia natural y moral de las Indias* de Edmundo O'Gorman y el estudio introductorio de Mignolo, 2002. También, el estudio introductorio de Fermín del Pino a la *Historia natural*, quien presenta una aproximación desde el punto de vista antropológico.

[25] Ver Mignolo, 2002, p. XVIII.

misma perspectiva, pues realiza un inventario de los elementos propios de su espacio enunciativo puntualizando que «el conocimiento de Dios se alcanza por la consideración del conocimiento de las criaturas»[26]. Así, ambos autores concluyen también que el conocimiento de la naturaleza del Nuevo Mundo y la escritura de su historia constituyen el primer paso ya no únicamente para conocer la creación de Dios, sino que además ambos son necesarios para la conversión de los nativos[27]. Más aún, el acercamiento de Oré a la historia de los incas, le permite cuestionar la ubicación degradante dentro del orden jerárquico en la que los europeos colocaron a los indígenas. Es por eso que, al contrario del jesuita, el autor del *Símbolo* más bien se concentra en la racionalidad de los nativos y defiende su capacidad de aceptar el cristianismo. Por otra parte, al indicar que inserta estos tópicos únicamente como una manera de apoyar la historia sagrada, el letrado implica que no es su intención redactar un tratado exhaustivo de historia natural, ni de historia andina. Por el contrario, siempre enfatiza en que desarrolla estos aspectos principalmente para que los evangelizadores se familiaricen con el medio ambiente y la cultura de los catequizados.

En una conjunción del dogma cristiano y el tradicional modelo de la filosofía griega, con el que el catolicismo halló identificación desde la época medieval, el letrado dedica todo el segundo capítulo del *Símbolo* a exponer las teorías acerca de la composición de la materia, el orden jerárquico de las cosas y los cuatro elementos básicos que conforman el universo: tierra, agua, fuego y aire. Explica que en el primer grado se encuentran estos cuatro elementos y también los metales, es decir, lo que tiene únicamente ser, pero no voluntad ni libre albedrío[28]; en el segundo grado coloca las cosas que tienen vida, ser y ánima vegetativa, pero no voluntad ni libre albedrío, como por ejemplo las plantas y los árboles[29]. En el tercer grado se hallan los animales, a los que les falta solamente entendimiento y libre albedrío[30]; en el cuarto, la instancia superior, está el «hombre creado a imagen y semejanza de Dios, el cual tiene ser, vida, sentimiento, entendimiento, discurso, y libre albedrío y voluntad [...] apto y capaz de conocimiento y de experiencia, de ciencia, y de doctrina [...] En este grado último se comprende toda la

---

[26] Oré, *Símbolo*, fol. 2v.

[27] Ver Mignolo, 2002, p. XXI.

[28] Ver Oré, *Símbolo*, fol. 3r.

[29] Ver Oré, *Símbolo*, fols. 3v-4r.

[30] Ver Oré, *Símbolo*, fol. 4r.

especie humana»[31]. Siguiendo los planteamientos aristotélicos y galénicos, estos cuatro grados jerárquicos del orden del universo corresponden a las almas vegetativa, natural y sensitiva[32].

Asimismo, el autor asegura que «en el cuarto grado no hay más de una sola especie humana, porque todos los hombres individuos particulares son de la misma naturaleza humana, pues tienen y gozan del libre albedrío, que es la propia y suprema dignidad natural del hombre»[33]. Pero también reconoce que en toda sociedad existe una jerarquía «de inferiores y superiores, que todas las naciones tienen sus príncipes, reyes, caudillos, capitanes, y multitud de los vasallos súbditos divididos en oficios distintos en la milicia»[34]. Dicho orden, no obstante, no resta al hombre su libre albedrío. Esta aseveración de que todo hombre es racional resulta relevante especialmente en el séptimo capítulo titulado «Descripción del sitio, tierra y poblaciones del Perú», en el que, después de la discusión de la historia natural universal que había explicado en los seis capítulos iniciales, finalmente se centra en su lugar de enunciación.

El padre Acosta, quien en el proemio de *De procuranda* define tres grupos de bárbaros, ubica a los nativos americanos en un nivel intermedio debido a que cree que estos «están privados de la luz evangélica, y desconocen la policía humana»[35]. Por el contrario, Oré se aleja de estas construcciones del barbarismo de los nativos y tampoco se centra en la idolatría —otra razón en la que se asentaba la creencia de su falta de racionalidad—[36]. Aunque para el autor, al igual que para Acosta, la carencia de un método de escritura como la occidental colocaba al hombre americano en una escala inferior,

---

[31] Oré, *Símbolo*, fol. 4v.

[32] Ver Hatfield, 2012, pp. 151-186.

[33] Oré, *Símbolo*, fol. 6r-6v. Más adelante, en la declaración del quinto cántico, Oré extiende su explicación para aclarar que todo ser humano tiene una procedencia común, siendo su primer principio Adán y Eva, y más tarde, los descendientes de Noé. Por lo tanto, «los viracochas y los indios [...] los blancos y los negros, y otra naciones de diferentes colores de aquí se derivan y proceden y se han extendido por toda la tierra» (Oré, *Símbolo*, fol. 108v).

[34] Oré, *Símbolo*, fol. 18r.

[35] Acosta, *De procuranda*, p. 45. Como explica Lamana, 2014, p. 105, la luz evangélica, o «lumbre natural» se entiende como «un medio la gente tiene de entender la existencia de dios y su obra por su cuenta».

[36] Brading, 1991, pp. 80-81, explica más en detalle las construcciones del barbarismo del hombre americano basado en el concepto de la «esclavitud por naturaleza» aristotélica y sus implicaciones políticas.

Oré reconoce que el grado de desarrollo de los incas, sumado a su conocimiento religioso previo a la llegada de los españoles, era un paso importante para acercarlos al cristianismo[37]. Para probar sus argumentos recurre a las fallas de las concepciones occidentales del mundo.

Al considerar los principios de la división tripartita que los antiguos «escritores y cosmógrafos de la tierra»[38] tenían del universo, el letrado huamanguino muestra los errores de estos manifestando su admiración de que «no solamente no tuvieron noticia [del continente americano] los antiguos escritores antíctonos, o antípodas nuestros, pero lo que más admira es, que ni aún querían conceder que acá hubiese cielo»[39]. En cambio, excusa a los teólogos, conocedores también de la astrología y la física, explicando que debido a que estaban ocupados en la «contemplación del Creador [...] no acertasen en tratar alguna materia de las criaturas, por las cuales iban de paso, y las tenían por escala para subir al conocimiento, y contemplación del todopoderoso Dios»[40]. Oré pone de manifiesto así el modo en que los pensadores occidentales concebían el mundo para señalar sus implicaciones, especialmente con respecto a las teorías que se formaron en torno a las tierras desconocidas. Estos hechos sirven al autor para justificar la necesidad de corregir los conceptos equivocados sobre el Nuevo Orbe, ya desmentidos ampliamente en su época por los recorridos de exploradores como Colón, Cortés, Pizarro, Núñez de Balboa y Magallanes, a los que hace referencia (ver capítulo 3). A pesar de que estos rebasaron las fronteras de los lugares que se creía inhabitables por sus condiciones atmosféricas, las teorías en cuanto a la relación entre el clima y el comportamiento humano continuaban teniendo peso en el discurso y el debate de la época.

---

[37] Acosta define como bárbaros a los pueblos conquistados por España y Portugal, aunque destaca que debido a su heterogeneidad existen diversos grados en que se puede colocar a las naciones bárbaras. En el primero sitúa a aquellos que no se apartan mucho de la razón, donde se hallan los chinos, los japoneses y pobladores de algunas partes de la India oriental. En el segundo grado ubica a los mexicanos y a los peruanos, que tuvieron un alto grado de organización, pero que, al contrario de los primeros, no tenían un método de escritura satisfactorio para los europeos. Además, los condena por sus prácticas idolátricas. En el último grado sitúa a los que no tenían ni organización, ni república, a los que considera «salvajes semejantes a fieras, que apenas tienen sentimiento humano»; ver Acosta, *De procuranda*, p. 47.

[38] Oré, *Símbolo*, fol. 22v.

[39] Oré, *Símbolo*, fol. 23r.

[40] Oré, *Símbolo*, fol. 23r-23v. El autor admite que este es un resumen de lo escrito por Acosta en *De natura*.

Según estos paradigmas, el medio ambiente «extremo» del Perú solo podría acoger a seres bárbaros y faltos de razón. Oré atento a los avances del conocimiento logrados por los proyectos de navegación del siglo XVI y conocedor de la geografía andina sugiere que en la tierra que está al norte del Antártico «hay grandes provincias desde Tucumán hasta Quito, Santa Fe de Bogotá en el nuevo reino de Granada, y en el Dorado, Popayán, gobernación de Venezuela y otras muchas provincias»[41]. En su descripción se detiene en el Perú, del cual dice que «comienza en la línea equinoccial adelante hacia el mediodía»[42]. El cura franciscano describe las dos regiones mostrando la diferencia entre los llanos y las sierras divididas por una tercera región montañosa, los Andes[43]. La descripción geográfica le sirve como apoyo para resaltar la variedad de clima; pues al igual que reconoce la existencia de lugares extremadamente fríos y secos y otros demasiado calientes, también afirma que esto no es generalizado, ya que la mayoría «es tierra de gran sanidad», con ríos que descienden de la sierra y que fertilizan los llanos «con admirable frescura de árboles frutales y maizales»[44].

De esta manera el letrado niega que el clima andino sea extremo y dañino por estar ubicado en la zona tórrida, pero paradójicamente sigue las mismas teorías occidentales para explicar la naturaleza maligna de algunas regiones excesivamente calientes o demasiado frías. Aclara sin embargo, que estas tierras, de ninguna manera representan la totalidad del Perú, sino que constituyen raras excepciones. El huamanguino se refiere, por ejemplo, a los lugares que se hallan «debajo de la línea [equinoccial]», de los que dice que se distinguen por ser «muy caliente[s] y enferm[os]»[45]. Asimismo, se apropia de las teorías climáticas europeas para caracterizar a sus habitantes, asegurando que allí «hubo templos antiguamente con las puertas a oriente donde idolatraban los naturales de ella en diversas imágenes de animales que tenían por ídolos»[46]. Esta es una de las escasas instancias en las que el cura franciscano se refiere a la idolatría. Su finalidad es contraponer el carácter de

---

[41] Oré, *Símbolo*, fol. 27r.

[42] Oré, *Símbolo*, fol. 27v.

[43] Ver Oré, *Símbolo*, fol. 28r.

[44] Oré, *Símbolo*, fol. 28r. Asimismo, en los *Comentarios reales*, el Inca Garcilaso de la Vega comienza tratando el asunto de las cinco zonas y explicando el clima del Perú en una forma más extensa. Esto le sirve al autor para legitimar a los incas como una cultura avanzada.

[45] Oré, *Símbolo*, fol. 27v.

[46] Oré, *Símbolo*, fol. 27v. Esta es una descripción que Oré parafrasea de Zárate, aunque sin hacer mención de la fuente exacta.

los habitantes que provenían de las regiones calurosas más cercanas a la línea equinoccial con el de aquellos que residían en la mayoría de poblados del Perú, cuya superioridad intelectual estaba asegurada gracias a la templanza climática producida por la altitud y otros accidentes geográficos.

El letrado contradice la construcción occidental del barbarismo de los andinos deteniéndose en la descripción minuciosa de varios pueblos y ciudades de la región, comenzando por Quito hasta el reino de Chile. De la mayoría de estos resalta su temple, abundancia y fertilidad[47]. Por ejemplo cuando llega al valle del Jauja dice que

> La mar es de bonaza y limpia en toda aquella costa, que jamás hay en ella tormentas, ni bajío ni otro impedimento [...] La sierra es toda ella diferente tierra que la de los llanos, porque toda ella está cubierta de hierba, y en todas o las más de las quebradas hay arroyos y aguas muy frías de las cuales juntándose hacen los ríos que bajan a los llanos. Los campos están llenos de flores, y en quebradas y lugares abrigados hay mucha frescura de árboles y pájaros que cantan con grande melodía y porfía, lo cual se ve en el valle de Jauja más que en otra parte. Hay en la sierra mucho ganado silvestre y doméstico de ovejas y carneros de la tierra, de gran provecho, servicio y compañía para los indios y aún para los españoles, que también los llevan cargados de vino, maíz, trigo y otras cosas de que hay comercio. Visten los indios de la lana de ellos, y comen la carne y es para ellos más preciada que la de cualquier otro ganado de Castilla. Hay por los montes leones, osos, gatos, y otros géneros de salvajinas, y así en la sierra como en los llanos hay águilas y palomas, tórtolas, perdices, garzas pardas y blancas, ruiseñores y otros géneros de aves hermosísimos de diferentes colores muy finas[48].

Este fragmento, que parece haber sido extraído de las descripciones de los primeros viajeros recién llegados a América para denotar su exotismo y abundancia, es, en el caso de Oré, una indicación del clima saludable de una de las regiones del Perú que genera productos dignos de ser comparados con los de la península[49]. Por lo tanto, siguiendo la misma lógica del determinismo climático europeo, las condiciones que describe son una invitación para revisar las construcciones del salvajismo y la monstruosidad del sujeto andino; pues en un clima templado como el peruano solo podían habitar seres racionales.

---

[47] Ver Oré, *Símbolo*, fol. 31r.

[48] Oré, *Símbolo*, fol. 29r-29v.

[49] Aunque el autor no lo menciona directamente, pues solo dice al comienzo que basará sus argumentos en las obras de Zárate, Acosta, Fernández de Oviedo y Gómara, esta descripción de la abundancia proviene de la obra de Zárate.

Una vez que su recorrido descriptivo por los pueblos y ciudades más importantes del Perú lo llevan a concluir que la mayoría de estos se asentaban en climas con abundantes «buenos aires», Oré se detiene en la ciudad de Cuzco para mostrar el grado de civilización de los incas. El autor se refiere al centro del imperio recalcando la admiración que causaban las construcciones arquitectónicas, especialmente su fortaleza «labrada de piedras grandes de increíble peso que admira haberlas traído de otra parte a fuerza de indios sin ayuda de bueyes ni otros animales pues hay algunas piedras tan grandes que no las moverán diez pares de bueyes cada una de ellas»[50]. Como lo haría el Inca Garcilaso de la Vega una década más tarde, en una descripción mucho más detallada, Oré se maravilla de la magnificencia de esta y otras estructuras. Asimismo, destaca la importancia de esta ciudad como el centro político donde se concentraba el poder inca, cuyas conquistas se reflejaban en la gran extensión del imperio[51].

Dentro de los aspectos más sobresalientes de la ciudad, Oré también se refiere a la lengua, asegurando que el quechua del Cuzco es lo que el dialecto jónico fue para Atenas y la lengua latina para Roma[52]. De este modo, la inclusión de las características culturales elevadas de los incas y las descripciones de la naturaleza en esta obra de carácter pastoral, van más allá de ser simplemente un paso para llegar a lo divino, como el autor menciona en repetidas ocasiones. En cambio, Oré utiliza el discurso filosófico occidental para refutarlo, y para hacer notar que si el comportamiento del hombre tenía una correlación con el medio ambiente que habitaba, entonces el clima templado del Perú no podía de ningún modo producir seres faltos de razón ni de constitución enfermiza. De hecho, el grado de organización de Cuzco, el centro de la civilización inca, es una manera de comprobar que, al contrario de lo que sostenían los defensores de la soberanía de España sobre el Nuevo Mundo, sus habitantes no eran salvajes, sino que poseían un gobierno y un orden bastante complejos. El autor logra su objetivo sin invalidar la teoría de las cinco zonas, sino más bien afirmándola al señalar la

---

[50] Oré, *Símbolo*, fol. 32r. Antes que Oré, Cieza de León y Betanzos ya presentan en sus respectivas obras descripciones de la grandeza de Cuzco. Hay que notar asimismo que Oré no menciona en ninguna parte a estos dos cronistas. Ver Cieza de León, *La crónica del Perú*, p. 295, y Betanzos, *Suma y narración de los incas*, p. 75.

[51] Ver Oré, *Símbolo*, fol. 32r-32v.

[52] Ver Oré, *Símbolo*, fol. 33v. Garcilaso, en los *Comentarios reales*, p. 3, se refiere a Cuzco como «otra Roma en aquel imperio». Ver especialmente los capítulos XXVI y XXVII del libro séptimo de los *Comentarios reales*, en donde el autor describe el esplendor de Cuzco, pp. 658-664.

idolatría de los pueblos localizados cerca de la línea equinoccial, en contraposición con la organización de los incas, cuyos pobladores se hallaban ubicados en un clima templado y saludable. Además de descalificar los esquemas de la naturaleza maligna del Perú, la descripción de Cuzco sirve al cura franciscano como una transición que le permite adentrarse brevemente en la historiografía de los incas. El propósito del letrado al ahondar en las memorias del imperio prehispánico es poner de relieve la capacidad intelectual de los indígenas, y a la vez demostrar que la religión previa al contacto con los españoles los había preparado ya para entender y aceptar el catolicismo.

La escritura de la memoria andina

> Como estos indios no tienen letras, no cuentan sus cosas sino por la memoria que de ellas queda de edad en edad y por sus cantares y quipus, digo esto porque en muchas cosas varían, diciendo unos uno y otros otro, y no bastara juicio humano a escribir lo escrito si no tomara de estos dichos lo que ellos mismos decían ser más cierto para lo contar.
>
> (Pedro Cieza de León)[53]

La observación de Cieza de León acerca de la dificultad que presentaba la falta de letras para entender y traducir las memorias de los incas es un tópico recurrente desde los primeros escritos sobre la región andina. Explicar una cultura ágrafa a un mundo influenciado por las concepciones renacentistas del lenguaje, como aliado de la expansión imperial, presentó un desafío para los europeos. A estos mismos retos se enfrentó Oré en el *Símbolo*, quien reconoce, por ejemplo, la imposibilidad de saber el origen exacto de los nativos andinos, ya que de acuerdo con el autor de eso «no dan razón, ni hallan memoria en las cuentas de sus quipus, en las cuales las suelen dar, y hallar de casi quinientos años»[54]. Por lo tanto, la única referencia que tiene para indagar sobre el origen son las fuentes orales; de estas sugiere que «[t]res o cuatro fábulas tienen en diversas provincias, no tan fuera de propósito, que no se infiera de ellas haber tenido fundamento de verdad. Y por los muchos

---

[53] Cieza de León, *El señorío de los incas*, p. 411.

[54] Oré, *Símbolo*, fol. 38r. También Zárate expresa la preocupación por la falta de letras y porque la región andina no posee «ni aún las pinturas que sirven por letras en la Nueva España» (*Historia del descubrimiento y conquista del Perú*, fol. s.n.).

años que han pasado se perdió la verdad, y quedan hasta ahora novelando en su opinión»[55]. La distancia entre oralidad y escritura —los métodos nativos y los europeos para preservar el pasado—, es uno de los tantos retos que el autor tiene que enfrentar en el acto de escritura de la historia. A esto se suma la urgencia de contestar las versiones más recientes que documentaban la situación andina.

En las últimas décadas del siglo XVI surgieron obras distintas a las primeras crónicas, relaciones y otros documentos de la conquista del Perú. Este cambio se debió a factores como la urgencia de las autoridades tanto civiles como eclesiásticas por acelerar el proceso de evangelización, y también a la necesidad de justificar políticamente las cada vez más crecientes críticas en lo concerniente a la ocupación española del imperio incaico[56]. Es por ello que al empezar la década de 1570, a instancias del virrey Toledo, se produjeron escritos que intentaban compilar las tradiciones andinas. Este grupo de letrados bautizado por Raúl Porras Barrenechea como «toledanos»[57], se caracterizó por las representaciones negativas de los indígenas. La intención de dichos letrados era probar el barbarismo de sus prácticas religiosas y culturales en general, argumentos con los que lograrían justificar la sustitución y consecuente destrucción de las mismas. Este es el caso de letrados como Polo de Ondegardo, Cristóbal de Molina y Pedro Sarmiento de Gamboa, entre otros, de los que Oré toma distancia. En cambio el huamanguino señala las fallas de estas construcciones imperiales de la otredad andina posicionando su autoridad como testigo, como sujeto nacido en el Perú hablante de las lenguas indígenas, y como religioso itinerante en constante contacto con las diversas comunidades locales y sus problemáticas.

Su posicionamiento, en medio de dos mundos, se hace evidente en la forma en que el autor presenta sus argumentos criticando y al mismo tiempo defendiendo tanto a la Corona española como al imperio inca. Walter Mignolo, al referirse a la manera en que los europeos se enfrentaron a los diversos métodos de los nativos para conservar la memoria como los quipus, fuentes orales, recursos pictóricos, entre otros, señala que «Spanish historians and missionaries did not pay them much attention, perhaps because they had

---

[55] Oré, *Símbolo*, fol. 38r.

[56] En el capítulo cuatro me referiré a la influencia de las obras de fray Bartolomé de Las Casas *Los tesoros del Perú* (1563), el *Tratado de las doce dudas* (1564) y *De regia potestate o derecho de autodeterminación* (1571), que influenciaron a pensadores que cuestionaban la política española en el Perú.

[57] Ver Porras Barrenechea, 1962, p. 20.

their own renaissance theories of writing (poetry and rhetoric) and because
the genre theories Renaissance were based on the Greco-Roman traditions
and on the experience of alphabetic writing»[58]. El cura franciscano, por su
parte, muestra admiración por los sistemas que los indígenas usaban para preservar su pasado, y se asegura de cumplir su misión de historiar las memorias
locales desde sus dos legados culturales: el europeo y el andino. Oré se vale
del primero para demostrar su autoridad intelectual poniendo en práctica su
formación humanística, que comprendía la filosofía griega, la retórica latina
y la teología cristiana. A través de este conocimiento el letrado prueba tener
una clara conciencia de la tradición renacentista y de los métodos occidentales de la escritura de la historia. Pero al mismo tiempo, el huamanguino suma
a esta familiaridad con el humanismo occidental su pertenencia al mundo
andino y su comprensión de sus problemáticas, para historiar los mitos, y
otros relatos orales que compendió en sus observaciones etnográficas[59].

Ateniéndose a los métodos de la historiografía occidental, el cura franciscano muestra al lector la forma prolija con la que se dedicó a la tarea de
compilación y escritura de las memorias de los nativos. Así, por ejemplo,
cuando trata sobre la vida de Mayta Cápac Inga[60], dice que este

> tuvo por mujer a Mama Yacchi natural de los Collaguas, hicieron los indios
> de aquella provincia una gran casa toda de cobre para aposentar al Inca y a su
> mujer [...] de lo cual *tuve relación* en aquella provincia. Y con *diligencia que puse*
> en descubrir el cobre, *hallé* cantidad en poder de un indio viejo depositario de
> él, y se hicieron cuatro campanas grandes y aún sobró cobre, y *preguntando por*
> *lo demás que faltaba, dijeron* que lo habían dado a Gonzalo Pizarro y a su ejército
> para hacer herraduras de caballos, con temor de que a un cacique principal que
> no lo quiso descubrir lo hizo quemar el tirano[61].

[58] Mignolo, 1992, p. 311.

[59] El acto de escribir la historia, como ya lo han discutido abundantemente los críticos, se asoció desde la Grecia antigua con la verdad (De Certeau, 1988; De Courcelles,
2009; Mignolo 1992). De Courcelles, 2009, p. 11, por ejemplo, explica que una manera
de adquirir autoridad para escribir la historia era el ser testigo de los hechos, por lo que
según Aristóteles se privilegiaban los sentidos, especialmente la vista y, luego, el oído.

[60] Según Guaman Poma de Ayala, *Primer nueva corónica*, p. 79, Mayta Cápac fue el
cuarto inca y «conquistó demás que tenía su padre hasta Potosí y Charca y muchas
provincias y pueblos».

[61] Oré, *Símbolo*, fol. 41r; el subrayado es mío. Los collaguas eran aimarahablantes y se
ubicaron en el valle del Colca; fueron anexados al imperio inca alrededor de la década
de 1450. Los españoles formaron el Corregimiento de los Collaguas para hacer más

El énfasis que el autor pone én su propia actividad de investigador de las memorias en este pasaje muestra precisamente los métodos que utilizó para acercarse al pasado andino. El letrado se centra en la rigurosidad de sus observaciones y averiguaciones recogidas de los propios protagonistas e indica a la vez su interacción con los nativos en esta tarea (aunque hay que destacar que todos estos personajes son casi siempre anónimos). Oré hace notar así la transición de la memoria a la historia estableciendo su confiabilidad como testigo y como investigador de los hechos «verdaderos»[62].

Asimismo, este pasaje da cuenta de una serie de transiciones que se produjeron con la llegada de los europeos a la región. La mención de Gonzalo Pizarro le sirve para hacer una referencia a las guerras civiles que, según el autor, «revolvieron y turbaron toda la tierra»[63], y a la posición de los nativos, obligados a cooperar con este. De tal modo, aunque de manera indirecta, dirige la atención al desorden que se generó en el Perú después del establecimiento de los españoles en los Andes[64]. Con esta violenta transición de poder, el letrado narra también el fin del esplendor de los incas al referirse a la conversión del cobre del material de la casa real, símbolo del poder de los gobernantes derrotados, en los símbolos del catolicismo representados por las campanas. Esta referencia no es casual, pues da al autor ocasión para retornar a su objetivo principal, la conversión religiosa. Por una parte, Oré señala el arduo trabajo de catequización emprendido por los evangelizadores como él; pero, por otra, resalta la respuesta de los nativos, quienes al convertir en campanas sus reliquias sagradas mostraban su buena voluntad para adherirse al cristianismo[65].

efectiva la administración y la evangelización en la región. Para más información, ver Cook y Cook, 2007.

[62] Otro aspecto con el que autoriza su narración es también su amistad con personajes de la nobleza inca; por ejemplo, ver Oré, *Símbolo*, p. 42, donde afirma su amistad con «don Carlos Inga nieto de Huaynacapac, a quien conocí y traté en el Cuzco, donde vivió y acabo cristianamente».

[63] Oré, *Símbolo*, fol. 17v.

[64] Oré se refiere a las guerras civiles para indicar el desorden que caracterizó a la administración española. En referencia al mismo tema, más tarde señala que después de que Pizarro «allanó y conquistó» los reinos de Atahualpa, los españoles se «revolvieron y turbaron toda la tierra», fol. 17v.

[65] Aunque el autor no lo menciona en ningún momento, se sabe que su propio padre fue partícipe de las guerras civiles. Para más información, ver «Información» fol. 2v, en Richter, 1990.

El letrado introduce también fragmentos que evocan al lector múltiples pasajes de la *Brevísima relación de la destrucción de las Indias* (1552), en donde el padre Las Casas hace una comparación entre el antes y el después de la presencia española en América. Por ejemplo, Oré provee una descripción del esplendor y el desarrollo de las construcciones incaicas, para contrastarlas luego con la ruina presente del territorio. El autor se refiere específicamente al gobierno de Huayna Cápac, el padre de Atahualpa, «[quien] conquistó hasta Quito, en cuyo servicio hicieron los indios desde el Cuzco hasta Quito que son quinientas leguas, dos caminos reales anchos y muy llanos [...] Obras son las ruinas y reliquias de edificios y antiguallas que vemos, que arguyen haber sido grandísimo número de gente el que hubo en estas partes antiguamente»[66]. Esta descripción del imperio lógicamente ordenado con amplias calles y edificios apunta a mostrar otra vez el grado de civilidad de la cultura inca. Más aún, a diferencia de otros autores como Cieza de León, quien atribuye la ruina de algunos pueblos al paso del tiempo e inclusive a los desastres naturales, Oré al hablar del esplendor de los tiempos antiguos y la ruina presente se asegura de ligar la devastación a las consecuencias de la desorganización del gobierno español[67]. Por lo tanto, no es coincidencia que el letrado ubique este pasaje inmediatamente después de su breve alusión a las guerra civiles entre pizarristas y almagristas.

La posición del letrado, en medio de sus dos mundos, tiene una incidencia directa en la escritura de la historia, ya que esto le permite ver de cerca las contrariedades resultantes de las relaciones entre europeos y andinos. El autor incluye las memorias nativas para probar el alto grado de desarrollo que alcanzaron los incas; esto le ayuda a concluir que el problema del estancamiento de la evangelización en la región no se halla en la incapacidad de los indígenas para entender el cristianismo, sino en las prácticas desorganizadas de los españoles. Bajo el pretexto de explicar esta problemática, Oré critica la explotación y la «infeliz condición servil [...] de los indios», quienes eran explotados en ocupaciones «en que nunca paran en todo el año, y en toda la vida, y con grande disminución de esta nación de los indios»[68]. Pero, al mismo tiempo, no vacila en posicionarse dentro de los parámetros de la cultura virreinal, ya que inmediatamente después de la crítica, busca argumentos para defender el legado español. Esta posición de Oré es ya una anticipación muy temprana de lo que los estudiosos del periodo colonial

---

[66] Oré, *Símbolo*, fol. 41v
[67] Ver, por ejemplo, los capítulos XCII y XLI en Cieza de León, *La crónica del Perú*.
[68] Oré, *Símbolo*, fol. 21r-21v.

han llamado acertadamente el conflicto del criollo, que caracteriza a los letrados de décadas posteriores, como desarrollaré en el capítulo 3.

Dicho conflicto se presenta en las críticas del autor hacia la destrucción española de la cultura andina, después de las cuales busca inmediatamente la manera de alinearse con las acciones de las autoridades españolas. Por ejemplo, cuando relata el asesinato de Atahualpa califica el proceso que le siguieron al inca en Cajamarca como «bien impertinente [...] y así al pobre Rey le mataron los conquistadores, los cuales desde el marqués Pizarro hasta el postrero de los cómplices de esta muerte la pagaron con las vidas, que a todos ellos se las quitaron a puñaladas y violentamente, porque ante Dios clama y da voces la sangre humana derramada injustamente»[69]. Es así como el letrado pone en contexto el encuentro de los dos mundos y la consecuente destrucción de las culturas nativas condenando las acciones de los conquistadores y resaltando la injusticia y lo absurdo del crimen.

Seguidamente, el fraile hace un paralelo entre el asesinato de Atahualpa y la matanza de Túpac Amaru, ocurrida en 1572, al tiempo en que él ya estaba estudiando para ser religioso y posiblemente se hallaba en el Cuzco, aunque en ningún momento asegura haber sido testigo de este hecho[70]. El autor marca de nuevo la relevancia de este momento histórico y relaciona la muerte de Túpac Amaru con el fin de los incas y el comienzo del predominio español. De esta forma se asegura de mostrar no únicamente la violencia, sino también la transición de poder, explicando que al inca «lo sacaron al Cuzco donde en medio de la plaza con gran concurso de indios y con increíble dolor y sentimiento de ellos y de los religiosos y españoles le cortaron la cabeza por mandado del virrey don Francisco de Toledo. Y así feneció el imperio de los Incas, y sucedieron en el los gobernadores y virreyes»[71]. Oré muestra empatía con los incas y rechaza la violencia y destrucción de su imperio, haciendo notar la ruina que se expandió por el territorio como producto de las irregularidades de la mala administración e injusticias del nuevo orden.

---

[69] Oré, *Símbolo*, fol. 41v

[70] Ver el estudio introductorio a la edición facsimilar del *Símbolo* de Cook, 1992, pp. 35-61, en donde asegura que Oré habría iniciado sus estudios alrededor de 1568, primero en el monasterio franciscano del Cuzco, aproximadamente a los catorce años, y luego, en la Universidad de San Marcos, en Lima.

[71] Oré, *Símbolo*, fol. 42r. Para más información de la campaña de Toledo en contra de los incas de Vilcabamba, ver Julien, 2007.

A continuación de esta crítica hacia la violencia de las muertes de los dos líderes incas, el autor celebra en cambio las medidas tomadas por Toledo, el ajusticiador de Túpac Amaru, con respecto a la organización del virreinato[72]. Oré resalta la labor del magistrado por haber hecho las reducciones y juntado a los nativos, antes dispersos en pequeños poblados, para facilitar su adoctrinamiento[73]. Es así como regresa otra vez a su objetivo original: la conversión religiosa, en la que escuda su tarea historiográfica y sus críticas a la administración española.

Asimismo su papel de traductor de las memorias andinas hace que el letrado aprecie aún más a Toledo, ya que reconoce los esfuerzos de este por comprender el pasado de los nativos (ver capítulo 4). Especialmente destaca la diligencia del magistrado «en sacar verdadera averiguación del origen de los reyes incas de este reino», aclarando además que «halló ser verdad que antiguamente no hubo en él, señor general de toda la tierra, sino en cada provincia, y en cada parentela y generación se gobernaban con behetría, por el principal curaca o cacique de ella, y tenían sus poblezuelos y casas sin orden»[74]. Esta descripción de los tiempos preincaicos en los que destaca la behetría y el desorden, contrasta con el progreso del gobierno de los incas que Oré alaba y cuyo aspecto le interesa resaltar. Por otra parte, al explicar la relación entre los incas y los pueblos dominados por estos, Oré se fija en la desorganización de los sometidos indicando que estos «tenían sus poblezuelos y casas sin orden apartada una parentela, o ayllo, de la otra en los cerros o collados, porque les servía de fortaleza, por tener (como tenían todos ellos guerra)»[75]. Para el autor, esto hace aún más admirable la labor de los incas, de

---

[72] La posición ambigua que Oré adopta en cuanto al virrey debe ser entendida en el marco de las luchas de los franciscanos por las doctrinas en el Perú. Toledo favoreció a la orden encargándoles a sus miembros la cristianización de importantes poblados a lo largo de la región, un derecho que después de su partida fue muy cuestionado. Ver Heras, 1991.

[73] Ver Oré, *Símbolo*, fol. 42r. Años más tarde, en *Relación de los mártires de la Florida* (1619), Oré inclusive pone como ejemplo al virrey. Al hablar de la dura tarea evangelizadora en lo que actualmente es el estado de Carolina del Sur, Oré sugiere que esta labor se facilitaría «si los gobernadores [de la Florida] quisiesen hacer reducciones de tres o cuatro lugares pequeños en uno, como se hicieron en las reducciones del Perú por traza y resolución del virrey don Francisco Toledo, serían estos indios mejor enseñados», Oré, *Relación de los mártires de la Florida*, p. 183.

[74] Oré, *Símbolo*, fol. 39r.

[75] Oré, *Símbolo*, fol. 39r.

los que destaca el orden, el progreso y su capacidad intelectual en oposición al desorden y la dispersión de los pueblos que conquistaron[76].

Esta caracterización de los incas, no obstante, difiere de la del virrey, para quien averiguar el pasado de los pueblos andinos y de los incas en particular, tenía que ver directamente con el aspecto político. Toledo, basándose en la filosofía aristotélica y en las *Siete partidas*, se proponía demostrar la tiranía de los gobernantes prehispánicos como un medio para justificar la invasión española[77]. En este punto se puede notar el cuidado que tiene Oré de no atacar directamente a las autoridades españolas. Al incluir en su obra las tareas historiográficas de Toledo, el letrado prescinde de las razones del interés del magistrado en la compilación de las memorias y resalta únicamente este empeño como un valioso servicio a la expansión católica. El cura franciscano destaca en este cometido una propuesta que él mismo compartía, aunque con una metodología diferente: conocer la cultura de la región como un vehículo para acelerar la conversión religiosa. En su narrativa, a diferencia del virrey y sus cronistas, el autor no se centra en la tiranía ni en las prácticas idolátricas para facultar la imposición europea y establecer la diferencia cultural. Oré, desde su formación humanística, se vale de los mismos parámetros occidentales, enfocando su atención en el uso de sistemas distintos para conservar el pasado.

El huamanguino muestra su admiración por los incas cuando afirma que algunos pueblos «se pudieran preciar de haber tenido por príncipes y reyes a los incas legisladores de este reino, que para ellos y su desorden, rusticidad y ninguna policía les hubieran sido lo que Solón a los atenienses»[78]. Esta aseveración, en la que resume la complejidad sociopolítica, los avances y la organización de los incas, es totalmente opuesta a las cualidades negativas que adopta al hablar de la manera en que los nativos preservaban sus hazañas y su vida cotidiana. Al enfrentarse a la tarea de escribir la historia, el letrado peruano hace hincapié en sus «advertencias al lector» en que los relatos orales que ha recopilado no son más que fábulas y leyendas. Oré es enfático en

---

[76] Esta descripción de los pueblos andinos prehispánicos contrasta con lo que escribe más adelante sobre cada pueblo que visita, en donde el autor se empeña en resaltar el orden impuesto por la aceptación del catolicismo como discutiré más adelante.

[77] Ver Mumford, 2011, pp. 47-48, para más información sobre la manera de construcción de la tiranía inca. Mumford nota las contradicciones de criterio en cuanto a la cultura nativa, explicando la relación admiración-denostación que llevó a los españoles, y en particular al virrey Toledo, a elogiar los mismos aspectos que contribuían a demostrar su tiranía, como, por ejemplo, la imposición del orden.

[78] Oré, *Símbolo*, fol. 38r.

aclarar que estos no deben tomarse como verdaderos y, por lo tanto, tampoco pueden ser colocados al mismo nivel de la historia tal cual se la entendía en su tiempo. Aunque la forma en que los incas preservaban el pasado —como los quipus, los relatos orales y otros artefactos— no concordaban con la rigurosidad propuesta por los padres de la historia occidental, Oré, al igual que cronistas como Cieza de León o Betanzos, no deja de sorprenderse de la manera en que los métodos andinos se trasmitieron por generaciones. Sin embargo, como sujeto educado dentro de la tradición humanista clásica también se lamenta en repetidas ocasiones del hecho de que con el paso del tiempo se haya perdido la verdad —condición primordial de la historia— y que en la actualidad los relatos orales sirvan únicamente para «novelar» sobre el pasado de los incas[79].

En su tarea de rescatar la memoria de los pueblos andinos, el cura franciscano, asimismo, incluye en su narración los artefactos todavía conservados en su época. Por ejemplo, cuando refiere su encuentro con los nativos de Collaguas, región en la que pasó algunos años como sacerdote, muestra su calidad de testigo manifestando que «conocí a un indio que tenía guardada una camiseta, sembrada toda ella de uñas de indios que sus abuelos habían muerto y por memoria hazañosa se preciaba de tener prendas de tantas vidas como allí se veían que faltaban, y fue por defender las chacras de aquella provincia, que ellos poseían»[80]. Otra vez el lector puede ver aquí al autor diligentemente compilando las memorias de los diversos pueblos de la región. A través de estos relatos el letrado resalta una amplia gama de mecanismos para preservar la memoria haciendo notar siempre su desconfianza de todos estos recursos en los que no deja de ver cierta anomalía, ya que no cumplían con los parámetros dictados por Occidente para ser incluidos como parte de la historia oficial[81].

A pesar de esta desconfianza de los métodos que diferían de los trazados por el humanismo clásico en cuanto a la construcción de la historia, en cambio, Oré admira la forma en que los nativos pudieron conservar la memoria en los quipus, de los que dice guardan los relatos de los hechos

---

[79] Ver Oré, *Símbolo*, fol. 38r.

[80] Oré, *Símbolo*, fol. 39r. Esta anécdota también aparece narrada por fray Martín de Murúa en su obra *Historia general de Pirú*. Al parecer, Murúa la copió de la obra de Oré haciéndola suya y sin dar crédito a Oré; ver Álvarez Calderón, 2004, p. 111.

[81] A pesar de que el quipu no fue reconocido como un instrumento válido para registrar el pasado, se lo usó en la catequización. Ver Brokaw, 2010, especialmente el capítulo 7. Ver también Harrison, 2012 y Urton, 1998.

que acontecieron desde hace quinientos años[82]. Pero, asimismo, se muestra consciente de sus propias limitaciones y de su incapacidad de entender completamente una cultura con concepciones diferentes «del tiempo, del espacio; de lo real y de lo imaginario; de lo concreto y lo abstracto; de lo animado y de lo inanimado»[83]. A esto se suma la imposibilidad de abarcar el vasto conocimiento de las culturas andinas. Por esa razón, cuando se refiere a los gobernantes incas indica al lector que lo narrado ha tenido que pasar por un proceso de selección que le ha llevado a incluir únicamente a los líderes más destacados advirtiendo que «no pon[e] los nombres de todos, que para solo esto era necesaria historia propia de este sujeto de la sucesión de los incas, los cuales se iban haciendo más poderosos que los primeros, con ganar nuevas tierras y términos, y juntándolos en su corona: la insignia de ella era la Maxca paycha»[84]. Con esto, nuevamente vuelve a recordar al lector que no está escribiendo historia, sino que la selección del pasado andino que incluye está al servicio de su propósito evangelizador.

Felipe Guaman Poma de Ayala, contemporáneo de Oré, al hablar de las crónicas pasadas escritas sobre la región andina, al igual que el religioso resalta a los historiadores más importantes: Zárate, Fernández de Oviedo, el padre Acosta, e inclusive otorga un lugar importante al mismo Oré. Sin embargo, al referirse al *Símbolo* fija su atención en la manera reductiva con que el autor trata la historia incaica indicando que «escribió otro libro confesionario, escribió fray Pedro y Jerónimo de Oré padre de la orden de San Francisco, y no escribió las dichas historias»[85]. A pesar del descontento del autor por el carácter incompleto del texto de Oré, esta mención indica la seriedad con la que se tomó al franciscano como historiador en su época. El parecer del cronista andino muestra que este vio en el *Símbolo* más que un libro de catequización, pues en realidad presenta temas que él mismo desarrollará en la *Primer nueva corónica*, como las denuncias en contra del abuso eclesiástico, la explotación de los encomenderos, entre otros (ver capítulo 4).

Por otra parte, las justificaciones que Oré provee para presentar un resumen incompleto de la sucesión de gobernantes sirven también para explicar la deficiencia y los límites del humanismo europeo. El letrado se muestra

---

[82] Ver Oré, *Símbolo*, fol. 38r.

[83] Fossa, 2006, p. 383.

[84] Oré, *Símbolo*, fol. 41r.

[85] Guaman Poma, *Primer nueva corónica*, p. 998. Esta no es la única referencia que Guaman Poma hace de Oré, ya antes en su crítica a los religiosos coloca al autor en la categoría de los sabios, en contraste con los «malos padres», pp. 854-855.

inadecuado para traducir las memorias sin entender los medios y métodos con los que los nativos habían preservado exitosamente su pasado por largo tiempo. A pesar de estas carencias, el cura franciscano valida su conocimiento de la historia declarándose un observador directo y un conocedor de la cultura, e inclusive, en algunas instancias, resaltando también el prestigio de sus fuentes. Estas son las ventajas que Oré tiene frente a los letrados peninsulares, quienes para escribir la historia de la región andina se enfrentaban a lo desconocido, y en muchos casos tenían que valerse de traductores[86].

El hecho de que el autor reitere que en el *Símbolo* la escritura de las memorias de los incas y de la historia natural está supeditada a la historia sagrada y más específicamente al texto catequizador, es una estrategia de escritura. Ya que se trataba de una obra que contribuía a la cristianización de los nativos con traducciones de los preceptos de la fe católica en su propia lengua, esta era necesaria en su tiempo. Dicho factor fue el que probablemente permitió que el manuscrito obtuviera el aval de las principales autoridades civiles y eclesiásticas para su impresión. Hay que recordar, además, que hasta esa época, aparte del poema épico *Arauco domado* de Pedro de Oña, publicado en 1596, también en la imprenta de Ricardo, no se habían publicado obras de autores nacidos en la región andina[87]. Habría que esperar algo más de una década hasta la aparición de los *Comentarios reales de los Incas* del Inca Garcilaso de la Vega, obra que además no fue impresa en el Perú.

HISTORIA Y RELIGIÓN: LA CAPACIDAD DE LOS NATIVOS PARA ACEPTAR EL CRISTIANISMO

La escritura de una obra de carácter religioso da la oportunidad al autor para adentrarse en los aspectos más debatidos de su tiempo: el grado

---

[86] Oré critica a aquellos que aunque se preciaban de hablar la lengua no entendían bien las modificaciones regionales y las confundían; *Símbolo*, fol. 33v.

[87] También Pedro de Oña en su *Arauco domado* ya manifiesta preocupaciones similares a las de Oré, tanto por el sistema de encomienda como por el caos de la administración virreinal. Según Mazzotti esta obra de Oña «se nos revelará como formulación de una serie de perspectivas y lealtades dobles que marcan las señales de una subjetividad criolla específica y temprana», Mazzotti, 2016, p. 52. En este sentido, estos dos autores forman parte de este grupo de intelectuales quienes tempranamente sientan las bases del pensamiento criollo en el virreinato del Perú, un sentimiento que cobrará más fuerza en décadas posteriores. Para un estudio profundo de Oña y el desarrollo de la temprana subejetividad criolla, ver Mazzotti, 2016, pp. 51-116.

de racionalidad de los nativos y su capacidad intelectual para entender las enseñanzas de la fe. Fundamentando sus argumentos en la organización de los incas y en sus estructuras religiosas Oré difiere de aquellos que culpaban a los indígenas por el lento avance de la evangelización en la región andina. El letrado en cambio, sugiere que la verdadera causa era la carencia de preparación de los evangelizadores. De esta forma, se produce una estrecha relación entre el texto catequizador, la historia sagrada y la historia local y universal, como el mismo autor explica en el proemio

> Después del sitio y descripción de esta tierra, se trata del origen de los naturales de ella, y de la necesidad que para su salvación tienen de doctrina, y cuál es la que se les debe enseñar en su propia lengua porque según el Apóstol 1.Cor.14 *Etenim si incertam vocem det tuba, q[ui]s parabit se ad pralium? Ita et vos per linguam, nisi manifestum sermonem dederitis: quomodo scietur id q[uod] dicitur? eritis enim in aera loquentes etc.*[88]. De aquí que sacara quien leyere todo el libro en romance y en la lengua cuanto sea necesario, y el mismo libro dará testimonio del cuidado y estudio que fue menester para su composición, el cual doy por bien empleado, si hubiere quien se aproveche y sirva de él y de su autor[89].

Así define el autor el carácter singular del *Símbolo*; ya que no se trata simplemente de un manual para la conversión de los nativos, sino más bien de un planteamiento que, siguiendo la autoridad de san Pablo, impulsa la necesidad de la familiarización con la cultura del catequizado. Apoyado en las palabras del apóstol, el autor comienza por explicar la necesidad de dominar el idioma para así extenderse luego a otros ámbitos culturales[90]. Este paso sirve además para poner de relieve las formas de vida de los diversos pueblos andinos.

Para desarrollar sus puntos de vista sobre los problemas de la catequización, Oré sustenta parcialmente sus argumentos basándose en el tratado de Acosta *De procuranda*. En el proemio de su obra, el autor jesuita manifiesta

---

[88] Epístola del apóstol san Pablo a los corintios: «8 Y si la trompeta da sonido incierto, ¿quién se preparará para la batalla? 9 Así también vosotros, si por la lengua no dais palabra bien comprensible, ¿cómo se entenderá lo que decís?, porque hablaréis al aire», en *Santa Biblia Reina Valera*, disponible en <http://santabibliaversinreinavalera2009sud.blogspot.com/2013_03_28_archive.html>.

[89] Oré, *Símbolo*, «Proemio», fol. s.n.

[90] En este sentido, Oré sigue el modelo ya delineado por el Tercer Concilio Limense, que se apoyaba en san Pablo para demostrar la necesidad de un acercamiento a los nativos en su propio idioma, como ya lo indiqué en el capítulo 1.

que la dificultad para el avance de la conversión religiosa consiste en la heterogeneidad de los habitantes y en la incapacidad de los europeos de entender su forma de vida, su medio ambiente y sus costumbres en general[91]. Consecuentemente, Oré formula su proyecto evangelizador tratando antes que nada de explicar estos aspectos, los cuales habían sido mayormente ignorados, incluso en los textos evangelizadores auspiciados por el Tercer Concilio Limense.

La estrategia del letrado para presentar las problemáticas de su espacio enunciativo consiste en seguir los modelos tradicionales occidentales, por lo que regresa a la manera en que fue escrita la historia de los pueblos antiguos como Grecia y Roma considerando primero «las costumbres, los ritos, las leyes»[92]. Guiándose por estos parámetros propone una revisión de estos mismos aspectos para la región andina en concordancia con quienes dedicaron sus obras al estudio de los diferentes aspectos del Perú, como Zárate, Fernández de Oviedo y el mismo Acosta, de quienes procura

> oír y seguir el parecer de hombres doctos a quienes les constara de esta comparación [costumbres, ritos, leyes, etc.], como a mí que la he hecho muchas veces. Más que seguir el propio y dar sentencia tan nueva como parecerá a los no versado en historias la que escribo ahora en favor de los indios, y es (salvo mejor juicio) que después de las nobles naciones de Europa, conviene a saber de los españoles, franceses, italianos, flamencos, y alemanes, y otras que con el bautismo recibieron orden político de vivir, después de los griegos y de algunas naciones africanas, puedo decir que la nación de los indios peruanos, y los de Chile, Tucumán, Paraguay, y los del Nuevo Reino de Granada, y los de México, son una de las más nobles, honradas y limpias que hay en todo el mundo universo[93].

En el siglo XVI, como manifiesta Sabine MacCormack, los historiadores europeos introducían en sus narrativas interpretaciones tanto del Génesis como de los mitos grecorromanos «as historical narratives, not as mythic or

---

[91] En *De procuranda*, p. 43, Acosta dice que «Cosa harto difícil es tratar con acierto del modo de procurar la salvación de los indios. Porque, en primer lugar, son muy varias las naciones en que están divididas, y muy diferentes entre sí, tanto en el clima, habitación y vestidos, como en el ingenio y las costumbres; y establecer una norma común para someter al evangelio y juntamente educar y regir a gentes tan diversas, requiere un arte tan elevado y recóndito, que nosotros confesamos ingenuamente no haberlo, podido alcanzar».

[92] Oré, *Símbolo*, fol. 37r.

[93] Oré, *Símbolo*, fol. 37v.

allegorical accounts of creation and human beginings»[94]. Esta característica se hace evidente en las obras de letrados como Cieza de León, Betanzos, y otros cronistas, quienes se valieron de este mismo esquema insertando el origen de los incas, su genealogía y sus mitos como narrativas históricas verdaderas[95]. Oré parte del mismo principio; así, el letrado se sirve de los mitos y la genealogía inca para acercar al lector a los orígenes del imperio y a las condiciones en las que vivían los andinos antes de ser sometidos primero por los incas y, más tarde, por los españoles.

Señalar sus logros y, sobre todo, resaltar que los nativos no se hallaban alejados de las civilizaciones europeas, antes de que estas aceptaran el cristianismo, era un paso hacia el entendimiento de la naturaleza de los neófitos. El autor intenta demostrar esta idea en diferentes aspectos, como por ejemplo el lenguaje, del que hace notar su diversidad, pues al referirse al quechua anota que

> de la lengua quechua, general en todo este reino, la ciudad del Cuzco es la Atenas, que en ella se habla en todo el rigor y elegancia que se puede imaginar, la latina en Roma, el romance castellano en Toledo, y así es la lengua quechua en el Cuzco. Pero en las demás provincias, cuanto más dista de esta ciudad, hay más corrupción y menos elegancia en la pronunciación gutural y perífrasis propios que tiene esta lengua, no bien entendidos de algunos que se precian en hablarla[96].

El retorno a las comparaciones con Grecia y Roma tiene como propósito demostrar el grado de racionalidad de los nativos y así refutar la posición de quienes creían que estos eran esclavos por naturaleza. Pero, más que nada, con este tipo de paralelismos Oré rememora el origen pagano de las culturas antiguas y los mecanismos propuestos en ese tiempo para lograr su conversión religiosa.

El letrado demuestra las facultades intelectuales de los andinos basándose en los mitos del origen del imperio inca, en la forma de implantar la cultura en los pueblos conquistados y en la descripción de la religión ancestral. El objetivo de remarcar este último aspecto en particular es establecer la sofisticación de pensamiento de esta cultura; por ejemplo, para narrar acerca de las extensiones territoriales y su asociación con lo divino cuenta sobre el fundador del imperio, Manco Cápac, quien

---

[94] MacCormack, 1991, p. 83.
[95] Ver MacCormack, 1991, p. 83.
[96] Oré, *Símbolo*, fol. 33v.

hizo estirar dos planchas muy delgadas de plata, y poniéndose una en los pechos, y otra en las espaldas, y una diadema en la cabeza, envió a sus mensajeros al Cuzco avisando a los indios que era hijo del sol, y que para que ellos lo viesen se mostraría en un cerro alto, donde salió y fue visto en la cumbre de él pasearse con las planchas de plata, que relumbraban con los rayos del sol que reverberaba en ellas: lo cual viendo los indios lo tuvieron por hijo del sol y por cosa divina y así le ofrendaron mucho ganado y todo lo que quiso, y se hizo rico y poderoso, y salió a conquistar algunos pueblos fuera del Cuzco[97].

Oré se centra en la creación del mito haciendo notar la procedencia de la asociación de esta cultura con el sol y el origen de la religión. Así, el letrado huamanguino se apoya en las narraciones fundacionales con el propósito de mostrar lo que él considera la evolución del pensamiento inca en cuanto a sus creencias religiosas.

Después de aclarar la manera en que se instituyó el culto al sol, continúa narrando brevemente las obras de los sucesores de Manco Cápac hasta llegar al noveno Inca, Cápac Yupanqui[98]. Oré se detiene en este gobernante porque asegura que «[e]ntre todos los Incas fue de mayor entendimiento»[99]. A más de sus extraordinarias dotes para el gobierno, el autor lo señala como el institucionalizador de una forma de religiosidad que se acercaba más al cristianismo[100]. Oré rescata el hecho de que fue él quien tomó distancia del original culto al sol, instaurado por los fundadores del imperio, ya que se dio cuenta de que este era «una cosa tan sujeta a movimiento», por lo que concluyó que «no era posible ser Dios, sino mensajero y enviado por el Hacedor a visitar todos los días el universo»[101]. Consecuentemente, el autor relata que la contemplación del movimiento del sol y los inconvenientes que encontraba para otorgarle la categoría divina, obligaron a Cápac Yupanqui a cuestionarse y a enviar mensajeros hacia el oriente para «saber del Hacedor del mundo, llamado Pachacamac, o Pachayachachi, que significa hacedor del universo. Fueron los indios con esta embajada y proseguían el camino todos

---

[97] Oré, *Símbolo*, fol. 39v.

[98] Para trasladar la narración oral a la escritura, el autor sigue la estructura genealógica occidental, es decir, hace prevalecer la linealidad de la historia sin tomar en cuenta que estas características narrativas eran totalmente diferentes en las culturas precolombinas.

[99] Oré, *Símbolo*, fol. 39v.

[100] Aunque Oré llama a este Inca Cápac Yupanqui, también se lo conoce como Inca Yupanqui Pachacuti. Para más información de este Inca como institucionalizador del Tahuantinsuyo, ver Fossa, 2006.

[101] Oré, *Símbolo*, fols. 39v-40r.

los días hacia la parte de donde el sol salía: hasta que llegaron a Pachacamac, a cuatro leguas de la ciudad de Lima, y tuvieron la respuesta y certificación de que el hacedor era invisible»[102].

De esta manera, el gobernante logró establecer la distinción entre el sol y el Hacedor, en honor a quien edificó magníficas construcciones[103]. Las acciones de Cápac Yupanqui le ofrecen a Oré la oportunidad de trazar la evolución de la religión inca desde que esta fue instaurada por el fundador, quien «dio culto de religión a los indios, adorando el sol, la luna y las estrellas [...] y además de esto cada una de las naciones tenían sus ídolos que llamaban guacas»[104], hasta la adopción del monoteísmo. La insistencia del cura franciscano en el monoteísmo es una respuesta a los cronistas de la región andina, quienes en sus descripciones de las creencias religiosas de los indígenas pusieron énfasis en el politeísmo y la idolatría. Pero más que nada, esta es una refutación a una corriente cada vez más fuerte iniciada por el virrey Toledo a partir de su llegada al Perú en 1569 para «extirpar la idolatría». El grupo de letrados escogidos por Toledo se centró precisamente en recoger «las costumbres religiosas, sacrificios e idolatrías y manera de enterrarse de los Incas»[105]. Los informes hechos por los llamados cronistas toledanos, como Juan Polo de Ondegardo, tuvieron un papel importante en el Tercer Concilio Limense (ver capítulo 4). Pero más que nada la política implantada por el virrey sentó las bases para «la formación y desarrollo de la Extirpación, como institución oficial y autónoma» que tuvo su apogeo entre 1610 y 1660[106]. Oré hace frente a esta campaña de desacreditación de los nativos apoyándose en la figura del Hacedor para afirmar que estos creían en un solo dios, y que por lo tanto, esto los preparaba para aceptar el cristianismo.

La necesidad de refutar a los cronistas toledanos también se manifiesta en otras obras escritas en la última década del siglo XVI, en las cuales ya aparece el argumento del monoteísmo de los nativos. Esto se hace evidente en la relación del Jesuita Anónimo, terminada en 1578, donde se afirma que los incas

---

[102] Oré, *Símbolo*, fol. 40r.

[103] Ver Oré, *Símbolo*, fol. 40r.

[104] Oré, *Símbolo*, fol. 39v.

[105] Este es el tema de la encuesta realizada en junio de 1571 en Yucay y Cuzco; ver Levillier, 1935-1940, vol. 2, pp. 122-177. Entre los letrados que recogieron informes de este tipo se hallan Polo de Ondegardo, Cristóbal de Molina, Cristóbal de Albornoz y Pedro Sarmiento de Gamboa.

[106] Duviols, 2003, pp. 25-26.

Creyeron y dijeron que el mundo, cielo y tierra, el sol y luna, fueron criados por otro mayor que ellos: a este llamaron Illa Tecce que quiere decir luz eterna. Los modernos añadieron otro nombre, que es Viracocha, que significa Dios inmenso de Pirua, esto es, a quien Pirua, el primer poblador de estas provincias, adoró, y de quien toda la tierra e imperio tomó nombre de Pirua, que los españoles corruptamente dicen Perú o Pirú[107].

En las obras de autores que tienen una visión favorable de los indígenas este enfoque es muy común y se popularizó aún más en años posteriores entre los letrados nativos. Cronistas como Guaman Poma de Ayala (1615) y Santacruz Pachacuti (1613), que en sus obras, como dice Salomon «tiene[n] en común una arquitectura editorial marcadamente bíblica»[108], vieron la religión de sus antepasados, ya sea inca o andina en general, como un paso más para acercarse al cristianismo. No obstante, a diferencia de Guaman Poma y de Santacruz Pachacuti, Oré no basa su descripción de la religión en la idea de la evangelización prehispánica, una interpretación que tiene por objetivo demostrar el paso de san Bartolomé o Tunapa (santo Tomás) por la región andina, ocurrida mucho antes de la llegada de los españoles[109]. En este argumento se apoyaban los letrados nativos para demostrar que las creencias en un solo dios no eran nuevas en el Perú.

El criterio de que los nativos reverenciaban a un ser supremo único también llevó al jesuita Acosta a asegurar que, aunque «[l]as tinieblas de la infidelidad tienen oscurecido el entendimiento de aquellas naciones [...] los que hoy día predican el Evangelio a los indios, no hallan mucha dificultad en persuadirles, que hay un supremo Dios y señor de todo, y que este es el Dios de los cristianos, y el verdadero Dios»[110]. Oré sigue un camino parecido al de Acosta; no obstante, invalida la noción de la supuesta inferioridad intelectual de los indígenas acudiendo a recursos como la poesía. Es por eso que el autor incluye en su obra la oración que Cápac Yupanqui dedicó al Hacedor de todas las cosas

---

[107] Jesuita Anónimo, *Relación de las costumbres antiguas de los naturales del Perú*, p. 153.

[108] Salomon, 1994, p. 240.

[109] Ver más sobre este tema en Chang-Rodríguez, 1987, pp. 559-567. Asimismo, Adorno, 1991, pp. 42-48, analiza la hipótesis de Guaman Poma sobre la aparición prehispánica de la Cruz de Carabuco atribuida a la presencia de san Bartolomé en los Andes.

[110] Acosta, *Historia natural*, p. 307.

Oh hacedor, que estás desde los cimientos y principio del mundo, hasta en los fines de él, poderoso, rico, misericordioso, que diste ser y valor a los hombres, y con decir sea este hombre, y esta sea mujer, hiciste, formaste y pintaste a los hombres y a las mujeres. A todos estos que hiciste y diste ser, guárdalos y vivan sanos y salvos, sin peligro y en paz. ¿En dónde estás? Por ventura en lo alto del cielo, o abajo, o en las nubes y nublados o en los abismos? Óyeme y respóndeme, y concédeme lo que pido, danos perpetua vida para siempre, tennos de tu mano, y esta ofrenda recíbela a do quiera que estuvieres, oh hacedor[111].

Así, Oré muestra la manera en que el Inca institucionalizador de la religión honraba al ser supremo, el Hacedor, un dios al que en la primera parte de la oración la voz poética describe con características paralelas al dios cristiano: «cimiento y principio del mundo», «poderoso», «misericordioso», «creador del hombre y la mujer», etc. En la segunda parte, en cambio, los cuestionamientos de tipo filosófico sobre el lugar que ocupa este ser superior hacen sobresalir las características monoteístas de las creencias que el Inca instituyó en sus súbditos. Al mismo tiempo en este segmento se resalta la incansable búsqueda del hombre por este ser superior invisible. Finalmente, en la última parte, la voz poética muestra la vulnerabilidad del ser humano ante la superioridad del Hacedor en una plegaria en la que implora protección; esta es una relación paralela en forma y vocabulario a la relación entre el hombre y el Dios de los cristianos.

La oración sirve a varios propósitos; en primer lugar, establece la posición del autor como testigo y conocedor de la cultura cuando manifiesta «[o]tras oraciones hizo el Inca las cuales tengo en mi poder, y es averiguado haberlas hecho él, y por suyas las conocen los antiguos indios y españoles escrutadores de aquellos tiempos. No las pongo en la lengua aunque son elegantísimas, hasta tener permiso del señor arzobispo y de los demás señores obispos, príncipes de esta Iglesia primitiva peruana»[112]. Con esta afirmación revela el proceso de selección de las memorias para incluirlas en la historia. En segundo lugar, la oración de Cápac Yupanqui sirve al autor como una

---

[111] Oré, *Símbolo*, fol. 40r-40v. Cristóbal de Molina el Cuzqueño incluye una versión de esta oración en la *Relación de las fábulas y ritos de los incas*, p. 60. Uno de los métodos de institucionalización del imperio para Pachacuti fueron los cantares. Este rasgo lo recoge principalmente Betanzos en la *Suma y narración de los incas*. Para más información sobre los cantares de Pachacutic, ver Fossa, 2005; Mazzotti, 1994 y Tomlinson, 2007. Para más información sobre las batallas rituales de la expansión del Tahuantinsuyo, ver Duviols, 1997.

[112] Oré, *Símbolo*, fol. 40v.

prueba de la evolución del pensamiento inca, desde el politeísmo inicial hacia un modelo mucho más complejo, paralelo a las creencias del catolicismo. Es así como el franciscano aspira a demostrar que sus coterráneos estaban preparados desde antes de la llegada de Pizarro para recibir el Evangelio y que, por lo tanto, la enseñanza del cristianismo a los nativos debía empezar por el conocimiento de su cultura. Estos son, además, los principios de los que él mismo se sirve más adelante al proponer su metodología evangelizadora a través de los cánticos.

La confirmación del monoteísmo inca y su conocimiento previo de la naturaleza del Hacedor representa además un paso indispensable para señalar su similitud con las culturas europeas antiguas antes de que estas adoptaran el cristianismo. De hecho, inmediatamente después de citar la oración atribuida a Cápac Yupanqui, Oré expresa que «[s]i aquí llegara, buena ocasión se hallara el apóstol San Pablo para introducir el conocimiento y adoración de Jesucristo nuestro Señor en materia tan dispuesta como se colige de estas palabras lo estaba el Inca. Dijera sin duda. *Quod ergo ignorantes colitis, hoc ego annuncio vobis.* Como le pasó con los atenienses cuando halló el altar dedicado al Dios no conocido»[113]. El letrado huamanguino se refiere a la visita de san Pablo a Atenas, en donde se dirigió a sus habitantes diciéndoles: «veo que vosotros sois, por todos los conceptos, los más respetuosos de la divinidad. En efecto, al pasar y contemplar vuestros monumentos sagrados, he encontrado también un altar en el que estaba grabada esta inscripción: "Al Dios desconocido". Pues bien, lo que adoráis sin conocer, eso os vengo yo a anunciar»[114]. Basándose en estos antecedentes el Apóstol sugirió que ya que los conocimientos de la religión que poseían los atenienses no estaban tan alejados de los conceptos del catolicismo, lo único necesario para acercarlos a la «religión verdadera» era una orientación y guía adecuada. Esto justifica la insistencia de Oré en realizar un paralelismo con los griegos y los romanos, pues a través de estos precedentes el autor deduce que de manera similar los andinos poseían ya las bases que podían ser adaptadas para facilitar su conversión al cristianismo.

---

[113] Oré, *Símbolo*, fol. 40v. La traducción del texto en latín es la siguiente: «lo que adoráis sin conocer, eso os vengo yo a anunciar» (Hechos 17, 22-23), en *Santa Biblia Reina Valera*, disponible en <https://www.bibliatodo.com/la-biblia/Reina-valera-1960/hechos-17>.

[114] Hechos 17, 22-23, en *Santa Biblia Reina Valera*, disponible en <https://www.bibliatodo.com/la-biblia/Reina-valera-1960/hechos-17>.

El método propuesto por san Pablo para la conversión de los atenienses gozó de muchos simpatizantes, pero, asimismo, tuvo sus detractores, quienes pensaban que la base para una conversión efectiva requería de la erradicación completa de cualquier rastro de la religión anterior. Estos debates, que habían acompañado a la cristiandad desde sus inicios, también se reprodujeron en el Nuevo Mundo. Sabine MacCormack, por ejemplo, explica cómo estas dos posiciones adversas entraron en las discusiones sobre la evangelización en el Perú; especialmente se refiere al Primer Concilio Limense (1551-1552), en cuyos decretos ya se recogen dichas dicotomías. A la vez que se planteaba la idea de no obligar a los nativos a recibir el bautismo y que su conversión debía ser mediante la persuasión, también se establecía la obligatoriedad de que se les impartiera las enseñanzas de la fe católica, forzando de esta manera la cristianización en los andinos[115].

Estas contradicciones indican que la estrategia usada en la conversión de los griegos y los romanos mostró no ser eficaz en el Perú. MacCormack, quien analiza los modelos de evangelización andinos que intentaban basarse en los que se pusieron en práctica en la transformación religiosa de los pueblos considerados paganos, especialmente en el Imperio romano, destaca las razones por las que en el Perú y en el Nuevo Mundo en general estos estaban destinados al fracaso. La crítica anota que

> As a result of centuries of coexistence around the shores of the Mediterranean, the inhabitants of the Roman empire shared certain modes of experience and expression on which Christian argument and persuasion could and did build. This was not the case in subsequent centuries of Christian expansion, least of all in Peru. In Peru, missionaries arrived in the wake of the conquest, and in the wake of the partial collapse of indigenous institutions. At the same time, missionaries in Peru, unlike their intellectual ancestors of the late Roman empire, knew next to nothing about those who where to hear their message[116].

Pero no se trataba únicamente de una falta de familiaridad entre las culturas en contacto, sino que a esto se unía también el hecho de que, para pensadores como Acosta, las propuestas del apóstol san Pablo solo funcionaban en civilizaciones más desarrolladas[117]. Dicha creencia se hace evidente en las razones por las que para las autoridades conciliares uno de los inconvenientes

---

[115] MacCormack, 1985, p. 445.
[116] MacCormack, 1985, pp. 445-446.
[117] Andrien, 2001, p. 163.

que dificultaba el avance de la cristianización —tan grave como la inconsistencia pedagógica— era la incapacidad de los catequizadores para hacer entender a los nativos conocimientos demasiado elevados. Así, por ejemplo, en el proemio del *Tercer catecismo* se expresa la preocupación por las aproximaciones pedagógicas adecuadas para la conversión y se descarta utilizar métodos como «lo hacían los apóstoles cuando predicaban a los judíos y gentiles el Evangelio, aprovechándose con los unos de los testimonios de la escritura que tenían con los otros de la buena razón y sentencias de sus sabios»[118]. Por el contrario, las autoridades conciliares critican a los predicadores que «excediendo de la capacidad y necesidad de los oyentes se ponen a predicar a los indios cosas exquisitas, o en estilo levantado como si predicasen en alguna corte, o universidad, y en lugar de hacer provecho hacen gran daño, porque ofuscan, y confunden los cortos y tiernos entendimientos de los indios»[119]. Oré invalida estos estereotipos, que infantilizaban y predeterminaban a los habitantes de la región andina y que más que nada ponían en entredicho su capacidad intelectual.

Primeramente, el autor demuestra la falsedad del argumento acerca de la brutalidad y el salvajismo de los nativos desplegando el buen temperamento del clima del Perú, que, siguiendo las mismas teorías occidentales, producía sujetos racionales. En segundo lugar, hace visible la predisposición de los indígenas para recibir el cristianismo basándose no únicamente en el monoteísmo, sino también en su búsqueda de un ser superior único. En este sentido, la inclusión de la oración que Cápac Yupanqui dedicó al Hacedor es una clara muestra de que los incas tenían la capacidad de cuestionarse sobre los mismos debates filosóficos de los que el hombre occidental se había ocupado desde tiempos remotos, especialmente en lo referente a la naturaleza divina. Finalmente, el letrado señala que la verdadera razón del lento avance de la transformación religiosa se hallaba en un gran segmento de los colonizadores españoles, para quienes la conversión era un accesorio, un aspecto secundario a la dominación política y económica de la región. El letrado señala su frustración cuando puntualiza que las prioridades de algunos evangelizadores eran «las continuas ocupaciones, trabajos, mitas, y servicios personales [...] en que nunca paran en todo el año, y en toda la vida, y con grande disminución de esta nación de los indios»[120]. Con estos argumentos, Oré sienta las bases para defender a los nativos, a la vez que

---

[118] *Tercer catecismo*, fol. 4v.
[119] *Tercer catecismo*, fol. 3r.
[120] Oré, *Símbolo*, fol. 21v.

resalta la necesidad de buscar métodos más adecuados para acercarlos al cristianismo. Aunque debido al carácter religioso de la obra, el autor no se extiende minuciosamente en los detalles, lo que inclusive le vale el reclamo de un frustrado Guaman Poma, el letrado, sin embargo, ofrece la posibilidad de una aproximación diferente al pasado de los incas en el siglo XVI. Este acercamiento abre además las puertas a otros intelectuales que también empiezan a cuestionar el lugar que ocupaba el Perú en la geopolítica mundial y su misma posición como letrados en cuanto a sus pares peninsulares, como discutiré en el siguiente capítulo.

Capítulo 3

DISCURSOS PROTOCRIOLLISTAS: LOS HIJOS DE LA TIERRA ENTRE LA DEFENSA DE ESPAÑA Y LA VALORACIÓN DEL ESPACIO ANDINO[1]

Los hijos de la tierra: la situación del criollo en el siglo XVI

> Sospecho que el suelo y el cielo de la América no es tan bueno para hombres como para yerba y metales aunque sean descendientes de España. El buen trigo suele bastardear en la ruin tierra y de candial se hace centeno[2].
>
> (Juan de la Puente)

Las palabras del sacerdote dominico Juan de la Puente son un reflejo de las contraposiciones del pensamiento europeo con respecto al Nuevo Mundo. Este tipo de discurso tendía a resaltar el valor del espacio americano por la riqueza y la fertilidad de la tierra, pero, al mismo tiempo, menospreciaba

---

[1] Con la expresión «hijos de la tierra» me refiero principalmente a los hijos de españoles nacidos en el Nuevo Mundo, no a la población indígena, cuyas problemáticas son muy distintas. Como explicaré más adelante, Oré y los intelectuales que se refieren a él en el *Símbolo* no utilizan el término criollo debido a la connotación negativa étnico racial que implicaba en el siglo XVI. En su lugar se refieren a ellos mismos como «hijos de la tierra».

[2] De la Puente, citado en Lavallé, 1993, pp. 57-58. Juan de la Puente es el autor de *De la conveniencia de las dos monarquías católicas, la de la Iglesia Romana y la del Imperio Español y defensa de la precedencia de los reyes católicos de España a todos los reyes del mundo* (1612).

la capacidad intelectual de los nacidos en ella. Las reacciones a estas ideas comenzaron con las primeras generaciones de hijos de españoles nacidos en América, quienes manifestaban su descontento por la discriminación. Los documentos de la época muestran los crecientes conflictos provocados por la insatisfacción de los criollos. Así, por ejemplo, el 2 de abril de 1567, el licenciado Lope García de Castro, presidente de la Real Audiencia de Lima y gobernador del Perú, dirigió una carta al Consejo de Indias para explicar su preocupación ante el aumento de la población criolla. García de Castro, quien tuvo que enfrentar la insatisfacción de los descendientes de los conquistadores por la crisis del sistema de encomiendas y su duración provocada especialmente a raíz de la promulgación de las Leyes Nuevas de 1542, se refiere a estas problemáticas haciendo notar el rápido cambio demográfico en la región

> vuestra señoría entienda que ya la gente de esta tierra es otra que la de antes porque los españoles que tienen que comer en ella los más de ellos son viejos y muchos se han muerto y han sucedido sus hijos en sus repartimientos y han dejado otros muchos hijos de manera que esta tierra está llena de criollos que son estos que acá han nacido y llena de mestizos y mulatos y como estos nunca han conocido al rey ni esperan conocerlo huelgan de oír que habiendo vuestros padres ganado esta tierra hayan de quedar vuestros hijos perdidos pues en vosotros se acaban las dos vidas y a los que no tienen indios les dicen que como se sufre que anden ellos muertos de hambre habiendo sus padres ganado esta tierra y con esto los traen desasosegados[3].

La observación del magistrado indica las complicaciones administrativas que surgían debido a la creciente heterogeneidad de la población[4]. Pero estas no eran las únicas quejas; a los conflictos iniciales por la pérdida del derecho a la encomienda se añadieron otros; me refiero en particular a las constantes disputas entre los religiosos, muchos de ellos nacidos en el Nuevo Mundo, por las doctrinas.

En el siglo XVI y en los primeros años del XVII, como explica Bernard Lavallé, se hace visible la rivalidad entre clérigos y frailes. Estos se disputaban el derecho a las doctrinas de indígenas, lo que dio como resultado «los

---

[3] Citado en Levillier, 1924, vol. 3, pp. 240-241.
[4] Esta hetogeneidad se refiere no únicamente a la población en general, sino también al mismo conjunto criollo, en el que se hallaban hombres y mujeres de todos los estratos sociales.

primeros brotes de criollismo eclesiástico»[5]. Según el crítico, al momento de estudiar estos discursos, los expertos se han concentrado mayormente en el siglo XVII arrojando poca luz a lo que el autor denomina el «protocriollismo del siglo XVI»[6]. Oré escribe el *Símbolo* al tiempo en el que los peninsulares, apoyándose en las teorías de la influencia climática, ponían en duda no únicamente las capacidades intelectuales de los indígenas, sino también la de las nuevas generaciones de descendientes de españoles. En 1574, por ejemplo, el cosmógrafo y cronista de Indias Juan López de Velasco publicó la *Geografía universal de las Indias*, en donde ofrece una descripción de los criollos argumentando la degeneración de los hijos de los peninsulares que habían nacido en las Américas debido a «la mutación del cielo y del temperamento de las regiones»[7]. Según el cronista, aunque estos,

> en todo son tenidos y habidos por españoles, conocidamente salen ya diferen-
> ciados en la color y tamaño, porque todos son grandes y la color algo baja decli-
> nado a la disposición de la tierra; de donde se toma argumento, que en muchos
> años, aunque los españoles no se hubiesen mezclado con los naturales, volverían
> a ser como son ellos: y no solamente en las calidades corporales se mudan, pero
> en las del ánimo suelen seguir las del cuerpo[8].

Esta forma de pensamiento que se propagaba en tratados de historia, en cartas e informes oficiales, llevaba a concluir que los hijos de españoles nacidos en el Nuevo Mundo no estaban capacitados para encargarse de las doctrinas. Dichas limitaciones no eran exclusivas del ámbito religioso, sino que también se extendían a todas las posiciones de mayor jerarquía dentro de la administración colonial.

Los criollos letrados y sus defensores cuestionaron estas ideas arguyendo que su propio origen los beneficiaba, ya que, a diferencia de los individuos nacidos en Europa, ellos conocían la tierra y, en muchos casos, domina-ban las lenguas nativas. A esto había que añadir la preparación académica a la que tenían acceso en las florecientes universidades de los principales

---

[5] Lavallé, 1993, p. 64.

[6] Lavallé, 1993, p. 65.

[7] López de Velasco, *Geografía universal de las Indias*, p. 37. Según López de Velasco, la influencia climática asimismo afectaba a quienes se quedaban por mucho tiempo en las Indias.

[8] López de Velasco, *Geografía universal de las Indias*, p. 38.

centros virreinales[9]. Este contexto sirve para entender la razón por la cual Oré también hace visible en su obra su malestar por las caracterizaciones negativas del suelo americano y de los descendientes de europeos nacidos en él, mostrando el contraste existente entre estos y los administradores españoles y sus aliados. Bajo el pretexto de delinear la figura del predicador ideal, el cura franciscano expone una serie de problemáticas como el desorden administrativo, los abusos de los encomenderos, la falta de compromiso de los religiosos peninsulares, la rivalidad de los criollos con los advenedizos ibéricos, entre otras[10].

Estos temas heterogéneos que Oré presenta en su obra de carácter evangelizador muestran la urgencia de ir más allá de su contenido religioso para examinarla dentro de los diferentes aspectos y problemáticas de la vida colonial. A través de lo que Vitulli ha denominado la «pose criolla», un concepto que nos acerca a «las distintas formas de expresión que asume el letrado criollo cuando se refiere a sí mismo, a su situación dentro de la ciudad virreinal y, también, cuando negocia su espacio de poder»[11], en este capítulo propongo un acercamiento a los diversos discursos de la obra. Tomo en cuenta el *locus* de enunciación del autor y las problemáticas sociales que rodearon la producción del texto, así como también las estrategias de escritura de las que se vale para dar respuesta a los estereotipos denigratorios y a las construcciones occidentales del sujeto criollo en su época. Resalto la forma en que, para mostrar su descontento con el sistema colonial, el letrado huamanguino plantea una relación distinta a la hasta entonces tradicional entre la colonia y su metrópoli ibérica. El autor logra su objetivo posicionando al Perú en un lugar cada vez más prominente con respecto a la península,

---

[9] Ver Lavallé, 1993, p. 65. Ver también el estudio de Alexandre Coello de la Rosa, 2008, p. 51, sobre los mestizos y criollos en la Compañía de Jesús. El crítico se refiere a la política que los excluía de la ordenación sacerdotal de la orden jesuita en el siglo XVI. Esta política se basaba en la desconfianza de los descendientes de españoles nacidos en América.

[10] A pesar de que los estudiosos del criollismo en la región andina han marcado su emergencia en la década de los treinta del siglo XVII, como explicaré más adelante hay que buscar el germen de este discurso en la generación anterior. Oré es un buen ejemplo de ello.

[11] Vitulli, 2013, p. 12. Aunque Vitulli aplica este concepto al criollo de mediados del siglo XVII, es decir, más de cincuenta años después de la publicación del *Símbolo*, tomo prestado este término por considerar que se puede aplicar a la situación de Oré si se tiene en cuenta la forma en la que el letrado se contruye a sí mismo, a su familia y a sus hermanos religiosos dentro de la obra.

como productor de riquezas materiales, de sus propios modelos de espiritualidad y también de hombres doctos.

Mi estudio hace énfasis en las estrategias discursivas como son las alusiones indirectas con las que el autor se protege cuando expresa su desacuerdo con la política imperante. Asimismo, analizo los discursos de alabanza y crítica de la primera parte del *Símbolo* en los que a la vez que el letrado defiende al imperio español también se queja de la administración del virreinato y de la política colonial. Estos aspectos los desarrollo tomando en cuenta la forma en la que el huamanguino incluye su propia experiencia como misionero y la historia de su familia, a cuyos miembros presenta como ejemplares contribuyentes al proyecto imperial tanto político como religioso. Esta caracterización le sirve para contrastarlos con los españoles oportunistas que no tenían ningún apego al suelo peruano. A través de la posición intachable de los Oré y de otros criollos similares a ellos, el cura franciscano demuestra la creciente dependencia española de las minas del Perú, en oposición a la decreciente dependencia del virreinato en la metrópoli ibérica en cuanto al aspecto intelectual. Esto lleva a un análisis de la manera en que Oré distingue a los «hijos de la tierra» como sujetos capaces de adaptar los modelos de religiosidad occidental a su realidad y de construir sus propios ejemplos de virtud. Por último, me centro en la relación que existe entre el progreso de las ciudades andinas, especialmente Lima, el *locus* del saber, y la posición problemática de los letrados peruanos de finales del siglo XVI. Para esto también integro a mi análisis los cuatro poemas apologéticos incluidos en los paratextos del *Símbolo* escritos por religiosos descendientes de europeos que nacieron en el Perú o que vivieron la mayor parte de su vida en la región. En estos versos de elogio a Oré y a su obra es posible observar cómo los autores muestran sus conflictos identitarios en su intento de establecer su legitimidad social e intelectual en el virreinato[12]. Me enfoco en los discursos laudatorios de los cuatro apologistas del *Símbolo* para ahondar en la manera en que estos sujetos se construyen a sí mismos como los nuevos protagonistas intelectuales del Perú.

---

[12] Tanto Oré como Alonso de Inojosa nacieron en el Perú y tuvieron padres europeos. Jerónimo de Valera era hijo de padre español y madre nativa. Juan de Vega nació en Portugal, pero vivió la mayor parte de su vida en el Nuevo Mundo y de Jerónimo de Valenzuela no se conocen muchos detalles. Estos sujetos ejemplifican la complejidad y heterogeneidad que abarcaba el término criollo, el cual no se usaba únicamente para los descendientes de europeos nacidos en el Nuevo Mundo, sino también para los europeos que se quedaban en las Indias por largo tiempo, como es el caso de Vega.

Las construcciones de los estereotipos de los criollos

> Y no me maravillo tanto de las tachas y dislates de
> los naturales de esta tierra, porque los españoles que
> en ella habitan, y mucho más los que en ella nacen,
> cobran estas malas inclinaciones; los que en ella nacen,
> muy al proprio de los indios, en el aspecto parecen
> españoles y en las condiciones no lo son; los que son
> naturales españoles, si no tienen mucho aviso, a pocos
> años andados de su llegada a esta tierra se hacen otros;
> y esto pienso que lo hace el clima, o constelaciones
> de esta tierra[13].
>
> (Fray Bernardino de Sahagún)

La palabra criollo, como explica Lavallé, fue tomada de la denominación que se dio «a los esclavos negros nacidos en Indias para diferenciarlos de aquellos que llegaban directamente de África»[14]. En el Perú, los primeros documentos en los que aparece este término para designar a los hijos de españoles nacidos en América datan de 1567[15]; aunque también se lo utilizaba para los peninsulares que estaban asentados por algún tiempo en las Indias. Desde sus inicios, esta designación estuvo cargada de connotaciones negativas que otorgaban a estos individuos características anómalas como «[el] debilitamiento físico por la influencia nefasta del clima americano, afeamiento debido al calor, envilecimiento moral causado por las normas relajadas de la vida en Indias, degeneración provocada tanto en el caso de los mestizos y mulatos como de los criollos por la leche de las madres (nodrizas para éstos) indias o negras»[16]. Con estos constructos se intentaba explicar la degeneración americana de estos sujetos[17].

Con el aumento de la población criolla en el siglo XVI, los estereotipos denigrantes que se les atribuía se recogieron en historias naturales, informes, crónicas y otros documentos. En dichos escritos se promovía la idea de la transformación negativa del sujeto europeo que permanecía por largo tiempo en las Indias, así como la de sus descendientes nacidos en el Nuevo Mundo, como sugiere la cita del epígrafe de la obra de fray Bernardino de

---

[13] Sahagún, *Historia general de las cosas de Nueva España*, p. 160.
[14] Lavallé, 1993, p. 19.
[15] Ver Lavallé, 1993, p. 17.
[16] Lavallé, 1993, p. 20.
[17] Ver Lavallé, 1993, p. 55.

Sahagún completada entre 1575 y 1577. Las bases científicas que explicaban el fenómeno degenerativo provenían de la Antigüedad clásica y se sustentaban en las teorías médicas de los humores desarrolladas principalmente por Hipócrates, Aristóteles y Galeno. De acuerdo con la adaptación que los estudiosos europeos hicieron de estas teorías, las condiciones climáticas extremas y en especial la humedad del ambiente americano desequilibraban los cuatro humores del cuerpo humano. Esta alteración afectaba también al desarrollo físico e intelectual de sus habitantes[18]. Por lo tanto, la influencia del clima y el medio ambiente llevaba a considerar a los letrados que los cielos malignos eran responsables del barbarismo y la degeneración moral de quienes residían en estas tierras[19]. Por su parte, los criollos, ávidos por contestar las hipótesis desvalorizantes del determinismo climático, se empeñaron en probar que ni la temperatura, ni el medio ambiente, ni el cielo americano tenían la capacidad de «indianizar» al europeo, de la misma forma que «the cold air of Europe could [not] turn a black person into white»[20]. A esto se debe la aparición de obras que se centraban en defender el suelo americano mostrando la abundancia, los buenos cielos de su espacio, el ingenio de sus habitantes, la magnificencia de las principales urbes en las que sobresalían instituciones como iglesias, conventos, colegios y universidades.

Los estudiosos del criollismo han profundizado ya en las transformaciones del término criollo y en las modulaciones de sus discursos en el periodo colonial. Juan Vitulli y David Solodkow, partiendo de nociones que incluyen «los primeros brotes de actitud criolla» de Lavallé, la «agencia criolla» de Mazzotti y la «conciencia criolla» de Moraña, sintetizan lúcidamente estas articulaciones teóricas. Ambos críticos proponen una periodización que corresponde a cada uno de estos momentos o series históricas, así «(1) serie de estereotipo: 'fijeza' y 'ambigüedad' (1560-1600), (2) la serie de la *agencia*: apropiación lingüística, resemantización, y creación del contraestereotipo (1600-1700) y, (3) el ciclo de formación de la conciencia criolla que funcionará como base o fermento de las identidades proto-nacionales (1700-1810)»[21]. Esta periodización hace visible la inestabilidad y sobre todo

---

[18] Mientras que el clima húmedo se asociaba con la naturaleza flemática y femenina, el clima seco se asociaba con lo masculino. Ver Cañizares-Esguerra, 1999, p. 39.

[19] Ver Bauer/Mazzotti, 2009, pp. 1-2 y Cañizares-Esguerra, 1999, pp. 37-38. Para un estudio más extenso de «las influencias del ambiente americano», ver Lavallé, 1993, pp. 50-61.

[20] Cañizares-Esguerra, 1999, p. 35.

[21] Vitulli/Solodkow, 2009, pp. 16-17.

la evolución de la definición de un término que se acomoda al tiempo, al espacio y a las circunstancias.

La clasificación de Vitulli y Solodkow, que resulta útil para explicar las transformaciones del término y de los discursos del sujeto criollo, contribuye a entender la posición de Oré. Debido a que se trata de un escrito muy temprano, percibo en esta obra argumentos que anticipan el discurso criollo que como tal empieza a adquirir forma a partir de la década de los treinta del siglo XVII y que solo llegará a consolidarse hacia finales de ese siglo. A pesar de esto, ya es posible visualizar en el *Símbolo*, y en los discursos de alabanza al autor y a su obra, características protocriollistas como el resentimiento de dichos sujetos por su exclusión de los círculos de poder, los malestares por el menosprecio a su talento, la necesidad de defender su tierra natal, la urgencia de diferenciarse de los oportunistas que llegaban a las Indias en búsqueda de riqueza. Todo esto desde la complejidad que representa su posición en medio de las dos culturas. Cabe notar, sin embargo, que aunque Oré y los cuatro religiosos poetas pertenecen a un grupo que más tarde se definirá como criollo, ellos mismo no escogen ese término para autodefinirse.

En efecto, a lo largo de la obra, el letrado jamás usa la palabra criollo, quizá debido a la connotación negativa que tenía el término en esa época. En cambio, el sabio huamanguino se refiere a sí mismo como indiano, otra expresión usada en el siglo XVI para designar a los hijos de españoles nacidos en las Américas[22]. Al reconocerse como indiano el autor se identifica con su espacio enunciativo, eso sí asegurándose constantemente de ratificar su herencia española. De esta forma, Oré enfatiza en su identidad mostrando orgullo por su tierra y resaltando su imagen de sujeto letrado tratando de insertarse en un ámbito dominado hasta ese entonces mayoritariamente por letrados europeos. Lo mismo hacen sus apologistas, quienes tampoco se identifican como criollos. Los autores en cambio se autodenominan como «hijos de la tierra», las plantas «[injertas] con primor de varias flores»[23]. Esta metáfora es una referencia a su mezcla cultural y a su capacidad de poner en práctica y extender el conocimiento occidental, legado de sus padres, y el propio adquirido de su espacio enunciativo.

---

[22] Ver Lavallé, 1993, p. 15.
[23] Oré, *Símbolo*, s.n.

CRIOLLOS Y NATIVOS BAJO EL MISMO CIELO

Los estudiosos de la región andina han marcado la emergencia del criollismo en la década de los treinta del siglo XVII, especialmente con la aparición de obras que presentan una defensa del suelo americano. Este tipo de discurso, al que los críticos han denominado «criollismo patriótico»[24], se halla en *Memorial de las historias del Nuevo Mundo Pirú* (1630), de fray Buenaventura de Salinas y Córdova, y en la *Crónica moralizada de la Orden de San Agustín en el Perú* (1638), de Antonio de la Calancha. No obstante, hay que buscar el germen de este discurso en el surgimiento de la «actitud criolla»[25] o «espíritu criollo»[26], que introdujeron los intelectuales de la generación anterior. Más de tres décadas antes de la aparición de estas obras, Oré ya se adelantó en formular en el *Símbolo* una defensa del Perú y de sus habitantes, aunque de manera muy breve y, muchas veces, solapada debido a la naturaleza pastoral de la obra. En su proyecto de valoración de su espacio enunciativo y del sujeto criollo, el letrado se aproxima a las teorías científicas y filosóficas de su época no únicamente para sustentar su defensa de la racionalidad de los indígenas y su capacidad para aceptar el cristianismo, como ya demostré en el segundo capítulo. Sin colocarlos al mismo nivel, Oré extiende su refutación de estos postulados para defender también las facultades intelectuales de los descendientes de europeos nacidos en la región andina con el propósito de probar que las razones para negarles espacios dentro de las instituciones virreinales eran injustificadas[27].

Para sustentar su argumento de que el sujeto criollo no era intelectualmente inferior a sus pares europeos, Oré describe su natal Huamanga como una tierra «de más excelente temple y cielo que todos los que hay en este reino del Perú y harta de mantenimientos»[28]. Así, este espacio se convierte en una metáfora para responder a los sabios que no «querían conceder que acá hubiese cielo»[29]. Al mismo tiempo, esta es una manera de contestar a sus contemporáneos europeos que en sus escritos denigraban a los criollos

[24] Ver Brading, 1991; Lavallé, 1993; Cañizares-Esguerra, 1999.
[25] Lavallé, 1993, pp. 110-123.
[26] Ver Moraña, 1998, p. 32.
[27] En el capítulo 2 ofrezco un estudio más detallado de la forma en que Oré incorpora las teorías del determinismo climático para explicar la naturaleza andina y la de sus habitantes.
[28] Oré, *Símbolo*, fol. 31v.
[29] Oré, *Símbolo*, fol. 23r-23v.

basándose en las creencias de la relación entre el clima, los cielos malignos de América y la naturaleza de sus habitantes. Oré pone énfasis en la fertilidad de Huamanga, asegurando que esta región produce anualmente «más de cincuenta mil fanegas de trigo, abundante de todas las frutas de Castilla y de la tierra»[30]. La perfecta adaptación de los frutos de España en la región andina ofrece la evidencia de que las bondades del clima son iguales o superiores a las de la península. Por lo tanto, este factor le ofrece el argumento necesario para la legitimación de los hijos de la tierra, cuya inteligencia no podía degenerarse en este casi paraíso que describe el autor.

Como demuestra en sus múltiples descripciones, la mayor parte del territorio virreinal se caracterizaba por su clima templado y saludable (ver capítulo 2). Así como las óptimas condiciones del medio ambiente que garantizaban la productividad de la tierra capaz de multiplicar frutos extranjeros y propios, los criollos poseían no únicamente la cultura europea, sino también el conocimiento de las culturas autóctonas. Esto los aventajaba aún más para ocupar cualquier posición. De este modo, el letrado huamanguino destruye la base para la teoría de la superioridad de los peninsulares y legitima el intelecto de los criollos y su competitividad para administrar el Perú. Para demostrar el ingenio de los hijos de la tierra, Oré enfatiza el progreso de los diferentes pueblos de la región, destacando la existencia de la universidad —en el caso de Lima—, colegios, conventos, iglesias y otras instituciones que contribuían a la expansión religiosa y del conocimiento. Dichas instituciones, establecidas a lo largo del virreinato, eran espacios en los que destacaban principalmente los descendientes de los europeos.

No obstante, esta valoración del criollo mediante la correlación entre medio ambiente y naturaleza humana resultaba problemática. Si las bondades atmosféricas habían favorecido el desarrollo intelectual de estos, entonces ¿podrían extenderse también los mismos criterios hacia los nativos?, después de todo, ellos también estaban expuestos al mismo entorno. De ser así, tanto los descendientes de europeos nacidos en América como los indígenas estarían en capacidad de autogobernarse. Dicha interrogante lógica es la causante de un discurso en el que los letrados criollos y sus defensores trataron de tomar distancia de los nativos y de los sujetos de otras razas, como, por ejemplo, los de descendencia africana. Su argumento consistía en que «[w]hereas the constellations of America caused the Indians to grow even weaker and more stupid, they argued, the same constellations had helped

---

[30] Oré, *Símbolo*, fol. 31v.

improve the European stock. Creoles in America were stronger and smarter than their Spanish forefathers»[31]. Si bien Oré defiende las facultades intelectuales de los nativos para recibir el cristianismo y hasta admira el grado de organización y desarrollo que alcanzaron los incas, también construye la diferencia entre criollos y nativos. Aunque el letrado casi nunca menciona la idolatría ni los aspectos negativos que caracterizan las narrativas de la mayoría de los cronistas de su época, en cambio, sus argumentos para hacer notar la inferioridad de los indígenas se basan en la falta de un método de escritura como el occidental y, como consecuencia, en su carencia de historia (ver capítulo 2)[32].

Asimismo, el autor perpetúa la tradición grecorromana en la que los europeos basaron las construcciones imperiales de la otredad haciendo notar la naturaleza flemática de los andinos[33]. Esta caracterización se basaba en la teoría de los cuatro humores corporales: la sangre, la flema, la bilis negra y la bilis amarilla, y su estrecha relación con el medioambiente. Según esta relación las condiciones climáticas extremas podían alterar estos humores afectando el temperamento de los individuos y su carácter[34]. Por ejemplo, se creía que el exceso de flema era producto del frío y la humedad; esto hacía que el cuerpo humano adquiera características enfermizas, débiles y emasculadas[35]. La supuesta naturaleza flemática de los nativos contribuyó a las construcciones de los estereotipos de la pereza y la debilidad, y por lo tanto, proveyó las bases de ciertos criterios que justificaban la violencia con la que los españoles controlaban su fuerza laboral[36]. Estas ideas comenzaron a ser muy populares en el pensamiento criollo del siglo XVII. Los hijos de la tierra y sus defensores argumentaban que, aunque sus antepasados europeos se caracterizaban por su naturaleza colérica, los buenos aires americanos transformaban a estos sujetos otorgándoles una naturaleza sanguínea. Dicha

---

[31] Cañizares-Esguerra, 2005, p. 427.

[32] Evitar caracterizar a los nativos como idólatras, o referirse a ellos en otros términos negativos que eran comunes en su época, parece ser una constante a lo largo de la vida del autor. Por ejemplo, de su paso por la Florida Chang-Rodríguez y Vogeley dicen que «Oré describes the actions of La Florida's natives without saying whether the actors were good or bad—or even sinful; instances of their; instances of their cruelty are attributed to the devil's influence», Chang-Rodríguez/Vogeley, 2017, p. 5.

[33] Ver Oré, *Símbolo*, fol. 30r.

[34] Ver Puckrein, 1981, pp. 1755-1756.

[35] Earle, 2012, pp. 26-45. Para más información sobre la teoría de los humores y la construcción del cuerpo del colonizado, ver el capítulo 1 en Earle, 2012.

[36] Ver Cañizares-Esguerra, 1999, pp. 56-57.

combinación los hacía más inteligentes que sus ancestros y aún más hábiles para las ciencias[37].

Aunque las referencias que Oré hace a este tema son mínimas —solo menciona una vez la naturaleza flemática de los nativos para contraponerla a la colérica de los españoles—, el autor argumenta que, a pesar de los defectos de los peninsulares, «han sido venturosos los indios de haber recibido de ellos [los españoles] la fe católica y doctrina cristiana limpia y pura de errores y sectas falsas»[38]. El letrado demuestra así que a pesar del temple y aires saludables del Perú, estas condiciones no pueden producir un efecto igual en la personalidad de sus habitantes. La caracterización que Oré hace de los nativos, a los que cree capacitados para aceptar el cristianismo, están al mismo tiempo asociadas con la debilidad y la necesidad de una guía tanto política como espiritual. En esta última misión, como ratifica en múltiples ocasiones, se han destacado los criollos como él. Al mismo tiempo, este argumento le sirve al autor para establecer la diferencia entre los miembros de la élite peruana de origen europeo y los españoles, especialmente los recién llegados. El autor se distancia de estos indicando la superioridad de los hijos de la tierra gracias a la preparación adquirida en las instituciones educativas locales, que producían ya intelectuales competentes para dialogar con sus pares europeos y para encargarse de la evangelización de la región andina. De esta forma Oré señala que el conocimiento adquirido de sus dos mundos posicionaba a los criollos como sujetos idóneos para contribuir a cruzar los puentes que separaban a ambas culturas.

La defensa y la crítica del imperio español

A pesar de que en el *Símbolo* el autor refuta las construcciones que los defensores de la Corona española hicieron para definir al hombre americano, en realidad no existe un rechazo de la cultura peninsular; por el contrario, el discurso de Oré más bien se caracteriza por su adhesión a esta. Por eso es necesario acercarse a la obra desde los vínculos que el letrado huamanguino tiene con el saber metropolitano, al que trata fuertemente de emular, y en las incipientes muestras de la búsqueda de la diferencia. No obstante, por tratarse de una obra publicada en una época muy temprana, esta búsqueda de la diferencia se manifiesta todavía de una manera no muy

---

[37] Ver Cañizares-Esguerra, 1999, p. 62 y Brading, 1991, p. 298.
[38] Oré, *Símbolo*, fol. 30r.

abierta. En Oré, más bien hay que ver un proceso en el que el letrado se vale de la cultura europea para contribuir al poder metropolitano con una obra muy ansiada para la expansión religiosa en cuanto esta es fundamental para cruzar las barreras lingüísticas entre los evangelizadores y los nativos. En este sentido, el autor establece una alianza con el orden imperial, pero a la vez se vale de los mismos saberes peninsulares para criticar el *statu quo* del mundo virreinal. Por estas razones se vuelve necesaria una mirada a la heterogeneidad discursiva que el autor presenta para un mejor entendimiento de su posición como letrado y como sujeto criollo.

En las palabras dedicatorias de la obra, el autor se dirige a su homenajeado, el inquisidor don Pedro Ordoñez y Flores, para solicitarle amparo para «que este libro, sea libre de las calumnias de envidiosos, y sea recibido en los pueblos, doctrinas y reducciones que por traza y consulta del señor Doctor Pedro Gutiérrez Flores del Consejo de su Majestad, en su Real consejo de Indias se hicieron en este reino, para muy grande servicio de Dios y ayuda de la salvación de los naturales»[39]. Esta breve nota, que deja entrever de manera muy generalizada el ambiente de rivalidades de la sociedad colonial de esa época, es un ejemplo del tipo de discurso no siempre transparente que caracteriza el *Símbolo*. De hecho, en el proemio y en los primeros dieciocho capítulos, el autor presenta dos voces, la primera y la más notoria es la que está más acorde con la misión evangelizadora de la obra. Esta es una voz claramente preocupada por la expansión del catolicismo, y que continúa con la tradición europea en cuanto el autor se esfuerza por alinearse con los modelos de escritura de la historia sagrada occidental, especialmente aquellos empleados por san Ambrosio, san Agustín y san Atanasio[40]. Desde esta perspectiva, el *Símbolo* constituye un valioso aporte al fortalecimiento y defensa del imperio español. Mediante la segunda voz, en cambio, el autor se vale de su obra para responder, muchas veces de manera indirecta, a la problemática de su sociedad. El letrado se asegura de enfatizar ante el lector constantemente que el *Símbolo* es una obra de carácter evangelizador, y que incluye la historia andina, el estado de las doctrinas, los conflictos eclesiásticos, las descripciones geográficas de los diversos pueblos y otros asuntos similares únicamente como una manera de apoyo a la historia sagrada. No obstante, esta es una de sus principales estrategia de escritura, ya que, a través de dichas reiteraciones, el autor logra que el lector enfoque su atención en

---

[39] Oré, *Símbolo*, fol. s.n.
[40] Ver Oré, *Símbolo*, «Proemio», fol. s.n.

el discurso religioso[41]. Sin embargo, al mismo tiempo, hace visible un discurso que él mismo minimiza, aquel constituido por estos intersticios en los que expone su descontento con la situación del Perú virreinal.

Como sujeto letrado, Oré establece su autoridad haciendo notar su familiaridad con los debates intelectuales de su época. El autor se centra desde el proemio en el asunto del nombre del continente, ya que según él sería más apropiado llamarlo Colonia en homenaje a «Colón, genovés el primero que descubrió este mundo oculto a los habitantes del otro»[42]. Así empieza una ardua defensa del imperio español, al que está hondamente conectado. Casi medio siglo antes de la publicación del *Símbolo*, en la *Historia de las Indias*, el padre Bartolomé de Las Casas ya había propuesto el cambio del nombre del continente, protestando ante la injusticia cometida contra Colón[43]. Según Las Casas la tierra firme debía llamarse «Columba, de Colón o Columbo que la descubrió, o la tierra Sancta o de Gracia, que él mismo por nombre le puso, que no, de Américo, denominarla América»[44]. Siguiendo esta idea, que habría tenido algunos adeptos en la época, Oré explica que el continente debe llamarse Colonia por ser Colón quien arribó a tierra firme y, además, porque este «la descubrió primero por los reyes de España, que América por Américo [Vespucio] que descubrió alguna parte de ella por el rey de Portugal»[45]. Para fortalecer su argumento, el autor hace referencia a historiadores del Nuevo Mundo como Gonzalo Fernández de Oviedo y Francisco López de Gómara, quienes otorgan al enviado de la Corona española la ventaja en su arribo a tierra firme[46]. En su intento por descartar toda polémica, Oré se basa en el descubrimiento del cabo de San Agustín,

---

[41] Esta estrategia fue efectiva por mucho tiempo pues, como mencioné antes, hasta hace unas pocas décadas el discurso religioso, y en especial los cánticos, fueron las únicas partes de la obra que hicieron del *Símbolo* una obra muy popular en su época y en siglos posteriores.

[42] Ver Oré, *Símbolo*, «Proemio», fol. s.n.

[43] Las Casas terminó la *Historia de las Indias* alrededor de 1561. La obra solo fue publicada en 1875, aunque parece que el manuscrito estuvo en circulación desde sus primeros años. Ver Collard, 1971, p. IX.

[44] Las Casas, *Historia de las Indias*, 274.

[45] Oré, *Símbolo*, «Proemio», fol. s.n.

[46] En Solórzano, *Política indiana*, p. 7, el autor reitera la misma idea proponiendo que lo justo sería llamar al continente «Colonia, ó Columbania». En De la Calancha, *Crónica moralizada*, p. 69, el agustino hace un sumario de los autores que habían tratado este tema, entre los que cita a «Antonio de Herrera, cronista de nuestro Rey, que dice lo sacó de los Archivos Reales, Mosquera de Barnuevo (35) en su *Numantina*, Malvenda de Antecristo (36) Carolo Estéfano en su diccionario en la palabra América, el oidor Juan

que según lo escrito por el mismo Vespucio sucedió en 1501, inclusive unos meses más tarde del arribo de los hermanos Pinzón, negando así que él haya llegado a tierra firme antes que Colón[47]. De este modo, se asegura de preservar la gloria española precisamente en el momento en que se producía una fuerte competencia imperial entre Inglaterra, Holanda, Francia y España.

El letrado huamanguino también incluye una breve, pero detallada, revisión de los acontecimientos históricos más trascendentales para probar la legalidad del domino español en las Américas. Se refiere a sucesos como la llegada de Cortés a México, la de Pizarro a la región andina, la travesía de Vasco Núñez de Balboa (el primero en divisar el Océano Pacífico) y el viaje de circunnavegación emprendido por Hernando de Magallanes[48], ubicando así en un lugar secundario a Américo Vespucio y por ende a los otros imperios[49]. Para Oré la misión de resaltar el valor de estos personajes y sus hazañas va más allá de simplemente poner en evidencia la magnitud de estos hechos. Aparte de la importancia política que esto representa, de acuerdo con el autor, la verdadera relevancia de estas proezas recae en el aspecto religioso. Así, por ejemplo, cuando menciona el viaje de Colón señala que «por mares y con vientos no conocidos, el valor y constancia que por varios casos y acontecimientos sostuvo este capitán, fue la llave que abrió la puerta de toda las Indias Occidentales. Llegando pues, por la voluntad divina, el fin de la tiranía del demonio, y principio del reino de Cristo en estas partes»[50]. De este modo, Oré se atiene al discurso providencialista al acreditar la presencia de España en el Nuevo Mundo amparada en la justificación religiosa, una validación que provenía del ámbito político y de la necesidad de apoyar al imperio ante sus rivales europeos. Más aún, además de sancionar la presencia española, el autor también formula sus críticas a la forma en que el conocimiento europeo concebía a los territorios americanos.

---

de Solórzano, y el obispo Oré (37) en su *Símbolo indiano*. Todos estos autores y muchos, juzgan por injusticia no llamar esta tierra Colonia, o Colorabania».

[47] Oré, *Símbolo*, «Proemio», fol. s.n. Según Mignolo, 1982, p.64, en una carta de 1506, Vespucio menciona que llegó a tierra firme en 1497, por lo que sus defensores, basados en este dato, mantienen que efectivamente se le habría adelantado a Colón.

[48] Oré, *Símbolo*, fols. 22r-27v.

[49] Mignolo, 1982, p. 64, destaca que en realidad Vespucio realizó cuatro viajes a las Américas y aunque Oré menciona enfáticamente su asociación con la Corona portuguesa, en realidad los dos primeros —realizados en 1497 y 1499— fueron bajo el auspicio de la española.

[50] Oré, *Símbolo*, fol. 24v.

Inmediatamente después de su defensa de la soberanía ibérica, Oré cuestiona la definición occidental de «Nuevo Mundo», ya que da a entender que en realidad no se trata de una novedad, sino únicamente de un espacio desconocido; la cuarta parte que hasta antes del arribo de Colón se creía inhabitable. El autor sustenta así sus razonamientos

> de la otra cuarta parte de la tierra, o Nuevo Mundo [...] de aquí adelante llamada Colonia, por el primer Almirante de esta mar Cristóbal Colón, que al otro mundo juntó la noticia, casi tan grande como todas las otras tres partes, no solamente no tuvieron noticia los antiguos escritores antíctonos, o antípodas nuestros, pero lo que más admira es, que ni aún querían conceder que acá hubiese cielo. Lo cual sin algunos filósofos antiguos, que refiere el padre Joseph de Acosta en su libro de *Natura novi orbis*, tuvieron también algunos santos y doctísimos varones fundados en alguna razón, o lugar de la sagrada escritura interpretada en favor de su opinión, pareciéndoles que acá en estas partes se remataba y repulgaba el cielo con la tierra[51].

Con esta explicación de las teorías sobre el universo, cimentadas en los pensadores grecorromanos, antes que poner énfasis en el «descubrimiento», se centra más bien en la manera en que la presencia de América obligaba a nuevas reformulaciones del conocimiento occidental en cuanto a las tierras desconocidas y a la naturaleza de sus habitantes.

El letrado añade que «no es de maravillar [que los antiguos pensadores] no acertasen en tratar algunas materias de las criaturas, por las cuales iban de paso, y las tenían por escala para subir al conocimiento, y contemplación del todo poderoso Dios»[52]. Consecuentemente, al mismo tiempo que Oré reconoce la legalidad del dominio de España sobre las tierras encontradas por Colón, también plantea el desacierto de los estudiosos en lo referente a la caracterización del espacio americano y de sus pobladores. Es así como el autor ve la necesidad de otorgar al continente el lugar que Occidente y sus hombres de ciencias le habían negado en el pasado. De ahí que el *Símbolo* puede ser leído como un texto que subraya la importancia del espacio: el europeo representa la religión y las letras; pero, al mismo tiempo, el autor

---

[51] Oré, *Símbolo*, fol. 23r-23v. El padre Acosta, en *Historia natural*, p. 4, discute ampliamente este tema, admirándose de que sabios como san Agustín, «[siendo] tan aventajado en todas las ciencias naturales, y que en la Astrología y en la Física supo tanto; con todo eso se queda siempre dudoso, y sin determinarse en si el cielo rodea la tierra de todas partes, o no».

[52] Oré, *Símbolo*, fol. 23v.

huamanguino demuestra cómo esos valores se han desplazado a las Américas y han convertido al Perú en un centro urbano virreinal con su propio protagonismo económico, religioso y cultural.

En el *Símbolo* Oré presenta su discurso de defensa a España, pero este se manifiesta también con una crítica; por ejemplo, al ahondar en la relación entre el imperio y el territorio dominado, el autor reconoce que

[d]e España le vino [al Perú] la luz de la fe católica que firmemente confiesa y tiene esta primitiva iglesia peruana, como hija verdadera de nuestra santa madre Iglesia romana: España le ha dado y partido con este reino de lo mejor que tiene natural y artificial, porque le ha dado excelentes supuesto, de subidos ingenios, de claras virtudes, de noble sangre: la monarquía de letras que en ella reside, también la ha comunicado a nosotros con tantos y tan graves e importantes libros de doctísimos autores como cada día salen a luz en todas las facultades y ciencias divinas y humanas, los cuales vienen a parar a las Indias[53].

Del mismo modo en que legitima la herencia española y reconoce la primacía cultural y política de España en América, enseguida toma distancia de otros aspectos, como, por ejemplo, el administrativo. El cura franciscano explica que han sido los mismos españoles los que han entorpecido el proceso evangelizador y defiende la disposición de los andinos para ser cristianizados, ya que, según él, los nativos «tienen mucha noticia de la fe cristiana, y deseo de recibir el bautismo, por el inconveniente de no querer salir ellos a sujetarse a los españoles, ni dejarlos entrar a que se enseñoreen de ellos»[54]. La razón a la que alude tiene que ver con la «rigurosa condición [que los españoles tienen] con los indios que están ya conquistados, y totalmente contraria a la suya de ellos (porque los españoles son coléricos y ellos flemáticos, y así son diversas inclinaciones las de los unos y de los otros)»[55]. Esta es una respuesta crítica al lento avance de la evangelización que, además, en un gesto lascasiano, un proyecto defendido en su época por miembros de diversas órdenes, niega que la causa principal sea la brutalidad de los indígenas, como habían sugerido incontables veces los cronistas y tratadistas de la región andina (ver capítulo 2). Por el contrario, el autor afirma la disposición de estos para recibir el catolicismo y justifica su negativa enfocándose más bien en la crítica a la ineptitud del propio sistema administrativo, incapaz de

[53] Oré, *Símbolo*, fol. 34r-34v.
[54] Oré, *Símbolo*, fol. 30r.
[55] Oré, *Símbolo*, fol. 30r.

controlar la explotación a los nativos tanto de los encomenderos, como de los mismos religiosos.

No obstante, esta crítica viene seguida de la defensa de la metrópoli, que se justifica otra vez a través de la religión. Para Oré, a pesar de los defectos que atribuye a los españoles, la salvación de los nativos es parte de un plan divino para acabar con la «tiranía del demonio»[56], por lo que no cabe duda de que es mejor aceptar su catolicismo, la religión verdadera, antes que someterse a la herejía de los enemigos políticos del imperio. El autor muestra así los conflictos y las diferencias entre las naciones europeas

> han sido venturosos los indios en haber recibido [de los españoles] la fe católica y doctrina cristiana limpia y pura de errores y sectas falsas, cuales son las que tienen y defienden las otras naciones de Europa en cuyos reinos ha cundido la herética pravedad de lo cual España y el Perú y México están libres por la misericordia de Dios, y por el cristianísimo celo del Rey Católico señor de estos reinos, y de los inquisidores apostólicos, los cuales con diligencia y solicitud cotidiana, velan por la guarda, integridad y pureza de la fe que enseña y predica la santa Iglesia católica romana[57].

Estos discursos de crítica y defensa de España hacen resaltar la diferencia tanto colonial como imperial. Oré presenta la diferencia colonial construyendo un *locus* enunciativo desde los márgenes, desde donde concibe al Perú como el receptor privilegiado de las grandezas españolas que se resumen en el cristianismo y las letras. Al mismo tiempo, el autor coloca este espacio en un lugar cada vez más prominente con respecto a la península. En cambio, por medio de la defensa del catolicismo, presenta la diferencia imperial indicando la posición de superioridad de España con respecto a las otras naciones protestantes del norte de Europa. De manera similar a su argumentación acerca del nombre del continente y el derecho de la metrópoli al dominio de las tierras americanas, con la defensa del catolicismo el autor se asegura de mostrar su compromiso con la religión y su fidelidad a la Corona. Pero, al mismo tiempo, el letrado se muestra como un arduo defensor de su tierra natal, Así, por ejemplo, en la obra aparecen varios fragmentos que oscilan entre las crónicas de la conquista y las de viajes. En estos, el letrado inserta pasajes de las obras de Acosta, Zárate y Fernández de Oviedo, y más que nada se vale de sus experiencias de predicador itinerante

---

[56] Oré, *Símbolo*, fol. 24v.
[57] Oré, *Símbolo*, fol. 30r-30v.

para describir las riquezas del suelo andino. A estas descripciones Oré añade también las problemáticas asociadas a las fuentes económicas del Perú.

ESPAÑA BIEN PAGADA: LA NATURALEZA DE LOS INTERCAMBIOS ENTRE EL PERÚ Y LA METRÓPOLI EUROPEA

El extenso recorrido que hace por los pueblos andinos en su capacidad de predicador de la fe, le permite al autor exponer la diversidad de la región y, a la vez, constatar el beneficio que España ha obtenido de los productos del Perú. En su descripción de la abundancia el autor se centra especialmente en las riquezas de la tierra, incluyendo las minas más grandes y productivas de azogue y plata, las de Huancavélica, Choclococha, Huamanga y, por supuesto, las del cerro de Potosí. Al introducir estos patrimonios, Oré muestra la naturaleza del intercambio cultural y económico que se ha producido entre España y el Perú. Por ejemplo, al hablar del cerro de Potosí el autor se refiere a este como el «cerro más rico del mundo, el cual ha sido bolsa de Dios con que se ha enriquecido toda Europa, contribuyendo todos los años a España el debido tributo de inestimable riqueza, por los grandes beneficios que de ella y de los españoles ha recibido»[58]. La religión, el conocimiento occidental y otros «grandes bienes han merecido a España el fruto que se saca de las entrañas de este rico cerro Potosí del cual llevan todos los años diez o doce tres o cuatro millones de ducados las mismas flotas que traen todo lo dicho: con lo cual el Perú queda contento, y España pagada»[59]. Curiosamente, las cifras «diez o doce» aparecen tachadas, en cambio, en su lugar se coloca por debajo tres o cuatro, sin que se pueda saber si esto es un error de imprenta o una corrección de los censores añadida más tarde (ver figura 3)[60].

Dejando a un lado este detalle de las cifras, lo trascendental de esta afirmación es que, aunque el autor reconoce los beneficios que España le ha hecho a América, al mismo tiempo refuerza la idea de la dependencia económica del imperio de su colonia. De esta manera, Oré hace evidente que el Perú no es solo un receptor pasivo de los favores europeos. Este orgullo del letrado por las contribuciones de la tierra americana a España representa

---

[58] Oré, *Símbolo*, fol. 34r.

[59] Oré, *Símbolo*, fols. 34v-35r.

[60] He revisado la versión del *Símbolo* de la Biblioteca Nacional de Chile y el de la Biblioteca Nacional del Perú, ambos manuscritos contienen esta marca.

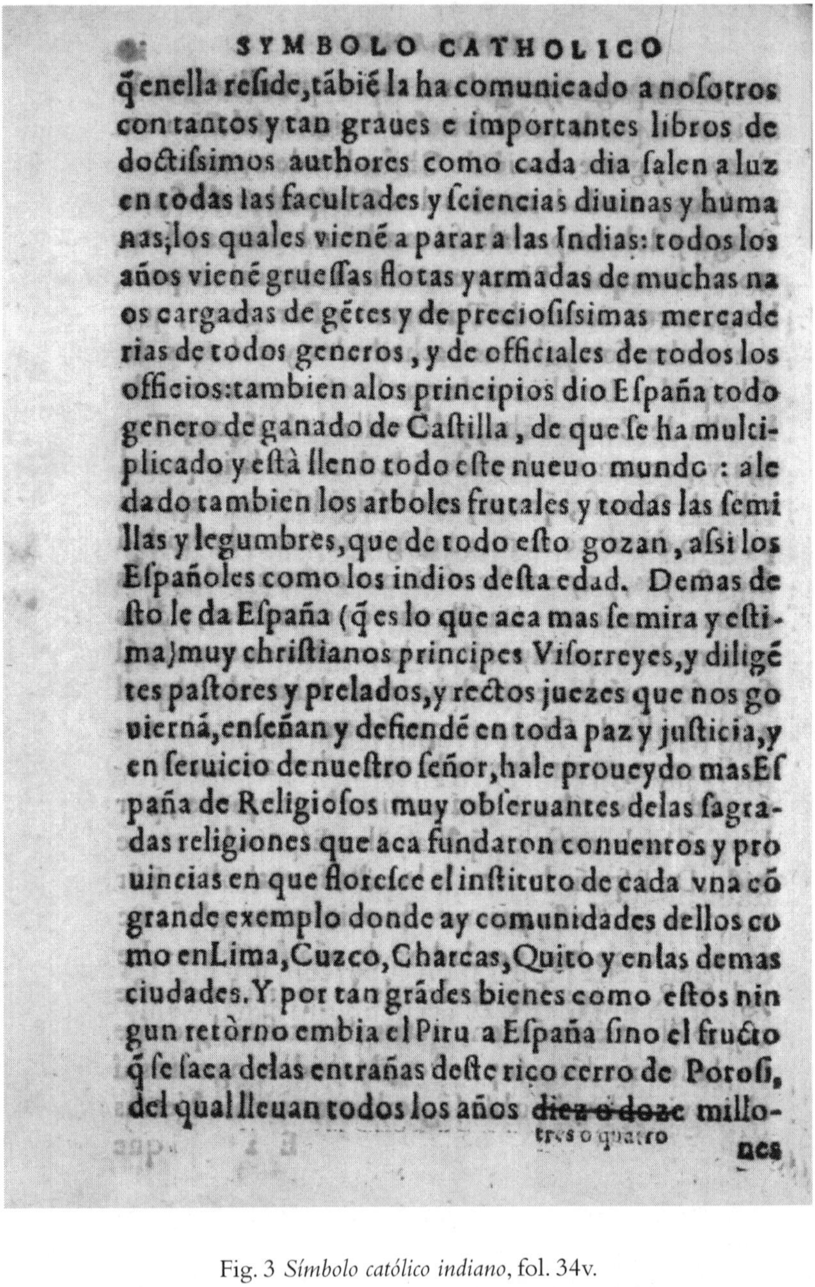

SYMBOLO CATHOLICO

q̃ enella reſide, tãbiẽ la ha comunicado a noſotros con tantos y tan graues e importantes libros de doctiſsimos authores como cada dia ſalen a luz en todas las facultades y ſciencias diuinas y huma nas, los quales vienẽ a parar a las Indias: todos los años vienẽ grueſſas flotas y armadas de muchas na os cargadas de gẽtes y de precioſiſsimas mercade rias de todos generos, y de officiales de todos los officios: tambien alos principios dio Eſpaña todo genero de ganado de Caſtilla, de que ſe ha multi plicado y eſtà lleno todo eſte nueuo mundo : ale dado tambien los arboles frutales y todas las ſemi llas y legumbres, que de todo eſto gozan, aſsi los Eſpañoles como los indios deſta edad. Demas de ſto le da Eſpaña (q̃ es lo que aca mas ſe mira y eſti ma) muy chriſtianos principes Viſorreyes, y diligẽ tes paſtores y prelados, y rectos juezes que nos go uiernã, enſeñan y defiendẽ en toda paz y juſticia, y en ſeruicio de nueſtro ſeñor, hale proueydo masEſ paña de Religioſos muy obſeruantes delas ſagra das religiones que aca fundaron conuentos y pro uincias en que floreſce el inſtituto de cada vna cõ grande exemplo donde ay comunidades dellos co mo en Lima, Cuzco, Charcas, Quito y enlas demas ciudades. Y por tan grãdes bienes como eſtos nin gun retòrno embia el Piru a Eſpaña ſino el fructo q̃ ſe ſaca delas entrañas deſte rico cerro de Potoſi, del qual lleuan todos los años ~~diez o doze~~ millo-
tres o quatro   nes

Fig. 3 *Símbolo católico indiano*, fol. 34v.
Fuente: Colección Biblioteca Nacional de Chile.

un incipiente ejemplo del «criollismo patriótico», que comienza a hacerse evidente en las obras del siglo XVII. Como explica Brading, obras como *Monarquía indiana* (1615), de Juan de Torquemada, y *Grandeza mexicana* (1604), de Bernardo de Balbuena, constituyen ya manifestaciones del orgullo criollo en cuanto sus autores, al igual que Oré años atrás, muestran la abundancia de las colonias americanas y el provecho que este caudal representa para la metrópoli[61]. Este hecho evidencia la manera temprana en que los criollos comenzaron a producir discursos en los que hacían notar la riqueza del suelo americano y la dependencia de España en estos bienes materiales[62].

Asimismo, Oré aprovecha el tema de la minería y la riqueza del Perú para exponer los conocidos problemas de la época, como la corrupción, los desórdenes administrativos y, sobre todo, los enfrentamientos de los hijos de la tierra con los advenedizos peninsulares. El conflicto que marcaba las rivalidades entre los descendientes de quienes pelearon por la tierra inicialmente —como Antonio de Oré, el padre del autor—, y los recién llegados era un tema cotidiano en la época. De hecho, varios comunicados dirigidos a las autoridades españolas atestiguan la persistencia de estos enfrentamientos, que se iniciaron en las primeras décadas de la colonización. Así, por ejemplo, en una carta dirigida al rey en 1550 el dominico fray Tomás de San Martín expresa la preocupación por el paso fugaz de ciertos individuos por el territorio americano y el problema que esto causaba al avance de la evangelización. El religioso se queja de que

[t]odos los que acá vienen comúnmente, así prelados como gobernadores, oidores, frailes, clérigos, vecinos, mercaderes y todo género de personas, vienen y están de prestado para solo aprovecharse de la pobre tierra, para poder volver a España ricos; y siendo así, como cierto es, porque yo lo veo, ya Vuestra Alteza podrá ver qué respecto podrá tener a la conservación, conversión, cristiandad y perpetuidad de la tierra el gobernador que tiene por ordinario juramento «¡así Dios me lleve presto a España!»[63].

---

[61] Ver Brading, 1991, p. 300.

[62] Ver Cañizares-Esguerra, 2005, p. 424, quien nota que el criollismo patriótico se hizo más evidente en los siglos XVII y XVIII cuando «ensconced in universities, cathedral chapters, nunneries, and perishes, Creoles in grater Peru and Mexico produced countless patriotic sermons and treatises that praised the wealth of their ecclesiastical establishment as well as their own learning and piety, including that of the many saints the church canonized —or failed to— in the Indies».

[63] Citado en Lavallé, 1993, p. 26.

Las críticas al oportunismo de los peninsulares expresadas en la denuncia de Fray Tomás son las mismas que retoma Oré poco menos de medio siglo más tarde.

Al hablar sobre la minería, el autor destaca las problemáticas asociadas con esta fuente de riqueza centrándose en el interés económico de los recién llegados. Este enfoque le sirve como pretexto para insistir en otro de los problemas de la administración colonial, la explotación de los nativos. Oré por una parte reconoce que la minería, especialmente la proveniente del cerro de Potosí ha sido una bendición divina, recalcando que «[d]ebemos pues todos los del Perú dar gracias a nuestro Señor por habernos dado este cerro tan notable entre todos los del mundo en grandeza, hermosura y riqueza. El cual está contraminado de socavones de todas las vetas por todas partes»[64]. Así, al ligar la riqueza del cerro a lo providencial muestra de nuevo el intercambio de lo material y lo espiritual, pero, por otro lado, también hace énfasis en que la posibilidad de lucro económico es la condición para el interés europeo en la cristianización. El letrado ahonda más en esta situación mencionando que «todos los años vienen gruesas flotas y armadas de muchas naves cargadas de gentes y de preciosísimas mercaderías de todos géneros, y de oficiales de todos los oficios»[65]. Aunque para Oré resulta valioso este intercambio comercial y cultural, reconoce que no todos los que llegaban en estas flotas eran individuos que traían la sabiduría, sino que entre ellos también se hallaban quienes únicamente intentaban aprovecharse de los bienes materiales.

Para señalar los inconvenientes que surgían con motivo de las vastas minas del Perú, Oré hace hincapié en los procedimientos de extracción de la plata en una descripción breve pero detallada en la que pone énfasis en el arduo trabajo que cada etapa representa[66]. Esto le lleva a concluir que los procesos a los que se someten los metales

sin comparación son más trabajosos que por los que pasa el lienzo, ni el paño en los obrajes y lanificios, ni el azúcar en los ingenios, ni el pan desde que se siembra y coge el trigo, hasta el punto que se cuece, amasa y pone en la mesa. Que con todas estas cosas tiene similitud la plata en el trabajo de beneficiarla y en ser tan necesaria como el lienzo, y paño para vestir, y como el pan de la boca[67].

---

[64] Oré, *Símbolo*, fol. 35r.
[65] Oré, *Símbolo*, fol. 34v.
[66] Ver Oré, *Símbolo*, fol. 35r.
[67] Oré, *Símbolo*, fol. 35r-35v.

La importancia que el letrado pone en los sacrificios de la labor minera, que atraía a un sinnúmero de recién llegados, sirve para criticar el modo en que «algunos desperdician [estos bienes y los] gastan en cosas excusadas y reprehensibles como si no costara el sacarlas tan grande trabajo»[68]. Aunque el autor nunca se refiere directamente a quienes realizan estos trabajos extenuantes, la frase —imprecisa por la ausencia del pronombre personal— «como si no costara el sacarlas tan grande trabajo», cuando habla del despilfarro del dinero producto de las minas, requiere otra vez volver al contexto de producción de la obra. Oré hace alusión aquí a un problema tan familiar en su época como era la explotación de los nativos, quienes realizaban ese y los otros trabajos difíciles que menciona en el pasaje citado anteriormente.

Asimismo, cuando el cura franciscano detalla la opulencia de los que se benefician de la minería, entre ellos algunos religiosos, aprovecha el instante para promocionar la labor franciscana, a cuya orden distancia de este grupo de oportunistas. Oré contrapone el sacrificio y la pobreza en la que vivían los miembros de su comunidad, cumpliendo con los votos impuestos por su patrono y dedicados únicamente a la evangelización[69]. Por el contrario, lanza una fuerte crítica a los clérigos españoles que llegaban de manera pasajera al Perú, sin cumplir con los deberes eclesiásticos mencionando que

> Desdichados los naturales, infeliz condición servil la de los indios, que entre otros impedimentos que tienen para su salvación [...] es uno la falta de pastores y guardas, los cuales Cristo quiere que sean los de sus ovejas poniendo la vida por ellas y posponiendo todo otro cuidado al de la salvación de ellas. Pues dejando sin perjudicar a los que conocidamente con celo apostólico trabajan como fidelísimos obreros en esta mies del Señor, otros se infiere de sus obras, ser mercenarios, dispuestos a dejar las ovejas, y a desampararlas y a huir y volverse a sus tierras en teniendo con que poder hacerlo: para lo cual trabajan y adquieren, olvidados de su propio oficio, y así se verifica en ellos lo que dice el apóstol, *Que sua sunt quarunt, non quae Jesu Christi.* Testigo de esto es la misma tibieza que vemos en los indios, pues las cosas de su conversión las tienen por accesorias, y acuden, como si fuera más principal, a las continuas ocupaciones, trabajos, mitas, y servicios personales en los caminos, y en las ciudades y lugares, y en los enseres y trajines de diferentes géneros en que nunca paran en todo el año, y en toda la vida, y con grande disminución de esta nación de los indios[70].

---

[68] Oré, *Símbolo*, fol. 35r.
[69] Ver Oré, *Símbolo*, fol. 35v.
[70] Oré, *Símbolo*, fol. 21r-21v.

Esta es la respuesta frontal de Oré a los rivales peninsulares que descalifica-
ban a los criollos debido a su lugar de nacimiento y que, debido a los prejui-
cios construidos para disminuir su capacidad intelectual, intentaban inhabi-
litarlos para estar a cargo de las doctrinas. Aparte del desconocimiento de la
tierra y de las culturas nativas, el letrado critica la forma en que los intereses
económicos de los españoles prevalecían en detrimento de la evangelización. Oré se vale de este argumento para mostrar el verdadero problema
para el progreso de la conversión religiosa de los nativos. Más que nada, esta
es una estrategia por medio de la cual el autor contrapone las cualidades de
los hijos de la tierra a las de los peninsulares, especialmente las de los recién
llegados, quienes no pelearon por la tierra como lo hizo su propio padre, ni
estaban comprometidos con el fortalecimiento del catolicismo, como él, sus
hermanos y los otros religiosos criollos.

La ejemplaridad de la familia Oré

Para referirse al aporte de los criollos tanto en las luchas por el dominio
de la región como también en el campo espiritual, el letrado incluye fragmentos dispersos en varias partes de la obra sobre su propia historia familiar.
Bajo diferentes pretextos, el autor presenta a los Oré como paradigmas del
conquistador y como promotores del cristianismo. Su propia obra cuenta
con el soporte de sus hermanos, a los que destaca por su experiencia evangelizadora, su conocimiento de las lenguas nativas y su reputación de hombres
doctos. Al enfatizar en su proyecto pedagógico para acercar a los nativos a la
doctrina, el letrado hace notar las aprobaciones de rigor con las que cuenta
el *Símbolo*, las cuales provienen de los hombres más ilustres del virreinato (ver capítulo 1). Especialmente, resalta la fidelidad de la traducción del
Símbolo de san Atanasio del latín al quechua, añadiendo que «[l]os términos
y vocablos más dificultosos he traducido consultándolo con el parecer de
los padres fray Pedro de Oré, fray Antonio de Oré, y fray Dionisio de Oré
mis hermanos, los cuales (como es notorio en toda esta tierra) son hábiles
y suficientes lenguas, y predicadores de indios y de españoles»[71]. Asimismo,
entre los testimonios que ofrecen los religiosos validando la importancia del
Símbolo, está el de su hermano fray Pedro de Oré, quien asegura que «Su
Majestad debe dar licencia para que se impriman porque hallo, que según
lo que de ellas entiendo, han de ser para mucho servicio de la Majestad de

---

[71] Oré, *Símbolo*, fol. 65v.

Dios nuestro Señor»[72]. Fray Pedro se constituye como autoridad debido a su experiencia de treinta años como predicador, manifestando así el compromiso de los Oré con la conversión de los nativos. Al destacar la misión evangelizadora y sabiduría de sus hermanos —algo que tienen en común con su propia vida—, junto con el énfasis en el cristianismo ejemplar de sus padres, Oré presenta a los suyos como la perfecta familia católica impulsora de la religión y la cultura europea en el Nuevo Mundo.

Las referencias a su familia también están conectadas a las rivalidades entre peninsulares y criollos; es por esto que el letrado aprovecha del recorrido descriptivo que hace de los pueblos y ciudades del Perú para hablar de los aportes de los Oré a la religiosidad femenina. Al describir su natal Huamanga, por ejemplo, menciona la riqueza minera de la que también se habían beneficiado directamente sus padres. De forma anecdótica y como si se tratara de un pasaje milagroso cuenta la historia de los beneficios de una mina «misteriosa» ubicada en el repartimiento y encomienda de su padre, que sirvió para fundar el convento de monjas de Santa Clara de Huamanga. El letrado asegura que la mina «dio siempre fruto mientras duró la obra, ya acabado el monasterio [...] se acabó el metal de ella que nunca más se sacaron real de ella»[73]. Aparte de patrocinar el establecimiento de un espacio para la religiosidad femenina, a nivel personal, manifiesta que el convento acogió a sus cuatro hermanas, a quienes llama las fundadoras[74]. Cada una de ellas en su turno fueron abadesas de la institución[75]. El convento de Santa Clara de Huamanga, el segundo creado en el Virreinato del Perú, representa otro símbolo del criollismo, pues fue ideado para acoger a las jóvenes descendientes de los conquistadores, como era el caso de las hermanas Oré[76].

Este episodio contrasta con su narración de la forma en que los peninsulares recién llegados dilapidaban el producto de las minas. En este contexto se vuelve relevante la inclusión del ejemplo de la mina de plata de la familia usada para fortalecer el catolicismo, ya que con esta historia ejemplar el autor contribuye a resaltar los valores del criollo. En efecto, Oré destaca la fidelidad de los suyos como promulgadores de la religión y más que nada como puentes culturales. Al igual que él y sus hermanos muchos de los descendientes de los conquistadores se hallaban a finales del siglo XVI

[72] Oré, *Símbolo*, fol. s.n.
[73] Oré, *Símbolo*, fols. 31v-32r.
[74] Ver Oré, *Símbolo*, fol. 32r.
[75] Ver «Información», fol. 3, citado en Richter, 1990.
[76] Para un estudio de la religiosidad femenina en el Perú, ver Burns, 1999.

en capacidad para traducir la cultura europea a los nativos y viceversa. Todo esto sin dejar de lado la fidelidad a la tierra de su nacimiento a la que el autor constantemente reivindica como el terreno fértil para la expansión de la cristiandad y del conocimiento occidental.

De este modo, el despliegue de la riqueza del Perú asociada a la corrupción de los dueños de las minas y a la de los mismos misioneros, ofrece al letrado la oportunidad de exponer los desaciertos de una política imperial incapaz de contener los desórdenes de sus colonias. Sin embargo, el franciscano también hace notar que la inconstancia de los evangelizadores y su falta de preparación han sido temas de constante debate y que dichas anomalías están disminuyendo. Oré atribuye este hecho especialmente a los esfuerzos de los tres concilios limenses y a las leyes resultantes de estos; entre las que destaca la orden de que los religiosos se familiaricen con las lenguas de los nativos[77]. Así, el autor se alinea otra vez con el poder hegemónico, en el cual ve muchos errores, pero en el que también busca sus aciertos. Hay que aclarar, eso sí, que el cura franciscano ubica la labor positiva en ciertas órdenes religiosas, especialmente en aquellas que contaban con mayor participación criolla y no en el poder eclesiástico en general ni en el político.

Por otra parte, el optimismo que Oré muestra con respecto al orden que los concilios han impuesto en lo referente a la evangelización después de criticar el poco compromiso de los religiosos peninsulares, puede ser visto de dos formas. La primera, como una estrategia de escritura que le sirve para denunciar problemas que eran muy conocidos en su época y que habían sido discutidos ampliamente a nivel oficial. En este caso, sus protestas no son novedosas y más bien el autor se ampara en los concilios para protegerse y para incluir este aspecto controvertido con el que de paso se construye a sí mismo y a su familia como cristianos ejemplares. La segunda forma de entender el optimismo del autor es la estrategia antes expuesta que es común a lo largo de su obra, me refiero a la crítica-alabanza. Este mismo recurso se hace presente cuando el letrado, inmediatamente después de narrar el asesinato de Túpac Amaru, alaba al virrey Toledo por su labor en la organización de las reducciones para facilitar el adoctrinamiento de los nativos (ver capítulo 2). Estos son algunos de los ejemplos de las estrategias discursivas que Oré utiliza en los cortos intersticios en los que se permite criticar a la administración peninsular, mostrando así su posición fiel a la metrópoli, pero también su descontento con la situación social y política.

---

[77] Ver Oré, *Símbolo*, fol. 21v.

Al igual que estas instancias de desaprobación-exaltación del imperio, la pose discursiva de estiló indirecto, por medio de la cual el autor incluye en la obra la historia de su familia ejemplar, es muy efectiva para poner de relieve el desorden que causaban los advenedizos peninsulares. Aunque las menciones familiares aparecen de manera casual y hasta anecdótica y el autor mismo no establece una relación directa con los conflictos entre peninsulares y criollos, la comparación entre los primeros conquistadores y los recién llegados resulta inevitable. De este modo, la crítica-alabanza, el paralelismo insinuador y más que nada el plantear todo este discurso como accesorio al discurso religioso son estrategias de escritura de las que el letrado se vale para expresar su descontento, un disimulo que no hubiera sido tan necesario si la obra se hubiera publicado unas tres décadas más tarde. Mediante estos recursos el autor también demuestra que los hijos de la tierra estaban cualificados y que eran capaces de adaptar e integrar exitosamente a su espacio enunciativo los modelos europeos tanto intelectuales como también religiosos, como explicaré en las siguientes secciones.

LA BÚSQUEDA DE UNA RELIGIOSIDAD ANDINA: LAS VÍRGENES DE COPACABANA Y DE GUADALUPE

A la exposición de la abundancia y variedad de la flora y la fauna de los diversos espacios del virreinato se une, además, un prolijo catálogo de los elementos existentes en las ciudades que describe. En la nómina, Oré se enfoca en la contabilización de un significativo número de iglesias y conventos en los que destaca la devoción a la Virgen, un fervor que ya se hallaba muy extendido en sus habitantes[78]. Estas menciones tienen como objetivo corroborar el orden cristiano firmemente establecido para la época a lo largo de toda la región. El cura franciscano reconoce que «hale proveído más España de religiosos muy observantes de las sagradas religiones que acá fundaron conventos y provincias», también da cuenta de que en la nueva tierra «florece el instituto de cada una [de las religiones] con gran ejemplo donde hay comunidades de ellos como en Lima, Cuzco, Charcas, Quito y en las demás ciudades»[79]. Con estas palabras explica la razón de su énfasis en la religiosidad de cada uno de los pueblos y ciudades que describe, pues esto le ayuda a probar la excelencia con la que se había extendido la espiritualidad proveída

[78] Ver Oré, *Símbolo*, fols. 30v-33r.
[79] Oré, *Símbolo*, fol. 34v.

por España. Más que nada, el autor hace notar que este esfuerzo por promover el catolicismo, que inicialmente se debió a los sujetos peninsulares, a finales del siglo XVI ya no era exclusivo de ellos. En su tiempo también ya se destacaban en esa tarea los hombres nacidos en el Perú, especialmente los criollos como él, producto de las instituciones religiosas andinas.

Esta ansiedad por poner de relieve el aporte de los individuos nacidos en América a la conversión se debe en parte a las rivalidades entre frailes y clérigos que se remontaban a la Edad Media, y que continuaron en el Nuevo Mundo[80]. En América este factor se hizo visible en las confrontaciones motivadas por el repartimiento de las doctrinas para evangelizar a los indígenas, derecho del que también se intentaba excluir a los criollos. Precisamente cuando Oré empezó su labor misionera los franciscanos en el Perú se hallaban en conflicto con el clero secular, quienes los habían sustituido en las doctrinas de Collaguas, en el valle del Colca[81]. El letrado participó en esta y otras disputas inclusive años más tarde como representante de su orden en Europa, a donde fue enviado para resolver estos problemas (ver capítulo 1). Los criollos reclamaban su derecho a estas doctrinas considerando que como hijos y nietos de los conquistadores era justo que se les permitiera ocupar estos puestos dentro de la administración religiosa colonial. Pero más que nada, ya que habían nacido en América, y como conocedores de las costumbres y en muchos de los casos como hablantes de los idiomas nativos se sabían mejor capacitados para impartir el Evangelio y hacerse cargo de las doctrinas. A esto se debe que en el *Símbolo* se halla una constante promoción de los franciscanos y especialmente de los hijos de la tierra, quienes, como demuestra el autor, poseían las herramientas necesarias para adaptar el legado religioso español al suelo andino.

La razón para destacar el orden cristiano en la región tiene un doble propósito, defender los intereses de la Corona y demostrar que los peruanos también eran dignos de los favores divinos. Como defensor del imperio español, el autor argumenta que el catolicismo es lo mejor que ha podido pasar en el Nuevo Mundo. Pero, asimismo, como autor criollo andino demuestra que, a finales del siglo XVI, los peruanos ya no solo copiaban los modelos tradicionales espirituales europeos, sino que también eran capaces de adoptarlos y adaptarlos de forma creativa a las propias necesidades del virreinato. En las descripciones de los diferentes pueblos de la región, el letrado

---

[80] Ver Lavallé, 1993, p. 64.

[81] Ver Cook, 2008, p. 20. Para más información sobre las doctrinas del valle del Colca, ver también Heras, 1991, pp. 714-715.

huamanguino presta especial interés a las diversas expresiones piadosas en cada uno de ellos y en especial a las formas de devoción a la Virgen[82]. Entre los ejemplos que destaca se hallan las adopciones y adaptaciones marianas como es el caso de la Virgen de Copacabana y la Virgen de Guadalupe, cuyo culto en aquel tiempo se había extendido también a la región andina.

De su recorrido pastoral por la provincia de Chucuito y la ciudad de Trujillo el autor relata que

> en esta comarca [de Chucuito] está el pueblo llamado Copacabana, donde se declaró con grandes milagros una imagen de la sacratísima virgen María madre de nuestro Señor Jesucristo, cuyos favores y patrocinios han sido especialmente concedidos para los indios. Porque pues la llaman y dicen bienaventurada todas las generaciones, esta nación de los indios no quede sin esta obligación de sus loores, pues se ven amparados con el manto de la Sacratísima Madre de misericordia y Virgen gloriosa. En todos los pueblos y ciudades de este reino hay imagen de esta vocación, y en todas partes ha hecho muchos milagros. En los valles de Trujillo hay también otra devotísima imagen de Nuestra Señora de Guadalupe más antigua que la de Copacabana, la cual ha resplandecido con muchos milagros: y es venerada de españoles y de todos los indios yuncas de la provincia de los mochica[83].

A través de la narración de los milagros «cuyos favores y patrocinios han sido especialmente concedidos para los indios»[84], Oré indica la especial protección de la Virgen a los indígenas. Esta manera de incluirlos y presentarlos «como protagonistas del milagro les permitía ser parte activa de la religión victoriosa»[85]. Más aún, aunque la cuestión de la divinidad y el milagro sigue la tradición europea, lo relevante en este caso es que ya no se trata de una imagen extranjera, sino de una Virgen local, una imagen construida para el Nuevo Mundo que atendía a los sufrimientos de los mineros y de la demás gente de la región.

El culto de los españoles a la Virgen María se convirtió también en un símbolo de la conquista al ser trasplantada al Nuevo Mundo «adoptando formas diversas en función de los diferentes contextos sociales y políticos»[86]. Por ejemplo, según cuenta el fraile criollo Alonso Ramos Gavilán (1570-

---

[82] Ver Oré, *Símbolo*, fols. 30v–33r.

[83] Oré, *Símbolo*, fols. 32v–33r.

[84] Oré, *Símbolo*, fol. 33r.

[85] Salles-Reese, 2008, p. 153.

[86] Coello de la Rosa, 2006, p. 178.

1639), el origen de la Virgen a la que Oré se refiere se remonta a comienzos de la década de los ochenta del siglo XVI. Los habitantes de la región de la península de Copacabana, a orillas del lago Titicaca, cuya tierra estaba «infestad[a] con los continuos hielos que a principios de febrero despedía el cielo contra sus sementeras»[87], decidieron ampararse en ella, sustituyendo a los ídolos prehispánicos de la agricultura y la fertilidad, el ídolo Copacabana y el Copacati, por la imagen católica[88]. En una época en la que Oré ya estaba activo como misionero y que participaba de los conflictos por el reparto de las doctrinas, la imagen de la Virgen de Copacabana se extendió desde su original Chucuito hasta Lima. Esta se estableció en la parroquia del Cercado, cuyos nativos habían sido desplazados y puestos bajo el cuidado de los jesuitas sin el consentimiento del arzobispo Alonso de Mogrovejo, quien los aisló y construyó una iglesia dedicada a esta Virgen. Coello de la Rosa asegura que en este contexto «de crisis política, económica y religiosa, la Virgen de Copacabana representó un símbolo de integración social para muchos indios e indias en Lima»[89]. Más aún, tanto la Virgen de Copacabana como la de Guadalupe no solo fueron imágenes de estabilización e integración para los nativos; como menciona Oré, dentro de una sociedad heterogénea y estratificada los milagros de estas advocaciones marianas alcanzaron por igual a los españoles y a la población indígena[90]. La presencia de las Vírgenes en el *Símbolo* contribuye a mostrar la labor de los criollos y la suya propia en la expansión del catolicismo y en la difusión del culto mariano. Aparte de las creaciones literarias que Oré dedicó a la Virgen, sus actividades como promulgador de la fe fueron motivo de alabanza por parte de sus contemporáneos. Un testimonio de esto se halla en la obra del padre Diego de Ocaña, promotor de la Virgen de Guadalupe.

Dos años más tarde de la publicación del *Símbolo*, entre 1599 y 1605, Ocaña recorrió el Virreinato del Perú. A su llegada a la ciudad minera de Potosí, en donde Oré era uno de los predicadores, menciona precisamente la gran devoción y las fiestas que la comunidad realizaba en honor a la

---

[87] Ramos Gavilán, *Historia de Nuestra Señora de Copacabana*, p. 115.

[88] Ver Salles-Reese, 2008, p. 23.

[89] Coello de la Rosa, 2006, p. 179.

[90] Para más información sobre el origen de la Virgen de Copacabana, ver el capítulo 3 del libro segundo de la obra de Ramos Gavilán *Historia de nuestra Señora de Copacabana*. Para un estudio más profundo de la creación del culto a la Virgen de Copacabana dentro del conflictivo espacio colonial, ver el capítulo IV en Coello de la Rosa, 2006; también Salles-Reece, 2008 y MacCormack, 1984.

Virgen de Guadalupe[91]. Ocaña hace referencia a los milagros efectuados por la Virgen en la gente de la zona y se refiere en particular a la historia de seis trabajadores que quedaron atrapados por cinco días en una mina, quienes contaban que en los momentos en los que creyeron perder sus vidas vieron a la «Señora chapetona» que les ofrecía su compañía y les daba de beber agua[92]. Acerca de la Virgen, Ocaña comenta que «[l]lamábanla los indios chapetona, que quiere decir imagen nueva en la tierra; y como yo la pinté un poquito morena, y los indios lo son, decían que aquella Señora era más linda que las otras imágines [sic], y la quería mucho porque era de su color»[93]. A esta estrategia visual para lograr que los nativos se identifiquen con la imagen de origen extranjero también se une la predicación.

Así, Ocaña relata que para expandir el culto guadalupano este era uno de los milagros que «a todos los indios en su lengua [enseñaba] el muy reverendo padre fray Luis de Oree [sic], predicador de la orden de San Francisco, el cual todos los domingos que predicaba a los indios, les contaba algún milagro de los que estaban en el libro de nuestra señora de Guadalupe»[94]. Este pasaje permite ver las cualidades de Oré como promulgador itinerante de la fe. Al mismo tiempo que indica los métodos con los que el religioso atraía a los nativos a la devoción de la Virgen, haciéndoles partícipes de los milagros divinos realizados a sus lugareños y apelando a sus sentimientos a través de la identificación que estos hallaban en sus rasgos físicos. De esta manera, dichas adaptaciones de las advocaciones marianas europeas contribuyeron a demostrar que las poblaciones locales también eran merecedoras de los favores divinos.

Oré se dedicó al culto mariano a lo largo de su vida; el *Símbolo* mismo contiene oraciones para rezar y ofrecer los quince Misterios del Rosario, una lira a María, una letanía en quechua y otra en latín. Además, en 1619 publicó en Madrid *Corona de la sacratísima Virgen María, Madre de Dios, nuestra Señora* para promover la devoción a la Virgen[95]. Asimismo, décadas más

---

[91] Ocaña dejó testimonios de este recorrido en una relación que actualmente se halla en la Biblioteca de la Universidad de Oviedo. Ver López de Mariscal y Madroñal, 2010, pp. 11-61. Citaré de la edición moderna hecha por López de Mariscal y Madroñal *Viaje por el Nuevo Mundo: de Guadalupe a Potosí, 1599-1605* (2010).

[92] Ocaña, *Viaje por el Nuevo Mundo*, pp. 247-248.

[93] Ocaña, *Viaje por el Nuevo Mundo*, p. 248.

[94] Ocaña, *Viaje por el Nuevo Mundo*, pp. 248-249. A pesar de que el autor escribe Oree y no Oré, en la época en la que Ocaña arribó a Potosí también Oré se hallaba como predicador en la región (ver capítulo 1).

[95] El título completo de la obra es *Corona de la sacratísima Virgen María, Madre de Dios, nuestra Señora, en que se contienen ochenta meditaciones, de los principales misterios de la fe: que*

tarde, en 1627, cuando ya era obispo de La Concepción, en una carta dirigida al rey (ver Apéndice 1), le informa que hizo una procesión solemne por el buen alumbramiento de la reina, sacando al Santísimo Sacramento y una imagen de Nuestra Señora de las Nieves. Oré compara la devoción que los habitantes tenían a esta imagen con la que profesaban a la «imagen de Copacabana en el Perú, y a los santuarios de España de Guadalupe, Monserrate y Atocha que imitan aquellas devociones en estas partes tan remotas»[96]. Al indicar los modelos que se siguieron en las advocaciones marianas en los territorios dominados por España, el autor destaca una vez más la forma en que los habitantes hallaron identificación con estas figuras y se apropiaron de las mismas. De esta manera, las advocaciones de la Virgen, que poseían los atributos cristianos peninsulares, pero que las autoridades religiosas representaban con rasgos nativos, se convirtieron en un espacio común entre colonizadores y colonizados a la vez que sirvieron para resaltar la religiosidad andina.

La ansiedad de los criollos por producir sus propios modelos de virtud se debe a que estos les proporcionaron una forma de identidad, una manera de exaltar su tierra y de celebrar las virtudes de sus hijos sin dejar de conformar las normas del orden colonial[97]. En medio del control absoluto de la Corona, como sostiene Brading, «patriotic sentiment could only find expression in historical or religious myths and symbols»[98]. En ese contexto, Oré fue más allá de adaptar las imágenes marianas al contexto andino. La época en la que vivió el autor coincidió también con la de los futuros santos virreinales Toribio de Mogrovejo (1538-1606), Francisco Solano (1549-1610), Rosa de Lima (1586-1617), Martín de Porres (1579-1639) y Juan Masías (1585-1645). De hecho, el propio Oré fue un participante activo en la campaña para llevar a los altares a Francisco Solano; dos años después de la muerte de este, el letrado huamanguino recibió el encargo de escribir su hagiografía, cuyo resultado fue la *Relación de la vida y milagros del venerable P. Fr. Francisco Solano*, publicada en Madrid en 1614 con el objetivo de promover el caso de su beatificación (ver capítulo 1). De esta manera, los relatos sobre su

---

corresponden a setenta y tres avemarías y ocho veces el pater noster, ofrecidas a los felices años que vivió en el mundo.

[96] Oré, «Carta de fray Luis Jerónimo de Oré, obispo de La Concepción a su majestad. La Concepción, 5 de marzo de 1627», fol. 2. Este documento se halla catalogado como Chile 60. «Cartas y expedientes de los obispos de Santiago y Concepción. 1564-1633».

[97] Ver Morgan, 2002, p. 4.

[98] Brading, 1991, p. 4.

actividad misionera, la expansión del culto mariano a la que contribuye, y su obra intelectual forman parte de una necesidad de exaltación al sujeto criollo y también del espacio enunciativo en el que este se desenvuelve.

LIMA: EL ESPACIO DEL SUJETO LETRADO

Las ciudades coloniales se convirtieron en el orgullo de los criollos. Por una parte, eran espacios «simbólico[s] de aplicación y reproducción de paradigmas metropolitanos»[99]; pero, por otra, ya desde una época muy temprana, se proyectaban como el *locus* desde donde los hijos de la tierra intentaban afirmar su identidad diferenciándose de los peninsulares. No es extraño entonces que a finales del siglo XVI Oré describa las distintas ciudades andinas centrándose en su esplendor, riqueza y avances culturales. El autor se detiene especialmente en Lima refiriéndose a esta urbe como el centro administrativo colonial que ya en su época agrupaba las más importantes instituciones[100]. Pero, sobre todo, la asocia con otros bienes que comenzaban a destacar, me refiero al legado intelectual que producían los letrados peruanos educados en los colegios locales y en la Universidad de San Marcos. El autor pone énfasis en estos aspectos asegurando que

la insigne ciudad de los Reyes en el valle de Lima, que en sitio, casas, riqueza, templos y temple, nobleza de gente, asistencia de un virrey y gobernador de estos reinos, y del arzobispo juez metropolitano, audiencia real, audiencia del santo oficio, cabildo de la ciudad, cinco principales conventos de frailes, cuatro monasterios de monjas, cuatro hospitales, cinco parroquias, *universidad florentísima muy poblada de doctores, maestros y licenciados en todas las facultades, tres colegios de estudiantes.* Mucha nobleza de caballeros así de los que traen hábitos de algunas de las órdenes militares, como de otros conocidos por tales, muy ricos mercaderes, grande número de oficiales de todos los oficios, más de veinte mil piezas de esclavos y esclavas, mucho concurso de indios. Un grande río de donde sacan todas las acequias que quieren para los molinos y sementeras. Está a dos leguas de la mar y del puerto del Callao, donde hay comercio de todos estos reinos, y de los de México, fuentes de agua muy bien labradas, huertas y jardines,

---

[99] Moraña, 1998, p. 13.

[100] Oré sigue la retórica que tanto intelectuales mexicanos como peruanos adoptaron para describir el esplendor urbano. Esta se ajustaba a los modelos que los humanistas del siglo XVI usaban para describir Sevilla. Ver Brading, 1991, p. 300.

sitio, plazas y calles, y otras grandes excelencias que tiene. Parece competir esta ciudad con todas las de su tamaño en el mundo, y aún con algunas mayores[101].

Para el letrado, Lima es un espacio digno de ser comparado no únicamente con México, la otra gran urbe americana, sino que también compite en esplendor con la misma metrópoli ibérica. Oré muestra algunos momentos en este fragmento; primero describe Lima como la ciudad construida por los españoles para convertirla en el centro administrativo y cultural, «el ápice de la civilización»[102]. Pero enseguida, el autor enfrenta al lector a un segundo momento, el de la ciudad constituida por las instituciones en las que los hijos de la tierra comenzaban ya a destacar, es decir, los centros religiosos y culturales.

Estos atributos de Lima son también el pretexto para mostrar los contrastes del espacio colonial. Por un lado, el autor presenta la ciudad ordenada a la que Ángel Rama define como paradigma del progreso que «servía para perpetuar el poder y para conservar la estructura socioeconómica y cultural que este poder garantizaba»[103]. Este es un espacio protegido por una élite letrada que se convierte en el «anillo protector del poder y ejecutor de sus órdenes»[104]. En efecto, la contribución a la expansión del catolicismo que Oré presenta en la segunda parte del *Símbolo*, es un ejemplo de esta protección a los intereses del poder metropolitano. Pero, por otro lado, Lima es un espacio conflictivo en el que a los letrados peruanos, a pesar de sus valiosos aportes al progreso del virreinato, se les negaba la oportunidad de ocupar posiciones de poder en las instituciones que el autor menciona en su descripción de la ciudad. Es por eso que Oré establece la diferencia entre los miembros de la élite peruana de origen europeo y los peninsulares, especialmente los recién llegados. El autor se distancia de estos indicando la superioridad de los hijos de la tierra gracias, en parte, a la preparación académica adquirida en las instituciones educativas peruanas. El *Símbolo* mismo es una muestra de que estos centros académicos locales producían exitosamente sabios competentes tanto para dialogar con sus pares peninsulares, como para encargarse de la evangelización de los nativos.

---

[101] Oré, *Símbolo*, fols. 28v-29r; las itálicas son mías.

[102] Merrim, 2010, p. 18. Para un estudio más detallado de la educación y el modus operandi de la *intelligentsia* criolla tanto en México como en Lima, ver la obra de Merrim, 2010.

[103] Rama, 1998, p. 23.

[104] Rama, 1998, p. 32.

El énfasis que el autor pone en las instituciones académicas y en los hombres sabios —él mismo se educó en la Universidad de San Marcos— es solo el inicio de un tipo de discurso que se hizo muy popular en las décadas siguientes. De hecho, este tema se profundiza más en obras como *Memorial de las historias del Nuevo Mundo Pirú* (1630), de fray Buenaventura de Salinas y Córdova, quien alaba el intelecto de estos sujetos afirmando que

> No hay duda, sino que como Dios concurre con el cielo produciendo minas preciosas de oro, y plata, e inestimables margaritas, y finísimas esmeraldas, cría también vivisísimos ingenios, y floridísimos talentos. Y como Potosí da barras para enriquecer a España, puede esta universidad enriquecer a toda Europa de sujetos ilustres de virtudes, claros de sangre, insignes en gobierno, y celebrados en letras[105].

Este discurso de Salinas y Córdova, que equipara el capital material con el intelectual, tiene sus inicios en el *Símbolo*. Como ya demostré en páginas anteriores, Oré hace una relación semejante indicando las contribuciones materiales del Perú al engrandecimiento de España y a la vez destacando el talento y sabiduría de los hijos de la tierra[106]. El autor huamanguino lamentablemente no se detiene en muchos detalles; no obstante, la obra contiene poemas de cuatro apologistas que adentran al lector a este círculo letrado peruano. Oré se refiere vagamente a ellos incluyéndolos en el agradecimiento que ofrece a todos estos «religiosos doctos, familiares devotos y amigos en el Señor, con deseo que he tenido se encubran mis faltas con el parecer de personas doctas como (después de le haber examinado) le han favorecido con su aprobación»[107]. Estos autores, en sus poemas laudatorios, aparte de mostrar su dominio de la métrica occidental, exponen en sus versos su frustración con la falta de reconocimiento al ingenio de Oré. Más que nada, dicho reclamo, en el que se hace visible el descontento de los letrados peruanos por el menosprecio a sus contribuciones a la Corona española, se vuelve extensivo también para alabar el intelecto del resto de hijos de la tierra.

---

[105] Salinas y Córdova, *Memorial de las historias del Nuevo Mundo Perú*, p. 172.
[106] Ver Oré, *Símbolo*, fol. 34v.
[107] Oré, *Símbolo*, «Proemio», fol. s.n.

Apologías y reclamos en los poemas laudatorios

Hacia el final de las aprobaciones de rigor, en los paratextos de la obra, aparece un conjunto de cuatro poemas pertenecientes a letrados que se movían dentro del mismo círculo del autor. Este corpus está compuesto por el epigrama latino del franciscano Juan de Vega, lector de Gramática del convento de San Francisco; el soneto del dominico fray Jerónimo de Valenzuela, prior del convento de Parinacocha; versos en quechua con traducción al español del maestro de Lengua General Alonso de Hinojosa; y versos latinos del doctor en Teología fray Jerónimo de Valera. Los poemas de estos religiosos cumplen con la función de avalar la propiedad del *Símbolo*, además de exaltar la virtud religiosa y la sabiduría de su autor. Sobre todo, a través de sus versos estos expresan su orgullo como descendientes de europeos nacidos en los Andes y colocan a Oré como el representante de los hijos del Perú, capaz de superar en conocimientos a los europeos más eruditos y de ofrecer este libro docto que, además de ser de gran utilidad en el proceso de transformación religiosa, logra entablar un diálogo con el conocimiento occidental.

Cada autor, además, expresa a su manera su reclamo por la falta de reconocimiento de la sociedad para un aporte de esta naturaleza al fortalecimiento del catolicismo. El doctor en Teología fray Jerónimo de Valera (1568-1625), por ejemplo, compuso en latín un hexámetro dactílico, el verso usado en la poesía griega y latina para enaltecer las hazañas de los héroes. Aunque en el *Símbolo* no hay detalles sobre él, en cambio, al nombrar a algunos representantes destacados de la clase intelectual peruana, Salinas y Córdova lo menciona como uno de ellos. El autor del *Memorial* se refiere a Valera como «criollo del Perú, hijo de los hijos de esta insigne universidad [de San Marcos]»[108]. En realidad, Valera era mestizo, lo que atestigua una vez más la ambigüedad y heterogeneidad de la definición del término criollo, cuya identidad, como apunta Mazzotti, no se puede definir de manera monolítica[109]. El franciscano era oriundo de la región de Chachapoyas y es, además, el autor del tratado filosófico *Lógica via Scoti* (1610)[110].

El hexámetro dactílico de Valera va más allá de ser una alabanza al *Símbolo* y al ingenio de Oré; el religioso aprovecha la ocasión para hacer notar la forma en que otras naciones han celebrado desde tiempos muy antiguos

---

[108] Salinas y Córdova, *Memorial de las historias del Nuevo Mundo Perú*, p. 173.
[109] Ver Mazzotti, 2000, p. 15.
[110] Rivara de Tuesta, 1999, examina brevemente el tratado de Valera.

a sus hijos más notables. Este hecho constituye una antítesis con lo que ocurría en Perú. De este modo, la voz poética en los primeros versos se pregunta

> Si Megara se maravilla ante Euclides y Coa admira a Apelles
> Si toda la Grecia celebra a sus sabios
> Filiredes Phaebus, si Naxos celebra a Zeuxis y Atlas
> están esculpidos en el eterno mármol y en el brillante bronce
> ¿Por qué las Indias no te ofrece una corona de flores?
> ¿por qué dignamente no te parangona (eleva) a [¿tu destino?][111].

De esta manera, la poesía se carga de nuevos significados; el autor se basa en los temas clásicos y los modifica para referirse al Perú, en donde ocurre todo lo contrario. Así, la voz poética, a la vez que coloca a Oré al nivel de los sabios y héroes clásicos aclamados no solamente por sus ciudades de origen sino también por toda la nación griega, reclama el merecido reconocimiento para los hijos del Perú. Oré, en este caso, es una sinécdoque de los eruditos peruanos, que en contraposición con los sabios griegos eran tan poco valorados en su propia tierra. Más aún, al contrario de los hombres doctos de la Antigüedad, los sabios andinos más bien eran menospreciados por los peninsulares.

Este reclamo no es exclusivo de Valera; otro de los destacados apologistas, el maestro de Lengua General Alonso de Hinojosa, escribe un poema laudatorio en quechua, con traducción al español incluida, en el que resalta el ingenio de Oré, superior al de sus pares europeos. Aunque no hay muchos datos sobre la vida de Hinojosa, se sabe que, al igual que el letrado huamanguino, había nacido en Perú y era descendiente de un conquistador[112]. Hinojosa hace gala de su otra lengua, el quechua para rescatar en primer lugar la importancia de la mezcla cultural. La voz poética resalta las contribuciones de los hijos de la tierra indicando que «No brota aquí el hespéride manzano,/ no admite este vergel silvestre rama/ aquí florecen plantas soberanas/ enjertas con primor de varias flores»[113]. Estos versos

---

[111] Oré, *Símbolo*, fol. s.n. Traducción de Andrew Becker. Para un estudio más detallado de este poema, ver Céspedes, 2006.

[112] Ver Itier *et al.*, 2012, p. 365. Este poema está incluido en la *Antología quechua del Cusco*, pp. 364-365; seis versos del mismo también se incluyen en Husson, 2002, p. 33. Ninguna de las dos obras presenta un análisis de este poema.

[113] Oré, *Símbolo*, fol. s.n.

ponen en el centro a los nuevos productores culturales de Perú. Estos ya no son los españoles; tampoco son los nativos, sino, siguiendo la metáfora botánica, quienes han sido trasplantados en los Andes. Se refiere de esta forma a aquellos descendientes de los europeos que en sus escritos se valían tanto del conocimiento occidental como del local para poner «la gala y la dicción del mismo Cuzco» escuchando «lo que dicta con su lumbre el paracleto»[114]. Así, la voz poética alaba la traducción erudita al quechua del *Símbolo de la fe* de san Atanasio que Oré puso en verso.

Más que nada, el poema de Hinojosa puntualiza la importancia del conocimiento de ambas culturas que poseían estos sujetos metaforizado en «el primor de varias flores», ya que a través de esta comprensión Oré ha sido capaz de «subi[r] al punto donde nadie pudo»[115]. Con este último verso la voz poética hace alusión al lugar que ocupa el *Símbolo* como obra pionera en su clase. Esta es, además, una aguda crítica a la falta de una metodología apropiada para la conversión, después de más de medio siglo de presencia española en la región andina. La voz poética resalta de este modo el aporte del *Símbolo* al ansiado avance de la evangelización, a través de métodos pedagógicos que contribuían a tender puentes culturales gracias al entendimiento que tenía el autor de las culturas nativas, así como también a su dominio de las lenguas locales. Pero, asimismo, Hinojosa reclama el reconocimiento que se niega a este letrado docto, espejo en que el que deberían mirarse todos los cristianos[116].

El reconocimiento a la sabiduría de Oré y a su competencia como quechua-hablante son temas a los que igualmente se refiere en su soneto el dominico fray Jerónimo de Valenzuela, prior del convento de Parinacocha[117]. En este la voz poética se dirige a los nativos para exhortarles a que sigan la luz de la sabiduría que Oré les ofrece en su propia lengua. En el primer cuarteto la voz poética describe la oscuridad en la que los indígenas se

---

[114] Oré, *Símbolo*, fol. s.n. La referencia a «la gala y la dicción del mismo Cuzco» tiene que ver con el orgullo que los hijos de la tierra sentían por la capital del imperio inca, a la que describían como la poseedora de la cultura y el saber. Por ejemplo, al describir varios aspectos de Cuzco, Oré se refiere a la lengua asegurando que el quechua cuzqueño es lo que el dialecto jónico fue para Atenas y la lengua latina a Roma (Oré, *Símbolo*, fol. 33v). También el Inca Garcilaso de la Vega se refiere a Cuzco como «otra Roma en aquel imperio». Ver especialmente los capítulos XXVI y XXVII en *Comentarios reales*, pp. 658-664.

[115] Oré, *Símbolo*, fol. s.n.

[116] Ver *Símbolo*, fol. s.n.

[117] Es muy escasa la información biográfica sobre Valenzuela.

hallaban «Inculta gente del oculto mundo/ De niebla oscura hasta aquí cercada, /Y en el tartáreo piélago anegada/ Del satánico reino furibundo»[118]. Esta oscuridad, es la metáfora escogida para señalar la falta de conocimiento de la religión que «hasta aquí» había existido en el Nuevo Mundo. Al mismo tiempo, la obscuridad constituye una antítesis con el siguiente cuarteto en el que la voz poética introduce una luz que guía el camino en el mar tranquilo y con la esperanza «De llegar a aquel puerto sin segundo»[119]. En el primer terceto, en cambio, la voz poética alienta al lector a llegar a ese puerto plácido aunque sea sin guía ni piloto. Solo en el último terceto la voz poética anuncia que ahora sí existe guía «Fray Luis Jerónimo de Oré, que es digno/ De excelsa loa, te lo muestra abierto/ En tu lenguaje con su libro docto»[120]. El soneto se enfoca en la sabiduría del autor para dar al público una obra apropiada para conducir a los nativos a la salvación que ofrece el catolicismo. La alabanza de la obra de Oré en los versos de Valenzuela, además, resume el contenido de las aprobaciones de las autoridades colocadas al inicio del libro. En dichos escritos estos sujetos dan fe del valor de la obra como un texto que concuerda perfectamente con las enseñanzas bíblicas y cuya metodología resultaba de gran utilidad para la transformación religiosa en la región andina.

A la eficacia de la traducción de Oré, quienes autorizan la obra también elogian al autor por su experiencia como predicador en varias lenguas en numerosos poblados del Perú. Estos son también temas de los que se ocupa el franciscano Juan de Vega, lector de Gramática del convento de San Francisco de Lima, en el epigrama latino que dedicó a Oré. Vega, quien nació en Portugal, vivió la mayor parte de su vida en Perú[121]. Fue autor de la *Gramaticae institutions*, una obra escrita «en romance y en latín, para enseñar a los religiosos de su orden la *Gramática* por términos y preceptos muy breves y claros, y que porque los dichos religiosos pasaban mucho trabajo en trasladarle, tenía necesidad que se imprimiese»[122]. En los siete pareados del epigrama, la voz poética hace referencia al largo tiempo que Oré llevaba predicando el Evangelio en tres lenguas, a la vez que celebra el hecho de

---

[118] Oré, *Símbolo*, fol. s.n. La obscuridad aquí se opone a la "lumbre natural" a la que se refieren cronistas como Guaman Poma de Ayala. Ver Lamana, 2014.

[119] Oré, *Símbolo*, fol. s.n.

[120] Oré, *Símbolo*, fol. s.n.

[121] Córdova y Salinas, *Memorial de las historias del Nuevo Mundo Perú*, pp. 353-357.

[122] Medina, 1909, pp. CVI-CVII.

que el dogma de los sabios doctores de la fe católica finalmente llegue a los oídos de todos como el sonido de una resonante trompeta[123].

La referencia que la voz poética hace al sonido de la trompeta tiene relación con los *Símbolos de la fe* que Oré tradujo al quechua y que estaban compuestos para ser interpretados con música. El mismo autor especifica que los versos se canten acompañados de melodías al estilo del canto llano[124]. De esta forma, la voz poética avala la capacidad intelectual del autor para escribir una obra con la que los nativos se «regocijan con los versos» y que al mismo tiempo «los españoles saludan/ alabando las palabras sabias que oyen de su boca»[125]. Estos versos ponen de relieve la facultad de Oré y de los letrados peruanos, de moverse entre los dos mundos y de ser puentes culturales sirviendo como mediadores entre los andinos y los peninsulares. Vega además destaca los atributos de esta obra, especialmente su potencial de facilitar el proceso de evangelización mediante una metodología que es motivo de admiración para los españoles, aunque esto no implica un reconocimiento a su labor.

Estos cuatro poemas hacen visibles los conflictos identitarios de los hijos del Perú que ya se comienzan a vislumbrar a finales del siglo XVI. Al posicionar el *Símbolo* como un valioso instrumento para la expansión religiosa, los apologistas muestran también el aporte y la fidelidad de Oré a la Corona española. Más aún, esta protección a los intereses del imperio se hace evidente en la defensa de los letrados al legado europeo. Asimismo, a pesar de su descontento por el menosprecio del que eran objeto por parte de los peninsulares, estos religiosos nunca dejan de reconocer el beneficio de la expansión española, especialmente en los campos de la religión y las letras. De ahí que otro tema común en los poemas sea la superioridad europea, representada por medio de las antítesis entre la sabiduría occidental versus la ignorancia de los nativos; la luz que ofrecía el catolicismo en contraste con la oscuridad en la que vivían los andinos antes del arribo de los españoles. Esta necesidad de los autores de posicionarse dentro de los parámetros de la cultura virreinal corresponde otra vez a las incipientes muestras del conflicto del criollo. Este conflicto se manifiesta en décadas posteriores en la necesidad que tienen dichos sujetos de «negociar con el poder ultramarino» para encontrar un lugar en las instituciones manejadas por el poder jerárquico[126].

---

[123] Oré, *Símbolo*, fol. s.n.
[124] Oré, *Símbolo*, fol. 51v.
[125] Oré, *Símbolo*, fol. s.n.
[126] Mazzotti, 2000, p. 11.

Precisamente, la defensa del espacio peruano y del intelecto de la élite letrada y, al mismo tiempo, su valoración del legado español tanto en el *Símbolo* como en los poemas laudatorios, permiten al lector un acercamiento a los esfuerzos de estos individuos por insertarse dentro de la jerarquía colonial.

La inclusión de los cánticos en el *Símbolo*, que tanto celebran los apologistas, contribuyó a que la segunda parte del libro gozase desde sus inicios de mucho éxito. No obstante, este mismo factor fomentó el olvido en el que cayó la primera sección de la obra, incluidos los poemas laudatorios. Este segmento cobra importancia si se lo analiza dentro del contexto histórico, político y social en el que el *Símbolo* fue producido, es decir, prestando atención a los debates por la expansión del catolicismo y a la consolidación del poder español, a las cuales los hijos de la tierra contribuían con su labor misionera y su producción intelectual. Pero, asimismo, es necesario tomar en cuenta las construcciones occidentales de la otredad que degradaban el intelecto de los individuos nacidos en las Américas. Estos factores explican la estrecha relación que existe entre las descripciones de Lima y sus centros culturales y los poemas de elogio, pues dichos elementos están destinados a mostrar que los bienes culturales —como la religión, las letras y el conocimiento— heredados de España habían comenzado a florecer y a expandirse exitosamente en el Perú. En este sentido, Oré y sus apologistas muestran que el germen de la emergencia del criollismo del siglo XVII ya se gesta en una obra tan temprana como el *Símbolo*.

CAPÍTULO 4

ESTRATEGIAS RETÓRICAS PARA LA PREDICACIÓN Y ACERCAMIENTO PEDAGÓGICO PARA LA CONVERSIÓN DE LOS NATIVOS

> Algunos clérigos he visto de tanto cuidado en enseñar devoción a los indios que no contentándose con solo rezar el oficio de nuestra Señora, lo hacían cantar todos los días regularmente como el oficio divino en las iglesias catedrales, a lo cual acudían con tanto gusto y destreza que los más de los cantores de edad y aún los niños le sabían de coro, así el punto como la letra: por cuya imitación debemos procurar que siquiera en las festividades de nuestra Señora, le sepan cantar los que nosotros tenemos a cargo[1].
>
> (Luis Jerónimo de Oré)

Este testimonio de la exitosa labor de conversión lograda por los franciscanos, de cuyos métodos Oré había sido testigo en sus estancias y continuas visitas a los pueblos andinos, concuerda con el aspecto pedagógico que el autor plantea en el *Símbolo*. Como ya he referido en capítulos anteriores, el letrado incorpora en la primera parte de su obra la naturaleza andina y el pasado de los incas apoyándose en su educación humanística y en los discursos de historiadores españoles dedicados a escribir acerca del Perú. En cambio, en lo referente a los modelos retóricos eclesiásticos el *Símbolo* guarda relación en parte con la obra del padre Acosta *De procuranda indorum salute* (1588) y con los textos elaborados por el Tercer Concilio Limense, cuya

---

[1] Oré, fol. 53r–53v.

publicación fue dirigida por el propio Acosta. Especialmente coincide con estos en la importancia de que los evangelizadores se comuniquen con los catequizados en las lenguas nativas y en el uso del sermón como medio para persuadir a los nativos. No obstante, se aparta tanto del jesuita como de los textos conciliares a través de sus cuestionamientos de los estereotipos que estos construyeron para categorizar la capacidad intelectual de los nativos.

Dichas construcciones tuvieron implicaciones extensas, especialmente en cuanto al diseño de los métodos para explicar la fe a los futuros conversos. Para las autoridades conciliares era importante que los predicadores consideren «los cortos y tiernos entendimientos» de los indígenas, por lo que proponen que «el estilo de sermones, o pláticas para indios, se requiere ser fácil y humilde, no alto ni levantado: las cláusulas no muy largas, ni de rodeo, el lenguaje no exquisito, ni términos afectados, y más a modo de quien platica entre compañeros, que no de quien declama en teatros»[2]. Aparte de reproducir los estereotipos precisados en la mayoría de las obras sobre la región andina, esta visión de la manera de impartir el catolicismo a los nativos americanos no resultaba de ninguna manera innovadora. Más bien se trataba de una adopción de las formas evangelizadoras que se usaban con los «"rústicos"» y campesinos europeos»[3], sin tomar en cuenta que la realidad andina era muy diferente a la mediterránea. Oré discrepa de este tratamiento infantilizado que degradaba la capacidad intelectual de los nativos y más bien reconoce que la fe cristiana estaba fuera del imaginario de la audiencia indígena. Por lo tanto, su retórica evangelizadora consiste ya no en la simplificación del lenguaje, sino en asociar la religión prehispánica con los preceptos del catolicismo. La asociación de los elementos familiares para los catequizados ayudaría a un mejor entendimiento de la que los españoles consideraban la religión verdadera.

En adición a los modelos retóricos proveídos por los textos pastorales locales, el autor también recurre a las obras de fray Luis de Granada (1504-1588), escritas en el apogeo de la Contrarreforma. Así, adapta la retórica renacentista europea de origen clásico al contexto de la región andina[4]. Gwendolyn Barnes-Karol en su estudio de la oratoria religiosa en la España de la Contrarreforma habla de la importancia de la predicación como una

---

[2] *Tercer catecismo*, fol. 4r.

[3] Ver Durán, 2008, p. 36.

[4] Abbott, 1996, pp. 1-2, explica que la revalorización de la retórica clásica influenció y dominó el pensamiento renacentista y, por lo tanto, la retórica en el Nuevo Mundo. Para información más extensa sobre este tema ver Abbott, 1996, pp. 1-5.

herramienta de manipulación y control social indicando que «for religious oratory to be effective, it had to impress listeners to the point of inhibiting a genuinely critical reception of the message and coopt them into modifying their beliefs, values, and behavior in accordance with the ideas transmitted»[5]. Siguiendo estos mismos principios, en su búsqueda de métodos de predicación efectivos, Oré ajusta la retórica granadina para responder a las complejidades del mundo colonial, haciendo notar que la tarea de atraer a los nativos al cristianismo «no se alcanza tanto con estudio y especulaciones, cuanto con lágrimas, y gemidos [...] Por donde los que de verdad se convierten a Dios, no menos son hijos de lágrimas que de palabras, ni es menos parte la oración para convertirlos, que la predicación»[6]. Para el letrado huamanguino, la base de una conversión espiritual eficaz radicaba en las cualidades oratorias del predicador y en su capacidad de hacer un uso acertado de recursos como *inventio, elucutio* y *amplificatio*. Con estos recursos retóricos el evangelizador debía lograr conmover a la audiencia hasta el llanto al narrar episodios bíblicos como, por ejemplo, el dolor y la sangre de Cristo[7]. De ahí que el letrado ponga énfasis en la relación entre la emotividad del predicador y su elocuencia como herramientas indispensables para un necesario acercamiento a los catequizados.

Debido a la preocupación del autor por la escasez de métodos y de una retórica evangelizadora apropiada para su espacio enunciativo, este dedica los ocho últimos capítulos de la primera parte del *Símbolo* a delinear las cualidades que debe cumplir el predicador. Para lograr su objetivo Oré primero explica las deficiencias de los evangelizadores y luego propone soluciones. Más aún, en estos capítulos aclara detalladamente sus planteamientos de la forma y el orden para la ejecución de los rituales religiosos católicos. Dicha sección es una preparación para la segunda parte en la que se centra exclusivamente en proveer materiales para la catequización (ver capítulo 1). Estos consisten en su traducción del *Símbolo de la fe*, atribuido hasta ese entonces a san Atanasio, al quechua y compuestos en forma de siete cánticos, uno para cada día de la semana, más uno adicional que es un epílogo de los siete anteriores.

---

[5] Barnes-Karol, 1992, p. 54.

[6] Oré, *Símbolo*, fol. 47v.

[7] En el primer volumen de *Los seis libros de la retórica eclesiástica*, p. 6, fray Luis señala que los oficios del perfecto predicador son inventar, hablar y pronunciar. Estos son los elementos que Oré desarrolla también en su obra.

Este capítulo está dedicado al diálogo que Oré establece con la obra del padre Acosta, principalmente con *De Procuranda* y con los textos pastorales resultantes del Tercer Concilio Limense, pero también a la forma en que el autor imita la tradición retórica europea para autorizar su obra y para crear una retórica cristiana que se adapte a las necesidades del Perú virreinal. Esto me permite adentrarme en el modo en que en el acto de imitación o *imitatio* el sujeto criollo deja ver las fisuras del sistema colonial mediante la crítica disimulada al sistema administrativo, a la corrupción de los doctrineros y a las caracterizaciones de los nativos propuestas en los textos conciliares. Finalmente, me centro en el método que Oré propone para la conversión poniendo como ejemplo las declaraciones en español de los cánticos cinco y seis, que el letrado presenta en la segunda parte de la obra. En ambos cánticos me enfoco en la manera en que, como aliado del poder imperial para la expansión religiosa, el autor integra elementos andinos en el discurso religioso católico como la oralidad, la naturaleza y los rituales. Estos le permiten llegar desde lo conocido para los neófitos hasta lo extranjero mediante su diseño de la mímesis de los rituales católicos.

Propongo que el mimetismo de los rituales católicos en el *Símbolo* responde a la necesidad de homogenización mediante la adopción de la religión del conquistador, borrando así la heterogeneidad que caracterizaba a los pueblos andinos. Para Homi Bhabha, el mimetismo en una situación colonial resulta de un «desire for a reformed, recognizable Other, as *a subject of difference that is almost the same but not quite*»[8]. Efectivamente, este deseo de reforma que se produce mediante la evangelización para conseguir la identificación con la cultura metropolitana está marcado por la diferencia. No únicamente porque el letrado hace que los neófitos recen al dios cristiano en su propia lengua, sino también porque la condición del colonialismo es mantener su inferioridad. Bhabha también articula que el mimetismo es «the sign of a double articulation; a complex strategy of reform, regulation, and discipline, which 'appropriates' the Other as it visualizes power»[9]. En este proceso que Homi Bhabha ha denominado "mímesis colonial" se puede dilucidar la ansiedad de Oré por transformar la diferencia en algo que es casi lo mismo, aunque nunca igual al original.

José Antonio Mazzotti advierte que una herramienta teórica como la mímesis propuesta por Bhabha para el contexto de la dominación inglesa

---

[8] Bhabha, 1994, p. 122, énfasis en el original.
[9] Bhabha, 1994, p. 122.

en la India «puede resultar insuficiente» llevada al ámbito criollo, «ya que no se trata de un [...] "otro" que se transfigura en presencia de la autoridad metropolitana, sino de individuos que se autoconciben como parte del poder imperial, y sin embargo no se consideran a sí mismos extranjeros en América»[10]. Pero también el crítico reconoce la heterogeneidad del sujeto criollo y que cada caso es distinto, por lo que resulta imposible «unimismar el laberinto de subjetividades de todo el conjunto criollo»[11]. Efectivamente, como ya he demostrado, Oré se esfuerza por insertarse dentro del poder imperial y como sujeto que auspicia la empresa colonizadora mimetiza los rituales católicos mediante un *performance* estrictamente vigilado para evitar desviaciones de los rituales cristianos que propone en la construcción de un ser civilizado y cristiano. Este, al mismo tiempo, se convierte en un método de control de todos los aspectos de la vida de los nativos, como explicaré más adelante.

Asimismo, al analizar la utilización de los elementos andinos para explicar los preceptos del catolicismo, de ninguna manera sugiero que en esta mezcla cultural Oré logra un diálogo armónico entre lo europeo y lo autóctono. Lo que observo en el *Símbolo* es una mezcla transculturadora mediante la cual el autor familiariza a los nativos con el catolicismo retomando los elementos de la religiosidad andina. Estos se transforman en paradigmas de alteridad, pues sirven al autor para contraponerlos al cristianismo. Así, en este proceso, tanto la religión andina como la católica se ven afectadas, la primera porque es recreada para negarla; no obstante, su presencia demuestra la imposibilidad de imponer las nuevas creencias sin tomar en cuenta los conocimientos previos que los nativos tenían del Hacedor de todas las cosas (ver capítulo 2). En cambio, el catolicismo sufre una transformación al adaptarse al nuevo contexto con la música de los himnos medievales, el *Símbolo de la fe* de san Atanasio, originalmente en latín, pero para sus propósitos traducidos al quechua y con elementos de la religión prehispánica. Estas adaptaciones prueban que no era suficiente poner los preceptos de la fe que se hallaban en latín o en español en los idiomas nativos, sino que además señalan la necesidad de lograr una interpretación que tome en cuenta el nuevo contexto cultural. Para Silvia Spitta la transculturación tiene dos motivaciones que se oponen entre sí: «Christianization and colonization on the side of the Spanish priest, and resistance to Christianization on the side

---

[10] Mazzotti, 2000, p. 20.
[11] Mazzotti, 2000, p. 22.

of the indigenous Andean population»[12]. Sin intentar negar el aspecto de la resistencia nativa, mi trabajo solo se enfoca en la transculturación como instrumento de cristianización y colonización, ya que, como he demostrado antes, aunque el autor valora la cultura andina, en el *Símbolo* lamentablemente silencia las voces de los indígenas.

La influencia del padre José de Acosta en el *Símbolo*

En 1574 el virrey Francisco de Toledo dirigió una carta al rey Felipe II informándole de la dificultad para lograr que los nativos abandonen sus celebraciones. Además, le manifestaba su preocupación ante la falta de orden y unidad de los métodos que los religiosos empleaban para enseñar la doctrina a los nativos[13]. Toledo afirma que

> Están estos indios tan flacos en las cosas de la Iglesia y de la fe católica y por otra parte son en extremo amigos de ceremonias y de esto visible que creo les hace daño ver variedad en las ceremonias y les parece que es un dios el que se venera de una manera y otro dios el que veneran otros con otra como ellos lo hacían cuando veneraban muchos y parece que sería cosa importante que su santidad diese orden como todos, frailes y clérigos se conformasen en una manera de doctrina y catecismo y administración de sacramentos y ceremonias de la misa porque esta conformidad los ayudaría en no vacilar en la fe y pensar mil horrores y disparates[14].

Esta urgencia por solucionar los problemas que detenían el avance de la evangelización responde en gran medida a la necesidad de contener los cuestionamientos sobre la legalidad de la ocupación española en los Andes. Las célebres obras de fray Bartolomé de Las Casas *Los tesoros del Perú* (1563), el *Tratado de las doce dudas* (1564) y *De regia potestate o derecho de autodeterminación* (1571), que hallaron resonancia en pensadores que «abogaban porque se devolviera el dominio del Perú a los andinos»[15], obligaron al organizador

---

[12] Spitta, 1995, p. 56.

[13] Toledo arribó al Perú en noviembre de 1569; su llegada marcó el inicio de profundos cambios que abrieron el camino para la reforma evangelizadora. Para más información sobre el virrey Toledo y su política de cambio, ver la obra Mumford, 2012, pp. 85-98; Durston, 2007, pp. 76-80 y Andrien, 1991, pp. 124-141.

[14] Levillier, 1924, p. 409.

[15] Adorno, 1991, p. 38.

de la política virreinal a buscar razones que justifiquen el derecho y la autoridad de la Corona sobre el virreinato. Toledo reunió a un grupo de letrados, entre los cuales se contaban principalmente Polo de Ondegardo, Cristóbal de Molina, Cristóbal de Albornoz y Pedro Sarmiento de Gamboa, para realizar informaciones con el afán de probar la tiranía y la violencia de los incas y también para demostrar la vigencia de sus prácticas idolátricas. Estas construcciones, a la vez que cumplían con el propósito de condenar la moral de los nativos, también ofrecían al virrey la posibilidad de legitimar la presencia española en los Andes[16].

En este ambiente de reformas políticas llegó al Perú, en 1572, el jesuita José de Acosta, quien se convirtió en un importante protagonista de la transformación religiosa en las últimas décadas del siglo XVI. Acosta recorrió la región andina durante un año y medio, actividad que continuó realizando luego como provincial de su orden en Perú (1576-1581). Además de sus diligencias como predicador, rector del colegio jesuita de Lima y organizador de dos congregaciones provinciales de su orden (Lima y Cuzco 1576), también produjo materiales teológicos donde expresó su punto de vista sobre el estado de la evangelización en el Perú[17]. Entre 1575 y 1577 empezó a preparar su obra *De procuranda indorum salute*, que fue publicada en 1588 en Salamanca. El padre Acosta declara que lo que le motivó a escribir este libro fue

> ver que muchos tenían varias y opuestas opiniones sobre las cosas de Indias y que los más desconfiaban de la salvación de los indios, además de que ocurrían muchas cosas nuevas y difíciles, y contrarias a la verdad del evangelio [...] Lo cual me hizo retraerme a pensar con gran diligencia en toda esta materia, e investigar ardientemente lo que hubiese de verdad, quitada toda parcialidad y afición a ninguno de los dos bandos[18].

En efecto, las observaciones y la experiencia que fue adquiriendo en sus viajes pastorales fueron trascendentales en su propuesta de abogar por una retórica evangelizadora diferente, a la vez que incidieron en su posicionamiento en cuanto a la visión de Las Casas y a la política de Toledo.

Acosta hace un análisis detallado de las problemáticas que rodeaban la evangelización poniendo énfasis en la importancia del conocimiento de la

---

[16] Ver Carrillo, 1989, pp. 14-15.
[17] Ver Del Pino, 2008, p. XXI.
[18] Acosta, *De procuranda indorum salute*, p. 39.

cultura andina y en la necesidad de adaptar los preceptos de la fe a la realidad cambiante de la región. Como afirma Gregory Shepherd, *De procuranda* «was the product of Acosta's enthusiasm to create a positive environment for the nurturing of new Christians. It was also a means to and end, in other words, it was the extension of a providentialist vision»[19]. Esta visión providencialista explica la razón por la que el jesuita no se alinea completamente con las ideas del padre Las Casas. Para Acosta primero estaba el deber de la Iglesia y del imperio de convertir a los nativos; por lo tanto, la restitución del territorio a los incas como proponían el dominico y sus seguidores significaba un retroceso para el avance del catolicismo[20].

Del mismo modo, el autor tampoco se posiciona completamente como un aliado de Toledo, sino que, por el contrario, cuestiona las bases en las que se asentaban las justificaciones del virrey para el dominio del territorio argumentando que

> El derecho de gobernar y sujetar a los indios fundado en el mandato cierto y definido de la Iglesia es general, y se aplica no solo a los ya descubiertos, sino a los que están por descubrir. Y consta que es un derecho justo y conveniente, a no ser que las injusticias lo destruyan. Otros títulos que algunos se esfuerzan en sustentar, movidos a lo que se puede presumir del deseo de ensanchar el poder real, ya que no sea de adularlo, como son la tiranía de los Ingas, que usurparon por fuerza el imperio del Perú, o la muchedumbre de pueblos que viven sin gobierno y sin reconocer príncipe que los rija, al modo de las que llaman behetrías, con los cuales pretenden asentar el derecho de los príncipes cristianos a reinar, yo, a la verdad, ni los entiendo ni los puedo aprobar. Porque si no es lícito robar a un ladrón y apropiarse lo robado, ¿con que razón o justicia se podrá arrebatar a los tiranos de indios (supongamos que lo sean) el poder, a fin de tomarlo para sí?[21].

De esta manera, Acosta disiente de los motivos políticos del magistrado en cuanto a las construcciones de la tiranía de los incas, aunque no así en otros aspectos. Uno de ellos es la idolatría, en cuya materia el jesuita inclusive acude a los informes sobre la religión andina de Juan Polo de Ondegardo, uno de los letrados enlistados por Toledo[22]. Después de todo, la misión de

---

[19] Shepherd, 2014, p. 22.
[20] Ver Brading, 1991, p. 189; Shepherd, 2014, p. 21 y Pereña, 1984, p. 42.
[21] Acosta, *De procuranda indorum salute*, p. 223.
[22] De hecho, la obra de Polo de Ondegardo llegó a conocerse a través de Acosta. Ver Del Pino, 2008, p. XXI. Para más información sobre las averiguaciones de Ondegardo y su enfoque en la religión inca, ver Bauer, 1998, pp. 16-19 y la obra de Julien, 2000.

Acosta también se centra en defender los derechos de la Corona española, por lo que resulta más bien que el jesuita se muestra a favor de las encomiendas y del pago de los tributos «porque siendo una nación floja y perezosa, si no se les fuerza a trabajar e industriarse para pagar el censo, llevan una vida desidiosa como bestias, entregados vergonzosamente a ocupaciones irracionales»[23]. Así, el autor no solo condona las prácticas de los conquistadores, sino que también halla la justificación política necesaria para ellas[24].

Más aún, Acosta diseña una escala de racionalidad de las diferentes sociedades en donde ubica a los mexicanos y peruanos entre las poblaciones bárbaras con un grado de civilización intermedio por su falta de escritura, pero que al mismo tiempo mantenían un alto nivel de organización[25]. Según el jesuita, ya que los nativos «guardan tanta monstruosidad de ritos, costumbres y leyes» necesitan estar sujetos a «un poder superior [para recibir] la luz del evangelio, y toma[r] costumbres dignas de hombres»[26]. El autor se introduce así en el plano de la política y usa la retórica tradicional para justificar las prácticas de sus compatriotas y proteger los intereses de la Corona española[27]. A pesar de esto, la obra de Acosta se distingue ya no solo porque describe lo que ve como lo hicieron la mayoría de los letrados anteriores, sino que esgrime argumentos críticos valiéndose de sus observaciones pastorales y etnográficas en concordancia con el papel que la orden jesuita asumió en el Nuevo Mundo[28]. Este es un factor que tiene mucha influencia en el *Símbolo*, que igualmente se distingue por su carácter crítico. Oré sigue una estructura parecida a la de Acosta conviniendo con él en la necesidad de contar con doctrineros preparados no únicamente en las enseñanzas del Evangelio. Además de eso les urge a que conozcan las diversas lenguas y culturas indígenas.

El letrado huamanguino utiliza estas problemáticas también como una manera de defender los derechos de la orden franciscana a encargarse de las doctrinas, y para probar además la diferencia entre los recién llegados y los primeros conquistadores y sus descendientes. Por lo mismo, al igual que el

---

[23] Acosta, *De procuranda indorum salute*, p. 245.

[24] Ver Brading, 1991, p. 188.

[25] Para un estudio de los grados de barbarismo delineados por Acosta y sus implicaciones, ver el capítulo 7 de la obra de Pagden, 1982.

[26] Acosta, *De procuranda indorum salute*, p. 47.

[27] Ver Brading, 1991, pp. 188-189.

[28] Ver Del Pino, 2008, pp. XXVI-XXVII.

jesuita, Oré no sigue al padre Las Casas en la cuestión de la devolución de la tierra a los andinos. Al contrario, aunque el letrado denuncia los abusos de los encomenderos, está convencido de que el derecho de gobernar el Perú pertenece a los criollos (ver capítulo 3)[29]. Del mismo modo, el autor tampoco comparte los resultados de las averiguaciones de Toledo y su caracterización de los indígenas, que aunque un poco más lejanas a su tiempo, tuvieron gran impacto y seguían en plena vigencia a finales del siglo XVI. Como ya demostré en el capítulo 2, sin atacar directamente las políticas del virrey, Oré defiende la racionalidad de los incas y su facultad para entender y aceptar el cristianismo.

Más aún, tanto Oré como Acosta se aproximan a la capacidad intelectual de los nativos desde diferentes perspectivas. Mientras que el jesuita perpetúa los estereotipos del barbarismo y la idolatría y sugiere estrategias para combatirlos[30], el huamanguino desecha estas creencias. En cambio desarrolla y se enfoca en más profundidad en temas ya tratados por el propio Acosta como son: la falta de preparación de los curas en lo referente a las falencias lingüísticas, su carencia de métodos adecuados para la evangelización y, más que nada, el cura franciscano denuncia la corrupción de los religiosos. Una vez que distingue los verdaderos problemas que detenían el avance de la conversión, el letrado orienta su obra hacia la manera de predicar el Evangelio y de administrar los sacramentos, siguiendo el tema del sexto libro de *De procuranda*. La mayor diferencia entre estas obras es que Oré propone soluciones prácticas, es decir, traduce los preceptos de la fe al quechua, dando acceso a los neófitos a conocimientos extranjeros en su propia lengua y dentro de su propio contexto. El impacto de la obra del padre Acosta es que, aún con todas las falencias mencionadas, esta representa un pensamiento pastoral ideado exclusivamente para la realidad andina. *De procuranda*, además, formó la base para los textos pastorales resultantes del Tercer Concilio Limense, del cual Acosta fue su secretario y teólogo consultor[31]. Como tal, el autor tuvo a su cargo la supervisión de dichos libros, que se imprimieron en la misma casa de los jesuitas (ver capítulo 1).

[29] Aunque el autor ni siquiera cita al padre Las Casas, las ideas del dominico en cuanto a la explotación de los nativos están muy presentes en el *Símbolo*.

[30] Ver Andrien, 2001, p. 163.

[31] Ver Lisi, 1990, pp. 65-68.

LA ADAPTACIÓN DE LA RETÓRICA GRANADINA AL CONTEXTO ANDINO

> Y en estas provincias del Perú es cosa de admiración
> ver la muchedumbre y variedad de supersticiones y
> ceremonias y ritos, agüeros y sacrificios y fiestas que
> tenían todos estos indios, y cuan persuadidos y asen-
> tados les tenía el demonio sus disparates y errores. Y
> mientras no les desengañaren de sus errores los que
> doctrinan, por demás es pensar que hayan de recibir la
> fe estos indios; aunque más les repitan y hagan repetir
> la doctrina cristiana como sería en balde y sin fruto
> sembrar en un matorral espeso, sin desmontarle pri-
> mero y romperle muy bien[32].
>
> (*Confesionario para los curas de indios*)

A pesar de que la presencia española en el Perú ya contaba con más de medio siglo en la época en la que Oré escribió el *Símbolo*, el autor se enfrenta a la insuficiencia de modelos retóricos para la evangelización[33]. En el prefacio del *Tercer catecismo*, por ejemplo, las autoridades conciliares ofrecen una guía a los evangelizadores para facilitar su comunicación con los neófitos. Esta se resume en cuatro puntos: primero, que los predicadores enseñen la doctrina esencial adecuando el mensaje a la capacidad de los oyentes; el segundo enfatiza en la paciencia del evangelizador, quien debe repetir el mensaje hasta fijar en la memoria de los nativos las enseñanzas de la fe católica. El tercero se refiere al estilo llano, sencillo y breve del sermón; y el último, en cambio, se centra en el arte de la persuasión, es decir, en la capacidad del predicador de convencer a los oyentes por medio de la pala-bra[34]. Estos consejos prácticos se enfocan en el concepto que las autoridades conciliares tenían acerca del limitado intelecto de los andinos, lo que según ellos les impedía entender una religión superior, contraria a los errores y supersticiones que, a su juicio, contenían las creencias de los nativos.

El epígrafe tomado del proemio del *Confesionario para los curas de indios* es una muestra de la orientación de los textos pastorales conciliares, pues,

---

[32] *Confesionario para los curas de indios*, fol. 2r-2v.

[33] En la Nueva España, para finales del siglo XVI, al tiempo en que Oré escribe su obra, sí se había estudiado el tema de la retórica, por ejemplo en 1579 se publicó la *Retórica cristiana* de Diego de Valadés; sin embargo parece que Oré no la conocía. Para más información sobre la *Retórica cristiana*, ver el tercer capítulo de Abbott, 1996, pp. 39-59.

[34] Ver *Tercer catecismo*, fols. 2r-5r.

como dice Adorno, estos constituían «modelos antitéticos», ya que parten de la inferioridad cultural de los indígenas[35]. Oré difiere de las construcciones infantilizadas de los andinos desplegadas en los materiales ordenados por el concilio; en cambio, el letrado resalta los aspectos culturales de estos argumentando además que al menos la religión inca sentaba ya las bases para una aproximación de los nativos a la fe católica (ver capítulo 2). En su búsqueda de métodos pedagógicos adecuados el autor hace una adaptación de los tratados de retórica de fray Luis de Granada, quien a pesar de sus deseos nunca estuvo en el Nuevo Mundo. Fray Luis se preocupó por proporcionar una retórica evangélica que se acomode a las exigencias de los territorios que en el siglo XVI estaban bajo dominio español. Don Abbott sostiene que «[w]hile the Renaissance produced numerous rhetorical treatises and European expansion required many missionary manuals, Granada was very nearly alone in considering the rhetorical requirements of European Christians and indigenous Americans»[36]. Producto de su deseo de llenar este vacío es el *Breve tratado en que se declara de la manera que se podrá proponer la doctrina de nuestra santa fe y religión cristiana a los nuevos fieles* (1584), un escrito dedicado a apoyar a los misioneros que se enfrentaban a audiencias no europeas. Junto con *Ecclesiasticae rhetoricae* (1576), esta en cambio dedicada a un público europeo, cumple con la misión de adaptar la retórica ciceroniana a las necesidades de una España en expansión[37].

Oré, quien reconoce las cualidades de la doctrina de Granada, dedica un capítulo entero a sus enseñanzas sobre el ejercicio de la predicación. Aunque el título del capítulo 11, que se centra en las enseñanzas del teólogo español, reza «De una provechosa consideración del Padre fray Luis de Granada, en el cuarto capítulo de la segunda parte del libro llamado, *Oración y meditación*»[38], en realidad el contenido que Oré expone para la predicación y para la delineación del catequizador ideal está más relacionado con *Los seis libros de la retórica eclesiástica* (1576). El autor se sirve del artificio de la imitación para exponer las normas retóricas que debían seguir los evangelizadores en el Perú. Más aún, el apropiarse del modelo de fray Luis le permite al letrado

---

[35] Adorno, 1991, p. 81.

[36] Abbott, 1996, pp. 9-10.

[37] Abbott, 1996, p. 10. Para más información sobre fray Luis, ver la obra de Abbott, quien dedica el primer capítulo de su libro a la retórica evangélica granadina con respecto a la conversión de las tierras bajo dominio español. También para la biografía de fray Luis, ver Lewis, 2006, pp. 96-102.

[38] Oré, *Símbolo*, fol. 47r.

huamanguino mostrar su dominio del saber europeo y al mismo tiempo probar su capacidad de adaptarlo de manera creativa a las necesidades de su espacio enunciativo. Oré cumple así con uno de los postulados fundamentales de la imitación, pues, como explica Petrarca, «[e]l imitador debe procurarse por escribir algo similar, aunque no idéntico al original, y esta similitud no debe ser como la imagen con respecto al original»[39]. Esto es lo que hace el cura franciscano en su obra, reelabora los principios granadinos tomando los elementos de la retórica clásica, principalmente la *elucutio*, es decir, el «buen acomodamiento de las palabras, proporcionadas para decir las cosas y sentencias inventadas»[40]. De este modo, el autor pone especial énfasis en el discurso y su forma con el fin de establecer una relación entre el predicador y el neófito andino[41].

Según fray Luis, el oficio del orador «es lo que debe hacer; y su fin, aquello por cuya causa lo debe hacer [...] de este mismo fin vendrá en conocimiento de lo que debe hacer el predicador. Porque primeramente para hablar a propósito, para persuadir, es menester que enseñe, que incline, que deleite»[42]. Más adelante afirma que no basta con que el predicador imparta el conocimiento, sino que también debe mover a los oyentes «a obrar alguna cosa, a más de probar con argumentos, debe con la hermosura del estilo y variedad de materias, deleitarlos, conmoviéndolos con afectos, e impeliéndolos a obrar»[43]. Oré expone estos mismos principios para los predicadores locales, a quienes aconseja sobre el contenido y el estilo de los sermones, proveyendo además materiales para acompañar las predicaciones. El autor huamanguino, siguiendo las palabras de fray Luis, considera el oficio de «convertir ánimas [como] una de las más altas y sobrenaturales obras del mundo: porque para esto conviene vencer la naturaleza depravada de los que mal viven y la costumbre que es poco menos fuerte que ella, y

---

[39] Citado en Vitulli, 2013, p. 167.

[40] Ver Granada, *Los seis libros de la retórica eclesiástica*, p. 57.

[41] En los capítulos posteriores Oré se dedica a delinear cada uno de los aspectos necesarios para una conversión más efectiva, por ejemplo, el capítulo 12 está dedicado al ornato de las iglesias; el 13, a la manera en que se debe llevar a cabo la doctrina, especialmente usando el canto como un vehículo eficaz para mover a la audiencia; el capítulo 14, a la forma en que se debe cantar, especialmente a la Virgen; el 15, a la devoción de las ánimas del purgatorio; el 16, a la administración de los sacramentos y el 17, a la necesidad de una obra como el *Símbolo*.

[42] Granada, *Los seis libros de la retórica eclesiástica*, p. 56.

[43] Granada, *Los seis libros de la retórica eclesiástica*, p. 56.

sobre todo esto la fuerza y poder del enemigo»[44]. Esta fuerza solo se lograría vencer a través de la *elocutio*, es decir, de la cualidad de predicar a través del discurso conmocionado para lograr impactar al oyente al máximo y trasmitirle esos mismos sentimientos[45].

Al igual que Granada, Oré también acude a los maestros de la retórica clásica; siguiendo a Quintiliano, indica que «si queremos mover los corazones de los otros, estén movidos los nuestros»[46]. Con esto, el letrado peruano centra su atención en otro aspecto expuesto también por fray Luis. Me refiero «[a]l ejemplo de la vida del que predica. Porque no hay mayor argumento para creer que uno habla de corazón, que verle hacer lo que dice, y conformar la vida con la doctrina. Este es el mejor y más eficaz de todos los sermones, y el que aprovecha más a los oyentes»[47]. No es coincidencia que Oré coloque una afirmación de este tipo solo unas páginas después de haber expuesto los problemas de la corrupción de los catequizadores y de delinear su propuesta de lo que constituye el predicador ejemplar. Apoyado en los evangelistas san Juan y san Mateo, Oré hace referencia a los mandatos de Jesucristo de enseñar y diseminar la palabra de Dios. Para el autor, sus contemporáneos son «semejantes a los apóstoles en el oficio a los cuales envió el Señor a predicar en todo el mundo y así fue cada uno a la parte que le cupo en fuerte: a nosotros nos ha cabido el Nuevo Mundo, nuevo orbe, y nueva gente»[48]. Con este énfasis en la nueva gente, el letrado señala la necesidad de hacer adaptaciones para lograr trasmitir las enseñanzas de la fe de acuerdo a esta nueva realidad, diferente a la europea. El autor también reconoce que los apóstoles tuvieron que afrontar dificultades, ya que fueron enviados por Jesucristo «en figura de corderos y de ovejas en medio de lobos y leones fieros, cuales fueron los príncipes, emperadores y reyes gentiles»[49]. Al insinuar estos obstáculos, el cura huamanguino hace alusión a las múltiples

---

[44] Oré, *Símbolo*, fol. 47v.

[45] También Acosta dedica espacio a la *elocutio*; ver, por ejemplo, el capítulo XXI del cuarto libro de *De procuranda*.

[46] Oré, *Símbolo*, fols. 47v-48r. Ver también el capítulo XVIII de la *Retórica eclesiástica*, donde fray Luis desarrolla el tema de la emotividad que Oré resume en su obra.

[47] Oré, *Símbolo*, fol. 48v. Fray Luis pone el ejemplo de san Pablo, quien «obró de suerte que más de una vez se proponía a sí mismo por ejemplar a la imitación de los fieles, a quienes enseñaba la palabra de vida: pues dice en su lugar (1 Corintios, 4): Sed, hermanos, mis imitadores, como yo también lo soy de Cristo» (Granada, *Los seis libros de la retórica eclesiástica*, p. 38).

[48] Oré, *Símbolo*, fol. 48v.

[49] Oré, *Símbolo*, fol. 43v.

contrariedades existentes en la época entre las autoridades civiles y religiosas, y también alude a las rivalidades entre los mismos eclesiásticos.

Para Oré, uno de los problemas más graves era la corrupción de los evangelizadores, y explica estas dificultades usando la metáfora de la pesca para criticar a los religiosos que llegaban al Perú «donde principalmente se mira y echa el ojo, y apara el lance y anzuelo al interés, más que a la pesca y ganancia de las almas redimidas por la sangre del cordero sin mancilla»[50]. El letrado se refiere así a los cuestionamientos expresados repetidamente en los concilios con respecto a los intereses económicos de los evangelizadores[51]. Oré asocia, además, la corrupción con la explotación de los nativos, pues en un brevísimo instante lascasiano expresa su aflicción por el rápido decrecimiento de la población[52], por lo que sugiere que «[l]os predicadores del Nuevo Mundo procuremos de vestirnos de esta misma librea de dos colores de simplicidad y de prudencia, de simplicidad de cordero y ovejas, no para ir entre lobos, sino para que una gente mansísima y rendida como corderos, que son los indios, reciban nuestra predicación y no le espante y huya temiéndonos lobos, más antes nos admitan y reconozcan por pastores»[53]. De esta manera, el recurso de la *imitatio* que recoge de la obra granadina ofrece al autor la oportunidad de adentrarse en la problemática de la evangelización del Perú.

Más aún, en un intento de reformar estas costumbres de los religiosos, el letrado los invita a «imitar a Jesucristo nuestro Señor, que por la salud de los hombres se hizo hombre y comenzó a hacer y decir, y así fue poderoso en obras y palabras rodeando las ciudades, castillos y pueblos, y predicando en ellos por sacar algún fruto de almas que pudiese ofrecer a su eterno Padre»[54]. Es así como Oré pone de relieve la importancia de la predicación a la vez que urge a los evangelizadores a convertirse en cristianos ejemplares, que sirvan de modelo a los nativos. Por sobre todo, Oré reelabora la retórica granadina para explicar el deber de los misioneros en el Nuevo Mundo e inclusive se dirige directamente a los predicadores franciscanos, a quienes

---

[50] Oré, *Símbolo*, fol. 21r.

[51] Aunque en los decretos del Tercer Concilio Limense las autoridades dedican un espacio considerable al asunto de la corrupción de los evangelizadores, aclarando punto por punto lo que no deben hacer y cómo corregir su comportamiento, en los libros pastorales, en cambio, el énfasis se halla en la idolatría. Para más información, ver Lisi, 1990.

[52] Ver Oré, *Símbolo*, fol. 28v.

[53] Oré, *Símbolo*, fol. 43v.

[54] Oré, *Símbolo*, fol. 43r.

advierte que «[l]os religiosos de nuestra seráfica religión franciscana deben tener por espejo en la conversión de los indios la lección de los santos Evangelios y de los actos de los Apóstoles y las epístolas de San Pablo escritas a sus discípulos Timoteo, Tito, y Filemón»[55]. El letrado se propone destacar el aporte de su orden a la conversión argumentando además que

> el Señor encomendó la predicación del evangelio en el primer orbe a los Apóstoles, así parece haber encomendado el nuevo orbe a religiosos, que tan grande multitud de almas han convertido de entre los infieles, los cuales (digo infieles) se han apocado ya casi todos, porque ya es un Dios, una fe, y un bautismo para todos: así para los españoles, como para esta familia de gentiles que había en este mundo oculto[56].

Este fragmento, en el que resalta la multitud de almas convertidas por los franciscanos, le sirve además como una defensa de su misión evangelizadora. Aunque el autor nunca lo menciona, el *Símbolo*, que fue terminado en 1595, se gesta en el marco de los conflictos de su orden en la década de los años ochenta, cuando los franciscanos perdieron las doctrinas del valle del Colca. Estos fueron sustituidos por religiosos seculares, quienes exigían tributos excesivos a los indígenas. Oré actuó como procurador en estas disputas que culminaron exitosamente a mediados de 1590[57]. Al mostrar los resultados exitosos de la conversión de los nativos logrados por predicadores como él y los hermanos de su orden, el autor valida también la presencia franciscana tanto en el Virreinato del Perú, como en el Nuevo Mundo en general.

De hecho, la mención de su propia orden sirve para hacer notar la relación que sus miembros mantenían con los indígenas. Oré hace referencia a las manifestaciones de san Francisco a los nativos, indicando que este «se mostró aficionado a los indios pues apareciendo juntamente con la gloriosa virgen santa Clara en México al bendito padre fray Juan de San Francisco fundador de la provincia del Evangelio le dijeron, Indi, quan vos promisistis paupertaten, obedientian & humilitate observant»[58]. De esta manera,

---

[55] Oré, *Símbolo*, fol. 46v.

[56] Oré, *Símbolo*, fol. 46r.

[57] Cook, 2008, pp. 19-20. Para más información sobre los conflictos de los franciscanos en el valle del Colca y el papel de Oré como defensor de su orden, ver Cook, 2008 pp. 19-25. Asimismo para más información sobre los conflictos entre el clero secular y las órdenes mendicantes en el Perú, ver Lavallé, 1993, pp. 63-77 y Cook, 1992, pp. 40-41.

[58] Oré, *Símbolo*, 46v. «Los indios, con obediencia y humildad, mantienen la pobreza que les fue enviada». Traducción de Andrew Becker.

el autor se distancia de los documentos conciliares que se centraban en la idolatría de los nativos, y más bien presenta a estos como los elegidos por sus santos patronos. Al recurrir a las autoridades franciscanas, el letrado logra la identificación de los nativos con los mandatos de san Francisco y santa Clara, y de paso también resalta la ejemplaridad de sus hermanos de religión, quienes, al contrario de los advenedizos oportunistas, se caracterizaban por su pobreza, humildad y entrega a la causa de la conversión de los indígenas. De este modo, al recalcar las cualidades de los predicadores, quienes debían ser «observantes de su regla diestros y examinados en suficiencia para administrar sacramentos, y competentes lenguas para confesar y declarar los artículos de la fe, y los mandamientos de la ley de Dios, a los indios»[59], el huamanguino deja entrever que estos son los atributos que él y sus hermanos franciscanos poseían.

Oré se vale de los textos pastorales tanto de fray Luis, como de Acosta y los del Tercer Concilio para hallar una solución al problema de la evangelización en el Perú. Al mismo tiempo, estos le ofrecen la oportunidad de exponer temas que en su época se hallaban vigentes, como los conflictos de la orden franciscana en el Perú. Este es un tópico que se coloca disimuladamente en la obra junto con otros más visibles como la explotación a los nativos, la falta de compromiso de los evangelizadores y la corrupción de los encomenderos. Entonces, estos textos con los que se autoriza y valida sus puntos de vista también le sirven para protegerse, ya que en realidad el autor no está exponiendo nada desconocido. Lo novedoso de sus denuncias son las estrategias que usa para proponer ciertas antítesis mediante las cuales logra posicionarse a sí mismo, a su familia, a su orden y a los criollos como paradigmas del catolicismo y como súbditos leales a la Corona en una época tan temprana (ver capítulo 3).

LAS TRADICIONES ANDINAS EN LOS RITUALES CATÓLICOS

Los métodos evangelizadores que utilizaron los religiosos durante el siglo XVI eran variados y hasta ideológicamente conflictivos. Juan Carlos Estenssoro explica algunas de estas discrepancias: «los agustinos por ejemplo crearon bailes y ceremonias nuevas con el fin de suplantar las antiguas tradiciones, y apostaban abiertamente a la mayor aculturación posible»[60]. En

---

[59] Oré, *Símbolo*, p. 47.
[60] Estenssoro, 1992, p. 360.

cambio, otras órdenes no vieron ningún problema en adaptar los rituales nativos, ya que algunas «manifestaciones eran de por sí percibidas como religiosamente neutras, realmente aislables de su función religiosa anterior. Bastaba con cambiar el objeto de culto hacia el cual estaban dirigidas y serían perfectamente válidas»[61]. El problema de los religiosos que idearon un ambiente que propiciaba la incorporación de las tradiciones de las culturas nativas, sin embargo, radicaba en cómo integrar las ceremonias de una región tan heterogénea a los rituales europeos, completamente diferentes a los de los andinos. Estenssoro menciona dos maneras en que esto fue posible: la sustitución y la analogía. Para el primer método, cita el ejemplo del Corpus Christi, en cuyo caso el común denominador era la coincidencia de la fecha con la del Inti Raimi andino; en este caso, lo que se sustituía era el «objeto de culto». El método analógico en cambio, consistía en aprovechar el parecido de las celebraciones; Estenssoro se enfoca en el baile que, por presentar la forma de procesión, pudo ser fácilmente adaptado a las procesiones católicas[62].

No obstante, estos procedimientos tuvieron sus detractores, quienes desde el comienzo cuestionaron la incorporación de tradiciones y formas nativas a los rituales católicos. Volviendo al caso del Inti Raimi, este no solo se celebraba alrededor de la misma época que el ritual católico del Corpus Christi, sino que también tenía la misma estructura procesional, por lo que al menos superficialmente ambos rituales presentaban cierta semejanza[63]. El método sustitutivo que se usó con el Inti Raimi fue motivo de crítica por parte de las autoridades españolas. Esto se hace evidente en las palabras del corregidor de Cuzco Juan Polo de Ondegardo cuando explica el peligro de la asociación de la fiesta destinada a celebrar la eucaristía en el catolicismo y la fiesta del sol para los andinos. Polo de Ondegardo advierte que

> El séptimo mes que responde a junio se llama Aucay cuzqui, Intiraymi: y en él se hacía la fiesta llamada Intiraymi, en que sacrificaban cien carneros guanacos, y que decían que esta era la fiesta del sol [...] Y en esta fiesta se derramaban muchas flores por el camino y venían los indios muy embijados: y los señores con unas patenillas de oro puestas en las barbas, y cantando todos. Se ha de advertir que esta fiesta cae casi al mismo tiempo que los cristianos hacemos la solemnidad de Corpus Christi: y que en algunas cosas tienen

[61] Estenssoro, 1992, p. 361.
[62] Estenssoro, 1992, pp. 361-362.
[63] Ver MacCormack, 1991, p. 180.

alguna apariencia de semejanza (como es en las danzas, representaciones o cantares) y por esta causa ha habido y hay hoy día entre los indios, que parecen celebrar nuestra fiesta de Corpus Christi, mucha superstición de celebrar la suya antigua del Intiraymi[64].

A pesar de las críticas de las autoridades españolas, la asociación de estas dos fiestas resultaba altamente provechosa para los religiosos, pues aparte de la coincidencia de las fechas y su forma, como explica Carolyn Dean, los aspectos triunfales del Corpus Christi, celebrado en un espacio ocupado por los españoles, significaban también una metonimia de la conquista. Estas festividades, además de resaltar la derrota del paganismo, hacían hincapié en la dominación política y cultural[65]. Pero, asimismo, las observaciones de Polo de Ondegardo dan cuenta de la resistencia de los nativos, que aprovechaban la «apariencias de semejanza» para reinterpretar su propia cultura en el contexto de las nuevas experiencias e imposiciones.

Los reparos de Polo de Ondegardo tuvieron mucho peso en la elaboración de los documentos conciliares; de hecho, en el *Confesionario para los curas de indios* las autoridades recogieron sus investigaciones sobre las costumbres de los nativos en un segmento titulado «Los errores y supersticiones de los indios sacadas del tratado y averiguaciones que hizo el licenciado Polo»[66]. En esta sección, el funcionario virreinal explica las fiestas de los andinos mes por mes y el modo de realizarlas como una advertencia a los evangelizadores, quienes debían vigilar estas prácticas. Aunque Oré no basa sus métodos partiendo de la idolatría de los nativos, se muestra atento a estas controversias en su uso de las tradiciones nativas para la conversión. Por eso, una vez que delinea el perfil del evangelizador ejemplar propone algunas estrategias adicionales que contribuirían a persuadir al oyente. Estas se centran en el control del espacio físico apropiado para llevar a cabo los rituales religiosos y la manera y el orden en que los mismos se debían ejecutar. Así, desde la sustitución y la analogía que señala Estenssoro, el letrado se cuida de delinear una estricta vigilancia para impedir las desviaciones a las que se refiere Polo de Ondegardo.

---

[64] *Confesionario*, fol. 10v.
[65] Ver Dean, 1999, p. 23.
[66] *Confesionario*, fol. 7r.

Dentro de este orden, la iglesia y sus ornamentos adquieren un papel preponderante, pues, tomando en cuenta las observaciones del Tercer Concilio, Oré estima que «es muy necesario que en los pueblos e iglesias de indios, haya púlpitos para predicar la palabra de Dios, y para decir en ellos la doctrina y catecismo: pues en estas cosas exteriores ponen los indios los ojos, y hacen mayor reflexión. Y estando con la decencia que conviene, les causara mayor aprovechamiento, edificación y devoción»[67]. El aspecto estético, el color, la limpieza, los adornos e iluminación del templo son factores que, según Oré, contribuían al prestigio del catolicismo y que a la vez tenían la capacidad de influir de manera positiva en el proceso de conversión[68]. En esta creación del espacio sagrado, el autor muestra además la discrepancia entre el espacio interior y el exterior, indicando que afuera deben quedarse los infieles, mientras que el interior debe servir para la alabanza de Dios[69]. Así marca la diferencia entre lo exterior, relacionando con los elementos de la naturaleza (ríos, montañas, la tierra misma), que eran motivo de adoración para los nativos, y el recinto católico, al que considera sinónimo de orden, limpieza espiritual y virtud[70].

La disposición de la casa de Dios también va ligada al orden de los rituales; por ello, el autor da instrucciones específicas acerca de la manera de llevarlos a cabo. Por ejemplo, para los domingos, miércoles, viernes y días de fiesta específicos insiste en que todos los habitantes se junten al llamado de las campanas a escuchar la misa, el sermón y las enseñanzas de la doctrina[71]. Luego se debe rezar el oficio de la Virgen y más tarde «dirán absolutamente rezando, o en tono o cantando el himno del *Símbolo*, según que para cada día de la semana está señalado. Y después de esto se cantará el *Te Deum laudamus* en la lengua, y aquellos dos devotísimos versos del *Símbolo* de San Ambrosio, y de San Agustín»[72]; esto es lo que señala para la mañana. Para la tarde, en cambio, sugiere que se cante «al tono de *sacris solemniis* el símbolo menor cotidiano [...] Y después de esto cantarán la antífona del tiempo de nuestra Señora, y un responso por las ánimas del purgatorio»[73]. Todos los

---

[67] Oré, *Símbolo*, fol. 51v. Los cuidados de los cultos también están especificados en las Actas del Concilio. Ver, por ejemplo, el capítulo quinto de la Quinta acción, en donde se refiere al lustre del culto divino; Lisi, 1990, p. 227.

[68] Ver Oré, *Símbolo*, fol. 51r.

[69] Ver Oré, *Símbolo*, fol. 50v.

[70] Ver Oré, *Símbolo*, fol. 51r.

[71] Ver Oré, *Símbolo*, fol. 53r.

[72] Ver Oré, *Símbolo*, fol. 53v.

[73] Ver Oré, *Símbolo*, fols. 53v-54r.

cánticos y oraciones a los que se refiere están especificados en la segunda parte de su obra; se trata de creaciones del propio autor o de adaptaciones de otros textos, en algunos casos, como explicaré más adelante.

En su misión de unificar los rituales, Oré propone que a los cánticos se sume un *performance* de aquellos; este es más que nada el resultado de las observaciones de la mismas tradiciones de los nativos. Estenssoro estudia el modo en que se incorporaron las costumbres andinas a los rituales católicos refiriéndose de forma especial al baile, y explica que por su naturaleza procesional estos fueron empleados para las ceremonias religiosas católicas[74]. El *performance* que propone Oré se basa precisamente en este estilo procesional que debe ser llevado a cabo de la siguiente manera

> Estando ya los indios juntos, los domingos, miércoles, y viernes (que estos tres días son de doctrina para todo el pueblo, sino es que caiga fiesta en otro día, porque entonces se dirá la doctrina, y no el día cercano a la fiesta de los dos ya señalados.) Tendrán a la puerta de la iglesia un pendón o bandera enastada, debajo de la cual estarán todos los cantores y muchachos de la escuela, y los niños de la doctrina. Y los indios e indias se han de ordenar a una parte y a otra para entrar en procesión cantando la doctrina la cual entona[rán] niños cantores, los más hábiles y de mejores voces, y más bien enseñados: a los cuales van siguiendo y respondiendo los otros niños y cantores juntamente todo el pueblo: repitiendo las mismas palabras con el tono que las entonan los niños cantores, y vayan entrando de una y otra parte los indios del pueblo estando el pendón en medio y debajo de él todos los cantores y muchachos de la escuela y de la doctrina, y con los postreros indios entrará el que lleva el pendón, y juntamente con él toda la compañía de cantores y niños, alabado a Dios y triunfando del demonio[75].

El letrado diseña el *performance* de los rituales con la ambivalencia propia del mimetismo; es decir, con un deseo simultáneo de que estos se parezcan a la cultura hegemónica, pero al mismo tiempo buscando la diferenciación[76]. Es así como los rituales católicos se aproximan a las tradiciones occidentales, con la bandera del cristianismo, con música de los himnos latinos cantados en quechua y, paradójicamente, con una forma procesional que tiene mucha similitud con los rituales sagrados andinos.

---

[74] Ver Estenssoro, 1992, pp. 361-362.
[75] Oré, *Símbolo*, fol. 54r-54v.
[76] Ver Bhabha, 1994, p. 122.

De hecho, las instrucciones de Oré para la celebración eclesiástica guardan un paralelismo evidente con una descripción de las ceremonias prehispánicas narradas en la *Apologética historia sumaria* (1559?). El padre Bartolomé de Las Casas cuenta que el Inca, seguido de los señores principales, se concentraba en la plaza para adorar al sol[77]. Una vez todos reunidos dice que

> Hacían dos coros estos señores, como procesión, en medio de la calle, tanto a una como a otra parte [...] Salidos allí, estaban muy calla[dos] esperando que saliese el sol, el cual, así como comenzaba a salir, comenzaban ellos a entonar con gran orden y concierto un canto, meneando cada uno de ellos un pie a manera de compás, como nuestros cantores de canto de órgano. Y como el sol se iba levantando, ellos entonaban su canto más alto, y al entonar, se levantaba el rey con grande autoridad y se ponía en el principio de todos y era el primero que comenzaba el canto, y como decía, decían todos[78].

Rituales como estos, que tiene mucho en común con las ceremonias católicas, como el canto, el orden procesional y su aspecto sagrado, hicieron que varios religiosos, incluido Oré, reutilicen estos elementos clave para la conversión. El autor se acerca a este tipo de adaptaciones de las memorias prehispánicas para corregir sus desviaciones y desde su negación llegar al conocimiento del dios verdadero.

A lo largo de la obra el letrado critica duramente la violencia empleada contra los nativos; de hecho, propone el canto como método de enseñanza de manera que este los lleve a la doctrina mediante «el gusto más que la fuerza de obligación por el temor y castigo»[79]. Aunque Oré intenta fomentar la vida cristiana impartiendo los preceptos de la fe, ya no únicamente por medio de la memorización, sino también a través de la propia participación activa de los neófitos, el letrado también expone los castigos que deben recibir quienes no hayan aprendido rigurosamente las enseñanzas del Evangelio. El autor estipula que «se ha de confesar a cada uno de los

---

[77] Ver O'Gorman, 1967, pp. XXXIV-XXXV. En su estudio preliminar de la obra en esta edición, el crítico hace una extensa investigación acerca de las fechas en las que Las Casas habría escrito y terminado esta obra. Ya que no hay nada que indique un año preciso de composición, por medio de vagas indicaciones cronológicas del texto mismo, O'Gorman concluye que no puede ser anterior a 1552. Asimismo, data la fecha en que fue terminada alrededor de 1559.

[78] Las Casas, *Apologética*, pp. 238-239.

[79] Oré, *Símbolo*, fol. 54v.

ayllos y parcialidades, castigando con penitencia pública a los que no la supiesen: a los caciques, alcaldes y principales, y a sus mujeres mandándoles regar y barrer la iglesia [...] Y a los demás indios del pueblo mandándoles azotar con rigor humana y caritativamente, de manera que el castigo no sea excesivo»[80]. Esta es la única instancia en la que Oré contradice su propia posición y condona la violencia, mostrando además el control que ejercía la Iglesia en todos los aspectos de la vida de los andinos. Eso sí, el cura franciscano se cuida de separar a los nativos por su clase social haciendo notar el trato diferenciado que se daba a cada grupo. De esta manera, con la serie de instrucciones que Oré provee, apunta a crear un espacio heterotópico compensatorio para usar los términos propuestos por Foucault. Este es un sitio regulado y controlado en todos los aspectos, por lo que constituye un espacio «that is other, another real space, as perfect, as meticulous, as well arranged as [the other] is messy, ill constructed, and jumble»[81]. El espacio que Oré delinea en su obra escapa al mismo tiempo a las imperfecciones que ve en ambos sistemas, el corrupto gobierno colonial de los españoles y el espacio desordenado de los nativos infieles.

En la eliminación de este desorden, Oré también muestra su entendimiento acerca del futuro del avance del catolicismo concentrándose en la conversión de los más jóvenes, como explica en el pasaje citado acerca del *performance* de los cánticos. Esta estrategia que la Iglesia católica había usado ya antes con los moriscos también se extendió al Nuevo Mundo[82]. Es por eso que, siguiendo el ejemplo de los primeros franciscanos que llegaron a América y crearon establecimientos de educación tanto en la Nueva España como en la región andina, el autor plantea la necesidad de instaurar escuelas. El letrado propone que estos serían espacios «donde sean enseñados los muchachos a rezar la doctrina, y a leer y escribir, cantar y tañer, y de la escuela salgan hábiles en la doctrina, para enseñarla a todo el pueblo»[83]. Este es un ejemplo del deseo de asemejar el sujeto colonizado al ideal del colonizador que va en concordancia con el afán civilizador de la misión colonial. La formación escolar que Oré formula colocaba a los jóvenes nativos en el papel de intermediarios culturales. Esta posición ambivalente les obligaba a dejar atrás su propia cultura en respuesta a las demandas hegemónicas del poder

---

[80] Oré, *Símbolo*, fol. 55v.

[81] Foucault, 1986, p. 27. Foucault presenta el ejemplo de las reducciones jesuitas como el espacio heterotópico compensatorio perfecto.

[82] Ver Estenssoro, 2003, p. 42.

[83] Oré, *Símbolo*, fol. 56r.

colonial y a asumir como suya la cultura extranjera que en adelante debían dominar y enseñar a sus coterráneos[84].

Si las metodologías anteriores al *Símbolo* invitaban a los cuestionamientos de hasta qué punto estas estaban pensadas para que los nativos vivan una vida cristiana y hasta qué punto contribuían a un verdadero entendimiento del cristianismo, Oré se asegura de que estos dos aspectos se cumplan al diseñar minuciosamente la forma de predicar, el *performance* de los rituales y especialmente al ofrecer materiales basados en un entendimiento de la cultura de los nativos. Todo esto conformando los tres principios de la retórica clásica: educar, conmover y deleitar.

El canto como recurso evangelizador

La música como herramienta de instrucción católica y de deleite para atraer a los nativos a la fe no resultaba algo novedoso en la época de Oré, como ya indiqué anteriormente. Desde los primeros escritos sobre la región andina, los letrados se fijaron en la forma en que los nativos utilizaban el canto en sus rituales, así como también en la vida diaria, por lo que los religiosos comenzaron a adoptarlo para impartir la doctrina[85]. Antonine Tibesar, por ejemplo, explica que «[t]here were also a number of songs composed by the Franciscans with words in [...] Quechua and Aymará. These covered the full range of Catholic dogma as well as Bible history [...] This method of instruction was probably introduced into Peru by the Franciscans from Mexico in the late 1540's»[86]. El uso de la música con creaciones propias o tomadas de los himnos más famosos, o inclusive de las mismas melodías nativas, no fue un método exclusivo de los franciscanos.

En la *Historia natural y moral de las Indias*, el padre José de Acosta al hablar de los bailes y fiestas de los nativos describe sus instrumentos y, principalmente, la voz, destacando la afición de los indígenas por el canto. Asimismo menciona el éxito que se ha logrado al «ponerles las cosas de nuestra santa fe, en su modo de canto, y es cosa grande el provecho que se halla, porque

---

[84] Para más detalles sobre la educación de los nativos implementada por los franciscanos, ver Gento Sanz, 1942, Tibesar, 1953 y Andrango-Walker, 2012.

[85] Ver Stevenson, 1968, pp. 261-292, el autor presenta un breve resumen de la presencia de la música en las crónicas hasta sus controversiales adopciones en los rituales católicos. Ver también el capítulo 5 de Tomlinson, 2007, para información sobre los cantos recogidos en la *Suma y narración de los incas* de Juan de Betanzos.

[86] Tibesar, 1953, p. 80.

con el gusto del canto y tonada están días enteros oyendo y repitiendo sin cansarse»[87]. El autor además se refiere al uso de las lenguas nativas insertadas en la música occidental «[t]ambién han puesto en su lengua composiciones y tonadas nuestras como de octavas y canciones, de romances, de redondillas, y es maravilla cuan bien las toman los indios, y cuanto gustan»[88]. La descripción de Acosta resuena con el muy conocido ejemplo que presenta el Inca Garcilaso de la Vega, quien narra que, a comienzos de los años cincuenta, el maestro de capilla del Cuzco, tomando la música de los rituales con la que los nativos celebraban las actividades agrícolas, compuso una chanzoneta para la fiesta del Santísimo Sacramento. Esta fue interpretada por sus compañeros de escuela en la ceremonia eclesiástica[89]. Estos ejemplos muestran la importancia de la música, y en particular del canto, como recurso mnemotécnico. Al mismo tiempo, dichos ejemplos dejan entrever la manera en que los promotores del catolicismo se apropiaron de los elementos de la cultura nativa como la lengua y/o las melodías para transmitir los preceptos de la fe.

La referencia que hace Acosta al modo en que los nativos repetían constantemente las melodías que contenían las enseñanzas católicas sin cansarse, fue precisamente el argumento en el que fundaron sus críticas los detractores de estos métodos. De hecho, las autoridades conciliares argumentaban que una falla de los doctrineros era que estos se contentaban con hacer que los neófitos repitan las enseñanzas religiosas como si fueran muchachos de escuela, o unos papagayos[90]. Por eso toman distancia de la incorporación de las tradiciones nativas como métodos nemotécnicos. Más aún, como explica Estenssoro, el Tercer Concilio Limense, al tratar de evitar los errores anteriores, se aleja de todo tipo de pedagogía que tenga que ver con el pasado indígena[91]. Esto no quiere decir que se reste relevancia a la música para enaltecer las ceremonias litúrgicas; por el contrario, en los decretos conciliares se la señala como asignatura obligada siempre y cuando el chantre enseñe en las escuelas canto eclesiástico[92]. Tanto el mandato conciliar como las advertencias de quienes consideraban peligroso el uso de la música constituyen los antecedentes que Oré toma en cuenta para introducir los himnos en

---

[87] Acosta, *Historia natural y moral de las Indias*, p. 447.
[88] Acosta, *Historia natural y moral de las Indias*, p. 447.
[89] Ver De la Vega, *Comentarios reales de los Incas*, p. 342.
[90] Ver *Confesionario*, fol. 2v.
[91] Ver Estenssoro, 2003, p. 298.
[92] Ver Lisi, 1990, p. 187.

quechua que debían ser cantados con melodías de los himnos latinos (como en el caso del cántico que usa como epílogo).

A diferencia de las adaptaciones que se hacía a la música nativa en épocas anteriores al concilio, Oré se aleja de las melodías indígenas y también de las formas de la poesía quechua. Los cánticos del *Símbolo católico indiano*, que concuerdan con la versificación latina acomodada al quechua, están compuestos para ser entonados en forma de canto llano o acompañados de instrumentos musicales[93]. Estos se basan en los temas bíblicos que parten desde el Génesis hasta la concepción, pasión, muerte y resurrección de Cristo narrados en una forma conmovedora como explicaré en los ejemplos que analizo más adelante. La estructura de los siete primeros cánticos basados en los artículos de la fe del *Símbolo* de san Atanasio es la siguiente: la «Declaración» que contiene la explicación del cántico en prosa en español. Inmediatamente incluye las composiciones versificadas en quechua «en metro sáfico, que consta de troqueo, espondeo y dáctilo y dos troqueos: que es el mismo metro en que Horacio compuso la Oda segunda [...] el cual metro es frecuentado en la iglesia en diferentes tiempos y solemnidades, y con diferentes cantos y entonaciones»[94]. La aclaración del autor acerca del tipo de verso que usa siguiendo al poeta latino resalta su intención de apartarse de las formas de la poesía quechua. Estas composiciones en verso constituyen el poemario religioso más extenso del siglo XVI conocido en la lengua andina; solo entre los ocho cánticos suman 879 estrofas.

En cuanto a la traducción, esta no es literal, como el mismo autor aclara: «[l]a traducción del *Símbolo* de San Atanasio en prosa según la letra y el sentido va regulada en todos los términos con el idioma latino [...] en verso se usará de alguna más libertad, y siempre se procurará seguir la letra y el sentido: y cuando no fuere posible seguir la letra, jamás habrá falta en seguir el sentido»[95]. Los versos están acompañados por sus respectivas glosas en latín tomadas de los Evangelios de los apóstoles colocadas en los márgenes de cada cántico. Sin embargo, aunque Oré identifica repetidas veces esta parte de su obra con la cultura occidental, también se vale de los elementos andinos para explicar los preceptos de la fe. Esto lleva a concluir a Margot Beyersdorff que «[a]unque el lenguaje utilizado en los versos está modificado, por necesidad, para caber dentro de los cánones de una obra de

---

[93] Oré, *Símbolo*, fol. 51v.
[94] Oré, *Símbolo*, fol. 63r-63v.
[95] Oré, *Símbolo*, fol. 65r-65v.

estilo latino y dentro de los parámetros de la teología cristiana, los referentes lexicales son principalmente quechuas»[96]. Concuerdo con Beyersdorff y, como demuestro en mi análisis, Oré toma los elementos de la naturaleza, las narraciones orales locales y los rituales para enseñar, conmover y a la vez deleitar. No obstante, hay que tener en cuenta que al insertar las tradiciones indígenas en los rituales católicos, el letrado las usa como referentes de lo deficiente para explicar la religión verdadera y por lo tanto estas se convierten en elementos de alteridad que contribuyen a marcar las diferencias culturales.

Con respecto a la música que debía acompañar a los versos, excepto para el cántico adicional, que instruye que se cante al tono del himno medieval *Sacris solemniis*, el autor no provee partituras, ni agrega direcciones específicas sobre la melodía que se debía adoptar (ver capítulo 1)[97]. La única indicación que hace de manera general puntualiza que, siguiendo los decretos del Tercer Concilio, se de solemnidad a los rituales y «se haga procesión devotamente y se cante la misa: para lo cual haya cantores y maestros de capilla, los cuales sean enseñados en el canto llano, y canto de órgano: y en los instrumentos de flautas, chirimías y trompetas: pues todo esto autoriza y ayuda, para el fin principal de la conversión de los indios y confirmación en la fe católica»[98]. Para Oré la utilidad de presentar la doctrina en forma cantada no constituye una novedad; por el contrario, él se basa en la tradición de los himnos latinos y más que nada en sus experiencias en las doctrinas en las que había predicado hasta entonces[99]. El autor se refiere especialmente a su uso en las provincias de Collaguas, Vilcas y el valle de Jauja, en donde ya se ponía en práctica esta metodología[100].

Al explicar la importancia de estos métodos, Oré asegura: «porque atraídos con el gusto y devoción de estos cánticos, frecuentan los indios las iglesias y procuran hallarse a la doctrina y catecismo, cuya explicación es lo contenido en estos cánticos. Otros las trasladan y rezan devotamente, por ser los misterios de nuestra fe, historia agradable y llena de verdad que

---

[96] Beyersdorff, 1993, p. 221.

[97] La primera partitura impresa en el Perú en una obra dedicada a promover la fe católica la provee Juan Pérez Bocanegra (¿?-1645) en el *Ritual formulario e institución de Curas* (1631). Se trata del himno procesional *Hanac Pachac*, cuya partitura para cuatro voces y letra en quechua se halla casi al final del libro.

[98] Oré, *Símbolo*, fol. 51v.

[99] Ver Oré, *Símbolo*, fols. 62v-63r.

[100] Ver Oré, *Símbolo*, fol. 62r.

ellos persuaden a ser creídos con eficaz fuerza»[101]. Pero, al mismo tiempo, deja en claro que la misión de los cánticos va más allá de enseñar el Evangelio, pues su objetivo principal es el de sustituir la religión andina, haciendo que «los muchachos de la doctrina se críen con leche tan segura y provechosa: y sean destetados de los cantares suyos supersticiosos, dañosos y contrarios a la fe católica y a las costumbres honestas y loables»[102]. Es así como el canto se convirtió en un recurso didáctico que a la vez que cautivaba la atención de los asistentes también penetraba en sus emociones, cumpliendo de este modo con los principios de la retórica clásica. Por lo que, para impactar a la audiencia, el predicador debía hacer uso tanto de los recursos retóricos como de los rituales, con el fin de penetrar en los corazones de los neófitos con los contenidos bíblicos basados en el sacrificio, el dolor y el llanto.

Este es el enfoque del siguiente segmento, en donde analizaré las declaraciones del cántico cinco y del seis; el primero es un ejemplo del uso del contexto andino y de los mitos para explicar los preceptos de la fe a los neófitos. En cambio, en el cántico seis, me centraré en la retórica, que el autor usa para provocar las emociones de los catequizados y en el *performance* de este, que también proviene de la asociación con las tradiciones andinas. Estas declaraciones son la explicación en prosa en español de los versos que componen el cántico en quechua y que se hallan colocadas al inicio de cada cántico.

---

[101] Ver Oré, *Símbolo*, fol. 62r.
[102] Ver Oré, *Símbolo*, fol. 62r.

QUINTO CÁNTICO: EL SOL, LA LUNA Y LAS ESTRELLA COMO VEHÍCULOS PARA LA
ACELERACIÓN DE LA CONVERSIÓN RELIGIOSA

Uyarihuaychic hanac pachacuna,
allpa pachapas uyarihuachuntac,
Inti, quillapas, coyllorcunahuampas
uyarihuaychic.

Nina, huayrapas, mama cocha yacu,
Mayucunapas, chuyay unu pucyo
Uyarihuaychic rinrihuan chazquichic
Cunan ñiscayta.

Escúchenme allá en lo alto,
toda la tierra también escúchenme:
sol, luna, estrellas todas
óiganme.
Fuego, aire, lagunas,
ríos, manantiales cristalinos,
escúchenme y reciban en sus oídos
lo que les digo hoy[103].

(Luis Jerónimo de Oré)

Oré, quien se vio enfrentado a la dificultad de compilar el pasado andino
debido a la falta de letras de las culturas de la región, realizó sus averiguaciones haciendo que los testigos le contasen lo que habían aprendido de sus
antepasados. A través de estas fuentes autorizadas, el autor recogió los mitos
fundacionales, las hazañas de los gobernantes pasados y otras narraciones
que se trasmitían oralmente de generación en generación (ver capítulo 2).
El letrado hace uso del contenido de estas tradiciones y también de la forma en que los andinos narraban sus historias para acercarlos a la fe católica.
En la declaración del quinto cántico, que debía ser entonado los días jueves
«en el cual se trata del origen de los hombres y de su propagación, contra
la opinión falsa, que de esto tienen los indios» (106v)[104], el autor se aleja

---

[103] Oré, *Símbolo*, fol. 111v. La traducción de estas dos estrofas fue tomada de Espinoza
Soria, 2012, p. 162.

[104] Oré, *Símbolo*, fol. 106v. El título completo de este himno es: «En el cual se trata
del origen de los hombres y de su propagación, contra la opinión falsa, que de esto tienen los indios. Prosigue así mismo la vida de Cristo nuestro señor, hasta la institución
del santísimo sacramento de la Eucaristía». Según Durston, 2010, p. 148, una parte del

momentáneamente de la escritura —a la que consideraba como autoridad para historiar el pasado— y vuelve a los métodos orales para explicar el Génesis a los nativos.

El letrado presenta un discurso en el que hace partícipe al oyente invitándole a reflexionar y exhortándole en tono dialógico —únicamente de manera retórica— a cuestionar lo que hasta entonces había tenido por verdad. Como indican los dos primeros versos del cántico arriba citados la voz poética pone énfasis en los verbos oír, escuchar y decir. A estos se suman más adelante otros como contar y enseñar. En una conjunción con la oralidad propia del sermón y la oralidad andina, la voz poética hace notar al oyente la compatibilidad entre la forma en que los cristianos adquirieron el conocimiento del origen del hombre y la manera en que los andinos trasmitían el pasado a sus descendientes. Según el cura franciscano, las enseñanzas bíblicas provienen de «los padres que precedieron en los siglos antiguos [quienes] nos las dijeron y dieron a conocer a los hombres que después de ellos sucedieron [...] no las ocultaron a sus hijos, mas, antes las enseñaron para que ellos las supiesen y contasen a los de la edad y siglo que después de ellos sucediese»[105]. Esta introducción a la creación del hombre resuena con el modo en que, según el autor, los andinos aprendían sobre su pasado. Así, Oré pone como ejemplo las memorias del diluvio contadas por los pobladores de Cañaribamba, cuyos «vecinos de aquellos tiempos, sabrían la verdad de aquel caso tan memorable del diluvio, y estos lo contarían a sus hijos, y los hijos a los que de ellos sucedieron por sus generaciones, y siglos, y como iban pasando largos tiempos perdió la verdad su figura, y la pintan ellos con sus fábulas que ahora tratan, diciendo que el hacedor hizo acá en estas tierras todas las cosas»[106]. El autor se aprovecha de las concordancias que halla en la forma de narrar el Génesis y el origen de los incas, y también las que encuentra entre los mitos de Noé y el de Cañaribamba, únicamente como similitudes mas no como identidades[107]. Por lo tanto, no se trata de una conciliación armoniosa entre las memorias andinas y las historias bíblicas, sino de una estrategia

---

quinto cántico todavía forma parte de los rituales católicos: «La elevación de la hostia y el cáliz consagrados suele celebrarse con el *Qanmi Dios kanki* (también conocido como el *Yuraq hostia santa*), un himno eucarístico».

[105] Oré, *Símbolo*, fol. 106v.

[106] Oré, *Símbolo*, fol. 38r

[107] Ver Fossa, 2006, p. 495.

para otorgar supremacía a las segundas[108]. Es así como la conexión que establece al inicio del cántico entre el mundo andino y el occidental sirve para desautorizar la mitología nativa y hacer que los preceptos bíblicos se impongan sobres las creencias autóctonas.

Para explicar que el dios de los cristianos es el creador del universo y de la humanidad, el autor acude a la heterogeneidad de los relatos orales del origen de los incas para exponer sus defectos. Con este propósito vuelve a las diversas versiones haciendo notar que «[p]ues porque se persuaden y creen algunos, que los primeros indios, salieron de Pacaritambo, otros dicen que de esta o de aquella quebrada, otros que de tal y tal cueva, y otros dicen que los primeros indios señores salieron, o se nacieron de entre unas piedras y peñascos, otros que aparecieron los primeros en tal ribera de un río o en un valle»[109]. El objetivo de presentar estas gama de variantes es hacer evidente las contradicciones que a su parecer conducían al equívoco y a la vez contrastarlas con la «unicidad y exclusividad» del catolicismo[110]. Esto le sirve al autor para desautorizar las versiones orales andinas y corregirlas, ya que, según el letrado, «decir que los primeros indios tuvieron principio en Pacaritambo, o de tal cueva o quebrada, o de la ribera de algún río no hay verdad en ello, antes es cuento fabuloso y sin fundamento ni verdad alguna»[111]. Al igual que los letrados anteriores a él, quienes compilaron las memorias andinas, la heterogeneidad de las versiones de los nativos adquiere un aspecto defectuoso. Este acercamiento superficial, sin embargo, no considera los motivos políticos ni el contexto que en la cultura incaica tenían estas variaciones[112]. Es así como Oré, en su ansiedad evangelizadora, manipula estos relatos únicamente para diferenciarlos de las enseñanzas de la fe católica.

En efecto, mediante la inestabilidad que según el autor proveían las distintas interpretaciones del origen del hombre en la cultura andina, el letrado muestra la autoridad de la única versión bíblica que presenta el catolicismo. El huamanguino explica su argumento a través de cuestionamientos dirigidos al oyente sobre la naturaleza de las cosas invitándole a reflexionar

---

[108] Para más información sobre los mitos en la escritura del siglo XVI, ver Fossa, 2006, pp. 479-503, donde se explican más en detalle las problemáticas de conciliación del mito de Pacaritambo y el Arca de Noé.

[109] Oré, *Símbolo*, fol. 107v.

[110] Ver Fossa, 2006, p. 495.

[111] Oré, *Símbolo*, fol. 107v.

[112] Ver Julien, 2000, p. 293. Para un estudio detallado de los acercamientos de los letrados a los mitos incas, ver también Urton, 1990.

acerca de sus propias creencias cuando impugna: «[p]or ventura nacen de las piedras hombres o nacen por sí mismos en las quebradas o en los valles? o por ventura las piedras engendran hombres o las cuevas paren hombres o suelen ser producidos sin tener padre que los engendre y sin tener madre que los conciba[?]»[113]. Estas preguntas retóricas conforman su método para reconstruir la historia bíblica a partir del cuestionamiento y la negación de las creencias de los nativos.

Oré, conocedor de la conexión de la religión andina con la naturaleza y en especial con los rituales de la siembra y la cosecha, hace una analogía con la agricultura y confronta al oyente sobre sus creencias del origen acerca de los primeros pobladores. El letrado se aprovecha «de la tendencia de la cultura andina de encontrar un principio genealógico a todo»[114] para invitar a los catequizados a reflexionar explicando que «[p]orque así como del maíz sembrado, nace maíz, y de la quinua, quinua, y de la semilla que se siembra, nace el mismo árbol o planta en especie de quien antes fue producida, así de lo que engendra el animal, procede otro animal y de lo que engendra el hombre, procede y nace otro hombre»[115]. La alusión a los productos agrícolas propios de la región andina sirve al letrado para establecer que el hombre no puede originarse de ningún otro ser u objeto más que de la creación de un Dios único y omnipotente[116].

Sin embargo, la referencia que Oré hace a la mitología incaica y luego a los productos agrícolas no es casual, sino que están asociadas a los mitos fundacionales del imperio. Los relatos orales de la llegada de los primeros hijos del sol al Cuzco y su misión civilizadora guardan una estrecha relación con el maíz, el producto sagrado que los Incas dieron a los hombres[117]. El cronista Juan de Betanzos, por ejemplo, indica que al plantar las semillas de maíz que Manco Cápac y sus hermanos trajeron de la cueva de Pacaritambo quedó pactada la amistad con los habitantes del Cuzco[118], sellando de tal forma la victoria de los Incas e instituyendo su supremacía. Como resultado, la relación que Oré establece con los productos andinos y la fundación

---

[113] Oré, *Símbolo*, fol. 107v.

[114] MacCormack, 1991, p. 180; traducción mía.

[115] Oré, *Símbolo*, fol. 291r.

[116] Para mayor información sobre la religión prehispánica andina, ver MacCormack, 1991.

[117] Ver Bauer, 1996, p. 333. Bauer desarrolla en una forma más amplia la relación entre agricultura, conquista y religión.

[118] Ver Betanzos, *Suma y narración de los incas*, p. 20.

del Tahuantinsuyo apunta no solo a explicar el origen de los hombres, sino también a cuestionar el origen divino de los Incas. Con este discurso enfocado en la desmitificación de las características de las creencias andinas, a las que el autor considera como «cuento, y mentira, y fábula»[119], se acerca a su propósito final, que consiste en proclamar que «todos somos hijos de dos personas, de Adán y Eva y todos procedemos de ellos»[120]. Consecuentemente, objeta también el carácter sagrado de los Incas, los hijos del sol, ya que asegura que «ninguno de los reyes y grandes tuvo otro principio ni nacimiento»[121]. La desmitificación de la naturaleza sagrada de los gobernantes prehispánicos contribuye a fortalecer el dominio político de la metrópoli ibérica, ya que, para Oré los españoles eran los enviados de Dios para cristianizar a los nativos (ver capítulo 3).

Asimismo, esta «contaminación cultural», para tomar prestada la frase de Spitta[122], apunta a la necesidad de encontrar una metodología que haga posible la contextualización de la religión extranjera evitando siempre las tácticas de los nativos para seguir manteniendo sus tradiciones[123]. La apropiación y manipulación de las memorias andinas muestran la incompatibilidad de la forma de entender el mundo de estas dos culturas; no obstante, Oré no las borra del imaginario colectivo, sino que las reconfigura para desplazarlas en beneficio del catolicismo. Así, el proceso de transculturación implica la modificación de ambas y el surgimiento de un catolicismo basado en la tradición europea (tanto en los preceptos de la fe como en la música), pero cantado en quechua y explicado a través de los mitos y las narraciones orales locales.

---

[119] Oré, *Símbolo*, fol. 107v.

[120] Oré, *Símbolo*, fol. 107v.

[121] Oré, *Símbolo*, fol. 107v.

[122] Ver Spitta, 1995, p. 56.

[123] El término táctica en este sentido tiene que ver con la denominación de De Certeau, quien considera que es un recurso del otro en oposición a la estrategia, a la que asocia con el poder. Ver De Certeau, 1984, p. XIX.

Fig. 4. *Símbolo católico indiano* 124v.
Fuente: Colección Biblioteca Nacional de Chile.

SEXTO CÁNTICO: LA PALABRA, EL CUCHILLO DE DOS FILOS PARA PENETRAR
EN EL CORAZÓN DE LOS NATIVOS

> Chaupi huaçantam, *yahuar* puca mayu,
> *Yahuar* llocllaspa, pachaman suturcan:
> Capac *yahuar*huan macchircayariscam
> Allpapas carcan.
>
> En el medio de su espalda río de roja *sangre*
> Inundando la *sangre* se derramó en la tierra
> Con *sangre* poderosa había regado
> La tierra[124].
>
> (Luis Jerónimo de Oré)

La transición entre el cántico cinco y el seis es un grabado que resume la parte final del quinto y que a la vez anticipa el contenido del sexto, «en el cual se contiene una lamentación de los misterios de la pasión de nuestro Señor Jesucristo»[125]. Se trata de una escena de la crucifixión que carece de especificaciones sobre su autor (ver figura 4). Esta representación es una imitación de los grabados religiosos europeos del siglo XVI. Al pie de la cruz está la Virgen María junto con María Magdalena y María de Betania contemplando al hijo de Dios agonizante. Jesucristo, al centro, se presenta coronado de espinas, con clavos en los pies y las manos, de donde brotan gruesas gotas de sangre y, debajo de él, se posa un cráneo, el símbolo tradicional del recuerdo de la muerte (*memento mori*).

En la declaración del cántico seis, compuesto para ser entonado los días viernes, Oré describe así esta misma escena «[l]a Virgen María, nuestra única señora y madre, viendo muerto a Jesús su hijo, sin consuelo alguno y sin descansar hizo llanto con gran amargura al pie de la cruz donde estaba con santa María Magdalena y con otras mujeres que habían venido siguiendo a Jesús desde Galilea las cuales todas lloraban juntamente con la Virgen»[126]. De esta forma, la narrativa visual de la Pasión de Cristo concuerda con los elementos retóricos de la declaración del cántico, que se enfocan en la sangre, el llanto y el dolor. Este énfasis coincide perfectamente con las recomendaciones que el autor hace al predicador en cuanto al uso de la

---

[124] Oré, *Símbolo*, fol. 134v; las itálicas son mías. La traducción al español de esta estrofa fue tomada de Beyersdorff, 1993, p. 228.

[125] Oré, *Símbolo*, fol. 125r.

[126] Oré, *Símbolo*, fol. 128v.

elocutio, es decir, el modo de hablar para impactar al oyente con su discurso conmovedor de las escenas del padecimiento de Jesús.

Estimular todos los sentidos de los nativos no únicamente daba autoridad a las celebraciones eclesiásticas; el letrado sugiere también que mediante su alteración se tenía que llegar a la vulnerabilidad necesaria para poder moldear las creencias y el comportamiento de los nuevos conversos. Oré declara que este es el propósito de sus cánticos

> Porque así como hiriendo el eslabón de acero en el duro pedernal produce centellas de fuego: así en los corazones empedernidos de los indios, hiriendo en ellos con el eslabón vivo de la eficacísima palabra de Dios, que penetra más que cuchillo de dos filos, hasta la médula del corazón: resultaran algunas centellas de amor de Dios y deseo de la salvación de sus almas y enderezarán los pasos al camino de la vida eterna[127].

Esta es precisamente la estrategia retórica que se impone en el cántico seis, en el que para describir el tormento y la agonía de Jesucristo el autor se vale de la *amplificatio* de las imágenes del cuerpo inocente atormentado. Mediante la efectividad del sermón, unido al *performance* de los rituales, el letrado huamanguino vuelve a los preceptos de fray Luis de Granada, quien hace de la *amplificatio* no únicamente un recurso estilístico, sino también una estrategia argumentativa[128].

Para Granada, la *amplificatio* debía «hacer creíble lo dudoso [...] cuando con una oración extendida, manifestando ser la cosa en su género excelente, concitamos el ánimo del oyente a ira, compasión, tristeza, odio, amor, esperanza, miedo, admiración o a cualquiera otro efecto»[129]. En el cuarteto citado en el epígrafe, por ejemplo, el énfasis en la sangre que aparece desde el primer verso y se repite en los dos siguientes se va intensificando. Primero, la voz poética presenta la sangre roja; luego, la sangre derramada y finalmente, la sangre poderosa que cubre la tierra; esto provoca también un incremento de emociones. No obstante, la repetición del mismo motivo magnificado en toda la estrofa —otra característica del *amplificatio*— constituye una hipérbole que conduce a la idea de la sangre de Cristo derramada por toda la tierra para redimir a la humanidad. Este es el tipo de retórica con

---

[127] Oré, *Símbolo*, fol. 62v.
[128] Ver Abbott, 1996, p. 13.
[129] Granada, *Los seis libros de la retórica eclesiástica*, p. 63.

la que los predicadores, por medio de la palabra y los rituales, debían llegar al corazón de los catequizados para causar compasión, tristeza y admiración.

El cántico comienza con la pregunta retórica proveniente del capítulo 9 del profeta Jeremías: «¿quién dará agua a mi cabeza, y a mis ojos fuentes de lágrimas y llorare de día y de noche la muerte de Jesús?»[130], moviendo así a la compasión al oyente desde las primera palabras, para luego exhortarle: «[c]ristianos hijos de Jesucristo venid, juntos en uno adoremos la cruz»[131]. En cuanto al contenido, este se basa en el Génesis, el Apocalipsis, el Libro de los Salmos, los Evangelios de san Mateo, san Lucas, san Marcos y san Juan, cuyas atribuciones se hallan especificadas en los márgenes. Pero, asimismo, el énfasis en el cuerpo blanco de Cristo sacrificado y en la sangre derramada por la tierra guarda un paralelismo con los rituales sagrados andinos. Margot Beyersdorff sugiere que estas hipérboles de la sangre, las lágrimas y el sudor que aparecen a lo largo del cántico son una metonimia de los rituales nativos para venerar la tierra. Beyersdorff lo relaciona con el «ch'allay (el gesto de aspersión ritual dedicado a la divinidad de la madre tierra ‹Pachamama›)»[132], el cual, según sugiere la crítica, debió haber sido aún muy común en la época y en los lugares en los que el cura franciscano predicó mientras escribía su obra[133]. Concuerdo con la observación de Beyersdorff sobre el símil que presentan ambas celebraciones religiosas, pues de la vigencia de las celebraciones autóctonas dan cuenta los escritos de la época. De hecho, en el *Confesionario*, las autoridades conciliares incluyen entre las anotaciones de Polo de Ondegardo avisos para controlar los ritos de los nativos. Específicamente se refieren a las «instrucciones contra el modo de sacrificar» animales para diversas celebraciones, en cuyo acto el cronista español, que buscaba demostrar la idolatría de los nativos, encuentra un paralelismo con los ritos de los moros[134].

La semejanza con los rituales andinos de la fertilidad de la tierra a los que se refiere Beyersdorff se hace evidente en la forma en que Oré crea una identificación con el sacrificio del cuerpo de Cristo. Por ejemplo, en la

---

[130] Oré, *Símbolo*, fol. 125r.

[131] Oré, *Símbolo*, fol. 125r.

[132] Beyersdorff, 1993, p. 231.

[133] Ver Beyersdorff, 1993, p. 231.

[134] *Confesionario*, fol. 9v. Aparte de su uso para bendecir la tierra, el cronista también describe otras prácticas; se trata de una ceremonia en la que a los jóvenes que se convertían en «caballeros leales al Inca» les untaban sangre en la cara. Ver *Confesionario*, fols. 9v-10r.

declaración en español, cuando hace referencia a la crueldad con la que el Redentor fue azotado, Oré utiliza la antítesis de la sangre y la blancura de las espaldas del cordero de Dios, describiendo como «[d]e una parte y otra azotaron al hijo de Dios sin alguna piedad fuerte y cruelmente, lo más recio que pudieron con toda la fuerza de sus brazos y manos, sus carnes tiernas, estaban acardenaladas de los azotes, fuentes de sangre se vertían y salían por muchas partes, y sus blancas espaldas se mostraban desolladas y llagadas»[135]. Esta narrativa del martirio y de la sangre derramada del cuerpo blanco y puro de Jesucristo coincide en el contenido y también en la forma con el aspecto procesional de los rituales de las ceremonias de la fertilidad que aparecen en algunos de los escritos tempranos sobre la región andina.

Por ejemplo, en la *Crónica del Perú* (1553), Pedro Cieza de León cuenta que recibió una carta del sacerdote Marcos Otazo, del pueblo de Lampaz, cercano al lago Titicaca. El cura le relataba que en el mes de mayo de 1547, durante la luna llena, los caciques y hombres principales del pueblo le suplicaron que los dejara celebrar uno de sus rituales de agradecimiento por la cosecha. El religioso accedió, con la condición de que vigilaría sus prácticas muy de cerca. Según Otazo, los nativos se congregaron en la plaza entrando desde diferentes partes al ritmo de los tambores y vestidos con sus mejores trajes. A estos siguió la procesión principal con diversos personajes; primero iba un muchacho ricamente vestido que «traía en la mano derecha una manera de arma como alabarda, y en la izquierda una bolsa de lana, grande, en que ellos echan coca»[136]. Luego entró una muchacha seguida de dos grupos de hombres y mujeres, asimismo ricamente adornados, que ocuparon sus puestos ordenadamente en el suelo. Finalmente entraron en la escena seis muchachos con costales de papas tocando el tambor y danzando al ritmo de la música. Para horror del sacerdote, así empezó lo que él llama un «rito diabólico». Luego cuenta que trajeron un cordero «sin ninguna mancha, todo de una color», al que, tratando de que él no los viera, le sacaron las entrañas y con su sangre aún caliente esparcieron las papas en señal de agradecimiento y veneración[137]. Esta narración presenta una relación muy cercana con el contenido del cántico seis.

---

[135] Oré, *Símbolo*, fol. 126v.
[136] Cieza de León, *Crónica del Perú*, p. 353.
[137] Ver Cieza de León, *Crónica del Perú*, pp. 352-354.

Asimismo, cuando Oré especifica la manera en que los nativos debían interpretar este cántico, indica que «los indios e indias se han de ordenar a una parte y a otra para entrar en procesión cantando la doctrina»[138], siguiendo el ritmo de los niños cantores colocados debajo de un pendón ubicado en la puerta de la iglesia. Más tarde, entrarían los cantores detrás de uno de los muchachos que marchaba primero llevando el pendón; todos ellos debían guiar al pueblo en el canto del himno del triunfo de Dios y derrota del demonio[139]. El paralelismo entre los dos rituales: la sangre derramada sobre la tierra, el cuerpo blanco sacrificado y la forma procesional de ambas celebraciones sugiere más que una simple coincidencia. Así, al integrar en su obra el discurso polisémico del sacrificio del cordero en agradecimiento por la cosecha, el autor toma otra vez como referencia la misma cultura andina. Al igual que en el quinto cántico, el letrado hace un paralelo con lo familiar basándose en la religión autóctona, pero cambiando el objeto de culto.

Mediante el estricto control de la procesión Oré se asegura de presentar claramente la diferencia con el ritual «diabólico» que para los españoles representaba la sangre del cordero blanco usado para bendecir los frutos de la tierra. Este es una antítesis de la pureza del ritual católico de la cultura occidental, en el cual se hace énfasis en la sangre del Cordero de Dios, que fue sacrificado y murió para redimir a la humanidad. La *amplificatio* de la sangre sirve en este caso como una estrategia para crear nuevos significados que, a través de la repetición, el canto, la predicación y el *performance* reemplazarían el sentido que tenía anteriormente para los nativos. Todos estos recursos debían lograr que los asistentes se conmocionasen hasta provocar el llanto con la predicación emotiva del sacrificio del hijo de Dios por los hombres.

Para Oré, traducir el catolicismo a los nativos implicó un proceso de adaptación tanto en lo concerniente al idioma, como también a una amplia gama de aspectos culturales[140]. La traducción de la religión europea a la audiencia andina requirió no únicamente de acomodaciones de palabras que no tenían correspondencia en las lenguas nativas, sino que además fue necesario trasladar contextos culturales que estaban fuera del imaginario de los andinos. No obstante, la inserción de elementos andinos en los rituales católicos estuvo siempre de la mano del control y hasta del castigo para,

---

[138] Oré, *Símbolo*, fol. 54r-54v.
[139] Ver Oré, *Símbolo*, fol. 54r-54v.
[140] Ver Spitta, 1995, p. 60.

irónicamente, evitar la contaminación de los rituales de la religión verdadera. Oré crea una forma propia de explicar el cristianismo; sin embargo, en su acercamiento los elementos de las memorias locales, los productos de la tierra como la quinua, o el maíz y el despliegue en un *performance* que constituye una mímesis de los rituales de la cultura hegemónica son una prueba de la imposibilidad de dejar de lado el contexto local y la religión prehispánica. Al mismo tiempo, esto muestra la imposibilidad de asimilar completamente al sujeto andino a los ideales del colonizador.

CONCLUSIÓN

En 1628, el criollo Gaspar de Villarroel (1587-1665), nacido en Quito y educado en la Universidad de San Marcos de Lima, viajó a España, en donde tuvo la oportunidad de publicar varias obras; su sabiduría y la reputación de su elocuencia le llevaron inclusive a predicar para Felipe IV. Al igual que Oré diecisiete años antes, Villarroel regresó a América para ocupar el obispado de Santiago de Chile, bastante más prominente que el del huamanguino. De sus años en España, el quiteño recoge en sus obras los desdenes con que los peninsulares trataban a los americanos haciendo notar que «[h]oy un cortesano cualquiera, sin otros cursos que los de la Calle Mayor, quiere atrasar los ilustres estudios de un criollo»[1]. El religioso no hace referencia únicamente al menosprecio del hombre común. En su obra también deja entrever el poco caso que se hacía a nivel oficial a los nacidos en las Indias. Villarroel se queja de que hay ministros «que se truecan en erizos para dar audiencia a criollos: si vienen por oficios, no vienen a arrebatarlos, sino a pedirlos. ¿Es fuerza ofenderles? ¿Importa desconsolarlos? Venir de otro mundo a buscarle es una grata lisonja al Rey: entonces se muestra más Señor cuando después de tres mil leguas de peregrinación se le echan a los pies sus vasallos»[2]. El autor continúa señalando la falta de lógica de esta actitud, sobre todo tomando en cuenta que «[a] estos criollos deben los gloriosos reyes de España el haber dilatado su señorío a un Mundo Nuevo», y recogiendo el clamor de los hijos de la tierra, ya expresado desde

---

[1] Citado en Zaldumbide, 1960, pp. 51-52.

[2] Citado en Zaldumbide, 1960, p. 51. A diferencia de Villarroel, Oré no dejó en sus obras posteriores al *Símbolo* un testimonio de sus años en España, ni de la forma en que fue recibido.

finales del siglo xvi, el letrado concluye que «[c]on diferentes ojos le mira [al Nuevo Mundo] el que nació en él. Más le ama el que derramó su sangre en la conquista»[3]. Estos pasajes, que aparecen en su obra *Gobierno eclesiástico pacífico y unión de los dos cuchillos, pontificio y región*, publicada en dos tomos entre 1656 y 1658, poco más de medio siglo después del *Símbolo*, recogen de manera mucho más directa los mismos sentimientos de apego a la tierra que el letrado huamanguino incorporó en su libro, disimulándolos bajo el pretexto de ofrecer soluciones para una conversión religiosa más efectiva de los nativos[4].

Mi enfoque en Oré y en su ópera prima me ha brindado la oportunidad de reflexionar sobre el papel fundacional del discurso de este erudito que saca a relucir, a finales del siglo xvi, las preocupaciones de los criollos, ya no únicamente haciendo evidente el reclamo por el espacio que perdieron los descendientes de quienes pelearon por la expansión del imperio español en los primeros años del encuentro entre peninsulares y andinos. El huamanguino y su círculo de letrados destacan en sus escritos su pertenencia a la tierra, a la que suman sus propios méritos y protagonismo como agentes de la expansión imperial. Esto me lleva a concluir que Oré es más que un simple religioso que continúa la tradición del discurso eclesiástico que abogaba por un mejor trato a los nativos dedicando inclusive su obra a la búsqueda de una estrategia de conversión más humana. Aunque en la obra hay varios instantes en los cuales es evidente la deuda que el letrado huamanguino tiene con las ideas emblemáticas de fray Bartolomé de Las Casas y también con el pensamiento de fray Domingo de Santo Tomás y sus coidearios, estos individuos no aparecen en las páginas del *Símbolo*. En cambio sí salen a relucir desde el inicio nombres de historiadores, filósofos y teólogos tanto antiguos como más cercanos a su tiempo. El cura franciscano sigue de cerca a estas autoridades, para imitarlos, para corregirlos y para debatir sobre las percepciones equivocadas que los pensadores occidentales tenían sobre América y su lugar en el *orbis terrarum*. De esta forma, Oré se ubica ante todo como un intelectual con capacidad para debatir de igual a igual con los más renombrados sabios sobre las problemáticas de su época.

No obstante, estas formas de validar su autoridad para escribir la historia andina son una invitación a reflexionar ya no sobre la veracidad misma de los hechos que presenta. Pues como he demostrado, su acercamiento al

---

[3] Citado en Zaldumbide, 1960, p. 51.
[4] Para más detalles sobre la vida y obra de fray Gaspar de Villarroel, ver el estudio introductorio de Zaldumbide.

pasado responde a una serie de antecedentes como los apasionados debates sobre la naturaleza del hombre americano y, sobre todo, los cuestionamientos sobre el derecho de España sobre el Nuevo Mundo. Por eso, la aproximación de Oré a la historia, es decir, su interpretación del pasado andino, permite ver cómo este acto tampoco es transparente, sino que obedece a las mismas polémicas que enfrentaron sus predecesores. A estas el autor añade otras cuestiones, como por ejemplo, su defensa de los habitantes andinos, tanto nativos como criollos.

Aparte de llevar al lector a ser testigo del proceso de construcción de la historia, la vida misma de Oré permite observar los cambios sociales de los siglos XVI y XVII. Gracias a su formación y a su talento, el huamanguino cada vez fue adquiriendo puestos de mayor importancia dentro de la jerarquía eclesiástica virreinal, ya sea como predicador en sus primeros años, luego en Europa como defensor de su orden, en la Florida como inspector de las misiones franciscanas y, finalmente, como obispo de La Concepción en la última década de su vida. Esta designación se produjo en 1620, al tiempo en el que únicamente el 38% de los obispos en las Américas eran criollos[5]. Aunque en esa época su obispado se hallaba en una de las regiones más peligrosas del sur del continente, este nombramiento es un reflejo del éxito con el que el letrado se insertó en la sociedad colonial. Todo esto gracias a su enorme capacidad intelectual; a las constantes muestras de fidelidad a la Corona, cuya evidencia se halla en las obras que escribió a lo largo de su vida para contribuir al desarrollo eficaz de la cristianización de los nativos; y a su misma labor como cura misionero.

Mi lectura del *Símbolo* me ha llevado a enfrentarme a la identidad inestable de un sujeto que en una época muy temprana ni siquiera se identificaba a sí mismo como criollo, aunque a finales del siglo XVI esa terminología ya se usaba para denominar a los hijos de la tierra. El constatar las influencias que la primera parte del libro tuvo en intelectuales que desarrollaron sus obras en décadas posteriores me lleva a reflexionar sobre las palabras de Stuart Hall, quien sugiere que «[p]erhaps instead of thinking of identity as an already accomplished fact, which the new cultural practices then represent, we should think, instead, of identity as a "production" which is never complete, always in process, and always constituted within, not outside,

---

[5] Dussel, 1978, p. 155. Dussel indica que, del total de 23 obispos criollos presentados hasta 1620, año del nombramiento de Oré, «12 eran de México, cuatro de Lima, y uno de Cuzco, Arequipa, etc.».

representation»[6]. Precisamente, en este libro he tratado de recuperar una obra no canónica en la que su autor deja entrever la identidad del criollo en pleno proceso de construcción. Aparte de ser una ventana que permite observar las estructuras de poder y la sociedad de finales del siglo XVI, el *Símbolo* constituye una forma de entender mejor el proceso cambiante, siempre en construcción, de la identidad latinoamericana que comenzó a finales del siglo XV.

[6] Hall, 1994, p. 392.

APÉNDICES

Los documentos transcritos corresponden a los últimos años de la vida de Oré, la etapa que en la que fue obispo de La Concepción. Si en el *Símbolo* el autor se empeña en mostrar sus cualidades intelectuales, estos documentos en cambio son un testimonio de su labor misionera. El primer apéndice permite una mirada a la participación de las colonias americanas en las celebraciones de los acontecimientos de España. Oré informa al rey acerca de la ceremonia religiosa realizada en su obispado por el nacimiento de la infanta. Este evento permite ver al franciscano en sus actividades de expansión del culto a la Virgen, imitando en ese remoto territorio a las figuras marianas más reconocidas en la península, cuyo culto se había extendido exitosamente hacia los centros virreinales.

El segundo documento adentra al lector a las actividades burocráticas de su cargo como obispo. Los conflictos que Oré mantuvo con el gobernador Luis Fernández de Córdova y Arce por la jurisdicción para nombrar capellanes en los fuertes de guerra, muestran al huamanguino defendiendo la autoridad de la Iglesia. Este es un documento que consta de un informe legal con declarantes a favor de Fernández de Córdova y también contiene varias cartas: del gobernador al rey, del gobernador a Oré y las respuestas de Oré al gobernador. Tanto el informe, en el que los declarantes contestan a preguntas preestablecidas, como las cartas tienen un estilo fragmentado, por cuya razón algunos de los asuntos no están bastante desarrollados. Esto es cierto en las cartas en las que los autores contestan a varios puntos especificados en comunicaciones anteriores. Es por eso que la sección de la defensa que Oré hace de los nativos no se halla muy explicada; sin embargo, constituyen un valioso aporte para conocer más de acerca las actividades del letrado huamanguino como obispo, como defensor de los nativos y como promotor de la fe. Las pocas líneas que los autores intercambian sobre la esclavitud de los araucanos son la evidencia más abierta de su alineamiento con el pensamiento lascasiano, que en el *Símbolo* se halla de manera indirecta y en relación con las especificaciones que el autor hace acerca del predicador ideal (ver capítulo 4).

En esta transcripción he respetado los criterios del GRISO, tratando de ser lo más fiel posible al texto original. He modernizado la grafía que no tenga trascendencia fonética y desarrollado las abundantes abreviaturas. Una de las dificultades para la transcripción del segundo apéndice es que no se trata de los textos originales, sino de copias que el gobernador Fernández de Córdova y Arce mandó hacer en 1629 para enviar los documentos a España. Por eso he eliminado algunos errores del copista, como, por ejemplo, las repeticiones no intencionales de palabras. En ambos textos hay una carencia de signos de puntuación y acentuación, esto me ha obligado a colocar los signos tratando en todo momento de no alterar el sentido. Asimismo, el segundo documento contiene estructuras repetitivas, como por ejemplo: «pidio al dho señor obispo el curato de los dhos fuertes y no lo quisso consseder a caussa de lo qual asistio el propietario que era el dho don Geronimo de Riberos como estava. Y que ssabe que dho señor governador...», he considerado que no se altera la estructura si se elimina «dicho/a/ as/os», o en ciertos casos lo he reemplazado por sus respectivos pronombres así: «pidió al señor obispo el curato de los fuertes y no lo quiso conceder a causa de lo cual asistió el propietario que era, don Jerónimo de Riberos como estaba. Y que sabe que el señor gobernador...». También he eliminado el tratamiento de cortesía «vuestra señoría» cuando se presenta de manera excesiva y repetitiva.

APÉNDICE 1

«Carta de fray Luis Jerónimo, obispo de La Concepción a su majestad. La Concepción, 5 de marzo de 1627»[1]

Informa que hizo una procesión solemne por el buen alumbramiento de la reina, sacando el Santísimo Sacramento y una imagen de Nuestra Señora de las Nieves muy devota y el obispo dijo misa de pontifical.

Recibí la que vuestra sacra majestad me hizo merced, su fecha de Madrid de 29 de diciembre del año pasado de 1626 en que me avisa del buen alumbramiento de su majestad la reina nuestra señora y del nacimiento de la serenísima infanta princesa de España mi señora, el día de la presentación de la Virgen Santísima, mandando que por la merced que en esto nos ha hecho nuestro Señor, en esta iglesia catedral y en las demás de este obispado se le den gracias. Y en cumplimiento de ello, haciendo demostración del debido contento por el favor y merced que vuestra majestad me ha hecho con este aviso, me comuniqué con don Luis Fernández de Córdova gobernador de este reino. Convoqué a los prebendados, clerecía y religiosos de cinco conventos que hay en esta ciudad y a todos los capitanes, maestres de campo y sargentos mayores y otros oficiales de guerra que hay en esta frontera. Y con todo el pueblo hombres y mujeres, se hizo una solemnísima procesión el día de la Purificación de Nuestra Señora. Con candelas encendidas que bendije y repartí, acompañando el cirio celestial que es el Santísimo Sacramento que llevaron cuatro sacerdotes en su custodia rica de ochenta marcos de plata, devoción antigua de la casa de Austria de los señores emperador y reyes, padre y abuelos de vuestra majestad de gloriosa memoria, que tanto la celebraron en su tiempo, y al presente. Con perpetua memoria la manda vuestra majestad celebrar en todos los reinos de la corona de España, por habernos hecho nuestro Señor merced de librar los galeones de la Armada Real de la carrera de las Indias y flota de la Nueva España, de los holandeses y piratas que en espera de ellos tenían infestado el mar.

---

[1] En Chile 60, Cartas y expedientes de los obispos de Santiago y Concepción, 1564-1633, 2 pp.

[2] Asimismo llevamos en procesión la imagen de Nuestra Señora de las Nieves que cuando estuvo en la ciudad de la Imperial, que destruyeron los indios de guerra, hizo muchos y patentes milagros. Y después que la trajeron a esta ciudad los hace nuestro Señor por la invocación que hacen los que navegan por mar y andan en peligros de Dios y camino a este santuario, igual en devoción a la imagen de Copacabana en el Perú, y a los santuarios de España de Guadalupe, Monserrat y Atocha que imitan aquellas devociones en estas partes tan remotas. Dije la misa de pontifical, prediqué y exhorté al pueblo para que diésemos gracias a nuestro Señor por esta ocasión y suplicásemos todos juntos ellos y yo como sacerdote digno entre Dios y el pueblo, nos guarde muchos años a vuestra majestad y a la reina nuestra señora y a la serenísima infanta nuestra princesa.

De esta ciudad de La Concepción, marzo 5 de 1627

Fray Luis Jerónimo

Obispo de La Concepción.

APÉNDICE 2

«Carta de don Luis Fernández de Córdoba sobre el obispo fray Luis Jerónimo de Ore. 1 al 29 de febrero de 1629»[2]

1 de febrero de 1629

Que el año pasado, dio cuenta a vuestra majestad sobre la competencia de jurisdicción que hubo con el obispo sobre poner capellanes en el ejército, y contra información que dicho obispo envió remite otra

Como escribí a vuestra majestad el año pasado acerca de la competencia de jurisdicción que el obispo de este obispado y yo hemos tenido sobre poner capellanes en el ejército y que por hallarme cuando escribí aquella en la guerra no enviaba a vuestra majestad los papeles que sobre la materia había hecho. Ahora van con ésta con información de cómo no he puesto ni quitado curas, con que vuestra majestad se servirá de mandar lo que convenga que a mí no me ha movido más intento que el servicio de Dios y de vuestra majestad cuya católica real persona guarde como la cristiandad ha menester.

Concepción de Chile, a primero de febrero de 1629
(f) Luis Fernández de Córdova y Arce
[2] 20 de enero de 1629.

Auto duplicado   En la ciudad de La Concepción, en 20 de enero de 1629.
Su señoría el señor don Luis Fernández de Córdova y Arce señor de la villa de Carpio, ubicada a veinticuatro de la ciudad de Córdova del consejo de su majestad, su gobernador y capitán general de este reino de Chile y presidente de la Real Audiencia que en él reside etc. Dijo que por cuanto a su noticia es venido y del reino del Perú se le ha dado que el muy reverendo señor don fray Luis Jerónimo de Oré, obispo de este obispado imperial del consejo del rey nuestro señor, mandó hacer el año pasado una información

---

[2] Este documento se halla en Chile 19, R.7, N.79.

para enviar al Real Consejo de las Indias y a otras partes como lo hizo; diciendo en ella que el señor presidente le ha usurpado y despojado de su jurisdicción eclesiástica *ex propio motu* y que ponía curas en los tercios, fuertes y presidios de esta guerra cosa que el señor presidente no ha hecho en ninguna manera. Porque solo ha puesto plazas de capellanes en los tercios y fuertes que la gente de guerra ha tenido necesidad de ellos sin dar por ningún caso jurisdicción eclesiástica, porque las personas que ha puesto han sido aprobadas por el señor obispo para decir misa y confesar. Y a algunas de las personas el señor obispo les ha nombrado por curas y vicarios. Y porque la competencia de jurisdicción que obligó al señor presidente a poner las dichas plazas de capellanes consta de ciertos papeles que al señor obispo escribió. Y la respuesta de ellos mandó se ponga testimonio a la letra de todos con este auto. Y de la junta que para poder nombrar dichas plazas de capellanes tuvo con las personas más doctas, desinteresadas y de buena conciencia de esta ciudad y el parecer que dieron. Y para que conste al rey nuestro señor de la verdad y justificación que para hacerlo hubo por estar en costumbre que [3] los capitanes generales nombren como lo hacen el capellán mayor. Y asimismo por su real cédula manda que éste y los demás de los tercios se paguen del real situado por orden y distribución de dichos capitanes generales, sin que los señores obispos hayan tenido mano para semejantes pagas. Y por parecer cosa muy puesta en razón que su majestad goce lo que cualquier particular en su casa que es tener en ella persona que le diga misa de devoción, mandaba y mandó que se reciba información sobre lo contenido en el auto del cual se dé noticia a su señoría el señor obispo para que siendo servido y estando mejor informado de que el señor presidente no ha puesto curas ni le ha despojado de su jurisdicción eclesiástica, sino antes le ha amparado y favorecido, informe a su majestad sobre ello. Y por estar el señor presidente ocupado en cosas de la guerra de este reino cometía la información al doctor Andrés Jiménez de Mendoza auditor general del real ejército. Y así lo proveyó, mandó y firmó don Luis Fernández de Córdova y Arce ante mi Juan de Ugarte, escribano público y de cabildo.

En la ciudad de La Concepción en 25 de enero de 1629. Habiendo yo el presente escribano público y del cabildo ido a las casas y morada del muy reverendo señor don fray Luis Jerónimo de Oré del consejo de su majestad y obispo de este obispado imperial. Y le pidió licencia para hacerle saber lo que contenía un auto del señor don Luis Fernández de Córdova y Arce, gobernador y capitán general de este reino, presidente de la Real Audiencia que en él reside que es el que está en la hoja antecedente. Habiéndomela dado a mí el escribano para este efecto, el señor presidente y queriendo yo el escribano leérselo al señor obispo dijo lo dejase de hacer por ahora con lo cual me vine y de ello doy fe ante mí Juan de Ugarte, escribano público y de cabildo.

Testigo   [4] En la ciudad de La Concepción, en 3 de febrero de 1629.

Para la dicha información presentó por testigo su señoría, el señor presidente gobernador de este reino al muy reverendo padre Francisco Gómez rector del colegio de la Compañía de Jesús de esta ciudad. Y habiendo jurado en forma de derecho dijo que ha oído decir que el señor reverendo de este obispado hizo una información en razón de lo contenido en el auto proveído, procurando probar haberse metido en nombrar curas para los presidios de la guerra de este reino y que le ha quitado su jurisdicción poniendo de su propio motu curas en los presidios. Dijo que no sabe que el señor presidente haya quitado, ni puesto cura en ningún presidio de los que hay en este reino y están a cargo de su señoría. Antes dice el testigo que sabe todo lo contrario porque no ha puesto tales curas. Y sabe asimismo que en el primer año de su gobierno el señor presidente, su señoría, hizo una junta en su misma casa donde se juntaron personas graves, religiosos y seculares de esta ciudad, a quienes su señoría preguntó la costumbre que había en este reino sobre poner los señores gobernadores capellanes en los fuertes para que dijesen misa a los soldados. Todos dijeron y respondieron que la costumbre en este reino era que los señores gobernadores ponían capellanes para los soldados de su majestad. Y que los señores obispos, cuando los había dichos ordinarios, daban la jurisdicción espiritual a dichos clérigos para que pudiesen administrar los sacramentos a los soldados y que su señoría, el señor presidente procedió siempre y lo ha hecho hasta el fin de su gobierno. Ha visto además, por espacio de tres años que ha estado en esta ciudad y visto el gobierno y acciones del señor presidente que siempre que se ha ofrecido ocasión de poner capellán en dichos fuertes ha pedido clérigo aprobado al señor obispo como constara por papeles, [5] que ha visto por sus ojos, que el señor presidente escribió al señor obispo. Asimismo sabe porque lo ha visto que por no haber dado el señor obispo clérigos para dichos fuertes su señoría, el señor gobernador, ha pedido a las religiones de Nuestra Señora de las Mercedes y del señor Santo Domingo religiosos aprobados. Éstos han servido dichas plazas de capellanes como fue en el fuerte de Lebo a donde sirvió de capellán el padre fray Pedro de Aranjuez de la orden de predicadores, a quien el señor obispo dio facultad para ejercer a los soldados los sacramentos que por sus privilegios no podía ejercer y para ser cura y vicario en el dicho presidio como lo dirá el padre fray Pedro de Aranjuez. Asimismo sabe que habiendo puesto su señoría, el señor gobernador por capellán en el fuerte de Buena Esperanza y San Cristóbal al padre fray Rodrigo Lobato, presentado en la orden de Nuestra Señora de las Mercedes, por no haber querido su señoría reverendísima, el señor obispo darle jurisdicción para ser juntamente cura se quedó por cura y vicario el que antes tenía dicha plaza de capellán que era don Jerónimo de Riberos, como lo dirá en su declaración don Jerónimo de Riberos. Asimismo sabe que habiendo muerto el padre Diego López Hermoso, que servía de capellán en el tercio de San Felipe, su señoría el señor gobernador puso en esta plaza al padre Juan de Reinoso a quien el señor obispo dio jurisdicción para que fuese cura vicario. Y bien sabe porque lo ha visto y oído y entendido por espacio de tres años que conversa y trata con el señor gobernador que es muy pío y religioso con personas religiosas y eclesiásticas, sacerdotes y de otras órdenes menores a quienes siempre ha respetado y tenido muchos comedimientos y cortesías con dichas personas hablando de todas ellas honoríficamente. Sabe además que ha encubierto muchas [6] faltas de personas eclesiásticas y que ha procurado remediarlas con mucho silencio y honra de dichas personas. Y asimismo sabe por la experiencia que tiene de veintiocho años que aquí está en este reino, que las plazas que su majestad tiene de capellanes para los fuertes donde están sus militares se pagan del real situado en esta caja de esta ciudad por orden del señor presidente y capitán general sin que el señor obispo haya tenido jamás ni tenga mano en mandar que se hagan las pagas y se remite a los capellanes que las han recibido. Asimismo sabe que el señor gobernador es experimentado y certificado en todas las materias particularmente morales eclesiásticas y que ha guardado la jurisdicción eclesiástica sin haberla violado en cosa ninguna, teniendo respeto al señor obispo de esta ciudad, a su vicario general y demás personas eclesiásticas. Y sabe muy bien lo que pertenece a cada juez así eclesiástico como secular y que varias veces ha tratado con este testigo que ha leído Teología en su religión de estas materias. Y que le parece, juzga que el señor presidente ni ha errado jamás en disposición que toque a estas materias y que si alguna vez ha tenido dificultad la ha tratado con este declarante y con otros teólogos de esta ciudad de quienes ha tomado parecer. Y ha hecho su señoría lo que dichos teólogos le han dicho puede hacer. Asimismo sabe porque lo que ha visto y experimentado que el señor presidente siempre ha tenido rendimiento y muy grandes cortesías con el señor obispo, así haciendo oficio de patrón de este reino para presentar clérigos para las doctrinas como gobernador y capitán general para poner capellanes en los fuertes pidiendo a su señoría, el obispo. Y en este punto ha dado el señor presidente muy larga mano al señor obispo dejándole las doctrinas por largo tiempo con ínterin. Y en este punto este de-[7] clarante ha visto al señor gobernador notablemente rendido y ajustado al gusto y voluntad del señor obispo y pudiendo hacer instancia para que se pusiesen edictos para las doctrinas vacas, el señor presidente no lo ha hecho perdiendo en esto su derecho por dar gusto al señor obispo. Y en general sabe y lo tiene por cosa certísima que el señor presidente ha estado siempre muy ajeno de quitar, ni dar jurisdicción eclesiástica porque sabe su señoría no lo puede hacer. Y cualquier otro caso que en contra de esto se haya dicho y escrito contra su señoría es cosa sin fundamento e imaginaria. Y esto es lo que sabe y ha visto y en que se afirma y ratifica, so cargo del juramento que tiene hecho.

Y lo firmó y el señor auditor dijo ser de edad de cincuenta y ocho años. Francisco Gómez, doctor Mendoza, ante mi Juan de Ugarte escribano público de cabildo.

Testigo   Y luego incontinenti en el día 4 de febrero de 1629.

El señor presidente, gobernador y capitán general de este reino de Chile, el señor don Luis Fernández de Córdova presentó por testigo al muy reverendo padre fray Mancio de Vega, predicador general y prior del convento del señor Santo Domingo de esta ciudad de quien se recibió juramento en forma de derecho puesta la mano en el pecho *in verbo sacerdotis* y por las sagradas órdenes que tiene y so cargo de él prometió decir la verdad. Siendo preguntado por el auto de atrás, dijo que ha oído decir a personas fidedignas que el señor obispo hizo la información de que el auto reza, pero que no la ha visto y que contenía lo que en él se pregunta pero que no sabe ni tiene noticia, ni ha oído decir que el señor presidente haya quitado cura ni vicario alguno, ni le ha puesto de su propio motu. Solo sabe que con el acuerdo de que su señoría da razón en su auto, proveyó algunos capellanes que dijesen misa a los soldados lo cual juzga pudo y debió hacer. Pudo por ser estilo y costumbre antigua en este reino que los señores gobernadores [8] antecesores del señor presidente nombrasen capellanes y les hacen buenas sus plazas que vulgarmente se llaman de primera plana. Y que así lo hizo con este declarante el señor presidente Alonso de la Ribera, el cual nombró a este declarante por capellán del tercio de Yumbel y Cayoguano con cuyo nombramiento sin más dependencia sirvió en dicha plaza algunos meses, solo por no multiplicar más ministros a donde no había necesidad. El gobernador eclesiástico que a la sazón gobernaba este obispado, le dio jurisdicción para que administrase los sacramentos y así lo ha visto hacer después acá a otros señores presidentes y gobernadores de este reino. Que si no lo pudieran hacer no lo hicieran como ni se persuade a que su señoría, el señor don Luis hiciera tal si no lo pudiera hacer. Pues para hacer lo que está tan en costumbre añadió consultas de las personas más graves y doctas de este reino en cuyo parecer se verá el fundamento y razones bastantes con que se persuadieron a ella y movieron a que dicho señor presidente siguiese la costumbre y parecer. Y aún con todo eso pedía y pidió en diferentes ocasiones al señor obispo le diese sacerdotes, a los cuales juzgase convenir, para que su señoría el señor presidente les hiciese buenas sus plazas. Diciendo que pues no se litigaba, sino solo en el modo del nombramiento, su señoría el señor obispo señalase las personas de su satisfacción y gusto que su señoría, el señor gobernador les haría luego buenas sus plazas de tales capellanes. Y de esto vio este testigo papeles escritos del señor gobernador al señor obispo sobre el caso, escritos con la policía y cortesía debida a que se remite. Y no viniendo el señor obispo en el modo de tales nombramientos, viendo el señor gobernador la necesidad precisa que las compañías de soldados que estaban de presidio en los fuertes de Lebos y Buena Esperanza [9] y que habiendo instado varias veces al obispo y pedido le diese ministros competentes para que les dijesen misa y que no los daba porque no careciesen del consuelo de misa pidió al muy reverendo Padre excelentísimo fray Diego de Urbina, comisario del Santo Oficio, vicario provincial y prior entonces de este convento le diese un religioso de los aprobados para decir misa y confesar, para que la fuese a decir a los soldados del dicho fuerte de Lebo. También pidió al padre provincial y comendador de la orden de Nuestra Señora de las Mercedes diese religioso para el fuerte de Buena Esperanza. Y dio por maestro fray Diego de Urbina para el fuerte de Lebo al padre fray Pedro de Aranjuez, religioso aprobado para decir misa y ser confesor y de toda aprobación y satisfacción. Y el señor gobernador le hizo buena su plaza de capellán del fuerte de Lebo y después el señor obispo le dio facultad de palabra para administrar los demás sacramentos. El padre provincial de la sagrada orden de Nuestra Señora de las Mercedes para el fuerte de Buena Esperanza dio al padre presentado fray Rodrigo Lobato religioso asimismo aprobado para decir misa, confesar y predicar y de toda satisfacción en ello. Y el señor gobernador le hizo asimismo buena su plaza de capellán del fuerte de Buena Esperanza. Y porque en su contorno hay otras muchas estancias que de necesidad piden cura y lo era el padre don Jerónimo de Riberos clérigo, se quedó sirviendo su curato sin que en eso altercase ni innovase cosa alguna el señor presidente. De donde se infiere que si su señoría intentara remover o poner curas removiera a don Jerónimo de Riberos y no lo removió, sino tan solamente nombró capellán que dijese misa a los soldados como le competía. Y en el fuerte de San Felipe de Austria a donde está de asistencia [10] el tercio de Yumbel, sabe este testigo que por muerte del padre Diego López Hermoso, que servía de capellán en él, su señoría el señor gobernador hizo merced de dicha plaza de capellán al padre Juan de Reinoso, a quien dicho señor obispo dio la jurisdicción para administrar los demás sacramentos y le nombró vicario. De donde infiere, como dicho tiene, no entremeterse el señor gobernador en jurisdicción eclesiástica, sino tan solo en nombrar los capellanes por competerle y pagarse del real situado que su majestad consigna para este reino y está a distribución de dicho señor gobernador. En él ha visto siempre tener gran devoción y reverencia a todos los sacerdotes y personas eclesiásticas haciéndoles mucha cortesía y a su intersección todo el bien y mercedes que le piden sin alterar ni violentar ni entremeterse en la jurisdicción eclesiástica. Antes le ha visto siempre muy rendido a dicho señor obispo y usa con su señoría todas las cortesías debidas y aún a veces excede, preciándose de hacerlo así y consultándole en muchas cosas de que aún no tenía necesidad por no pedirlo la materia y ser dicho señor gobernador tan inteligente en todas que varias y diversas veces se ha admirado este testigo de lo mucho y bien fundado que su señoría dispone en todas las materias y discurre aún en las que salen de su profesión. Y así lo ha dicho varias veces a diferentes personas admirándose de su gran talento, cortesía, afabilidad y prudencia.

Y esto es la verdad por haberlo visto ser y pasar como tiene declarado su cargo de su juramento, se le leyó su dicho, se ratificó en él y dijo que es de edad de treinta y ocho años y lo firmó el auditor que estuvo presente. Fray Mancio de Vega, doctor Mendoza ante mi Juan de Ugarte escribano público y del cabildo.

Testigo   [11] En La Concepción, en 4 de febrero de 1629.

Para la dicha información presentó por testigo el señor gobernador al padre fray Pedro de Aranjuez, religioso del convento del señor Santo Domingo de esta ciudad, el cual habiéndole dado licencia el padre fray Macio de Vega, prior de dicho convento, de que él es escribano. Y eso escrito doy fe le concedió y dio la licencia y se recibió juramento del dicho padre en forma de derecho y so cargo de él prometió decir verdad. Y preguntado por dicho auto dijo que ha oído decir que el señor obispo hizo cierta información sobre decir que el señor gobernador don Luis Fernández de Córdova le quitaba la jurisdicción eclesiástica poniendo de su propio motu curas de los tercios, fuertes y presidios de la guerra de este reino. Y que no sabe que haya quitado ningún cura o vicario ni la jurisdicción de que usaban. Y sabe que es costumbre muy usada en este reino poner los señores gobernadores que de él han sido capellanes mayores y menores en los ejércitos y fuertes de este reino. Para esto hizo hacer junta de personas muy doctas religiosas y seculares, naturales de este reino y de fuera de él, de las cuales supo dicha costumbre. Sabe porque lo ha visto que todas las veces que ha sido necesario poner cualquier plaza de capellán para los tercios fuertes, ha pedido clérigo aprobado al señor obispo como consta en algunos papeles que este declarante ha visto escribió el señor presidente al señor obispo a que se remite. Y asimismo sabe que por no haber dado el señor obispo clérigos para las capellanías ha pedido a las órdenes del señor Santo Domingo y Nuestra Señora de las Mercedes religiosos. Que el uno fue este declarante que sirvió [12] la plaza de capellán del fuerte de Lebos con el sueldo que se le pagaba del real situado y que de palabra le dio dicho señor obispo licencia para administrar los santos sacramentos cuando se ofreciese y hubiese necesidad de ello. Y en el fuerte de Buena Esperanza al padre presentado fray Rodrigo Lobato que asimismo hacía el oficio de tal capellán quedando en esta ocasión por cura y vicario el padre don Jerónimo de Riberos como antes tenía y servía la dicha plaza de tal cura y vicario y en este caso se remite a la declaración del susodicho. Y asimismo sabe este declarante que por muerte del padre Diego López Hermoso que servía de capellán en el tercio de San Felipe puso en su lugar al padre Juan de Reinoso, clérigo y que el señor obispo le dio la jurisdicción de cura y vicario. Sabe y le consta es muy grande la devoción y respeto que el señor presidente tiene a cualquier persona eclesiástica y religiosa y que hace de ellos la estimación que se debe. Y sabe que dichas plazas de capellán mayor y demás capellanes del ejército se pagan del real situado en la caja real de esta ciudad por orden del señor gobernador y capitán general sin que el señor obispo haya tenido mano ni entremetiéndose en ningún tiempo en ello. Y asimismo sabe que el señor gobernador ha guardado con toda puntualidad la jurisdicción eclesiástica sin haberla contravenido en cosa ninguna teniendo todo respeto y reverencia a los eclesiásticos. Y asimismo sabe que el señor gobernador ha tenido siempre rendimiento y muy grandes cortesías con el señor obispo, así como patrón para presentar clérigos para las doctrinas, como gobernador y capitán general, y para poner capellanes en los fuertes pidiéndole a su señoría el señor obispo los clérigos que fuesen del gusto [13] de su señoría. Y que en cuanto a esto ha dado el señor gobernador mucha larga al señor obispo dejando las doctrinas en ínterin con doctrineros por mucho tiempo. Y viéndose obligado el señor gobernador a poner en los fuertes religiosos por no darle clérigos el señor obispo disponiendo todas las cosas con mucha suavidad y prudencia como persona que le tiene para todas las cosas, así en lo tocante a su gobierno como en todas las demás, aconsejándose en las que ha tenido alguna duda con personas doctas tomando su parecer con deseo de acertar en todo. Y esto dijo ser la verdad y lo que sabe y ha visto so cargo de su juramento. Se le leyó su dicho, se ratificó en él y dijo que es de edad de cuarenta y cinco años poco más o menos y lo firmó el auditor que estuvo presente. Doctor Mendoza, fray Pedro de Aranjuez Colodro, ante mi Juan de Ugarte escribano público y de cabildo.

Testigo   En la ciudad de la Concepción, en 7 de febrero de 1629.

Para dicha información presentó por testigo su señoría el señor presidente, gobernador y capitán general de este reino al padre don Jerónimo de Riberos, cura y vicario del fuerte de Buena Esperanza y San Cristóbal de la Paz. Y habiendo jurado en forma de derecho puesta la mano en el pecho *in verbo sacerdotis* y so cargo de él prometió decir la verdad. Y preguntado por el auto de atrás, dijo que ha oído decir y tiene noticia que el señor reverendo, el señor obispo hizo información en razón de lo contenido en el auto proveído procurando probar haberse metido en la jurisdicción eclesiástica. Y que sabe este testigo que el señor gobernador no ha puesto curas ningunos quitándole su jurisdicción al señor obispo. Sino antes a este declarante le dejó en su curato como estaba po- [14] niendo el señor presidente solamente un capellán para que dijese misa procurando el señor presidente quitarle el curato con intervención del señor obispo. Como el señor obispo no lo quiso, le dejó en su curato teniéndolo colado a cuya causa envió el señor presidente por capellán al padre presentado Rodrigo Lobato dejando en el curato a este testigo como está dicho. Y que no sabe la costumbre que hay de que los señores gobernadores pongan capellanes y curas, más de nombrar el señor obispo los curas y vicarios y confirmarlos el señor presidente. Y sabe que el señor gobernador hizo junta de personas doctas religiosa y seglares para saber la costumbre que los señores gobernadores, sus antecesores, han tenido para nombrar capellanes; y esto oyó decir a algunas personas. Y sabe que por muerte del padre Diego López Hermoso que servía de capellán en el tercio de San Felipe de Austria, nombró por tal capellán el señor presidente al padre Juan de Reinoso y que el señor obispo le dio la jurisdicción de cura y vicario de dicho tercio porque le vio ejercer los Santos Sacramentos. Y sabe asimismo este testigo porque ha visto que el señor gobernador ha respetado a cualquier persona eclesiástica, estimándolos como diversas veces lo ha hecho con este testigo. Y que asimismo sabe que las plazas de tales capellanes se pagan del real situado que se trae de socorro a este reino y por orden del señor gobernador sin que el señor obispo tenga mano para ello, ni le consta a este testigo haberse entremetido en ningún tiempo en ello. Y sabe este testigo que siempre ha estado el señor gobernador con rendimiento al señor obispo y con muy grandes cortesías y respetos. Y esto es la verdad de lo que sabe de lo contenido [15] en el dicho auto por haberlo visto y oído decir, ser y pasar como tiene declarado so cargo del juramento que tiene. Se le leyó su dicho, se ratificó en él y dijo que es de edad de treinta y cuatro años y lo firmó el auditor que estuvo presente. Doctor Mendoza, don Jerónimo de Riberos, ante mi Juan de Ugarte escribano público y de cabildo.

Testigo   En La Concepción de Chile, en 7 de febrero de 1629.

Para la dicha información presentó por testigo el señor gobernador don Luis Fernández de Córdova y Arce al muy reverendo Padre Bartolomé Navarro de la Compañía de Jesús. Y habiendo jurado en forma de derecho dijo que ha oído decir que el señor reverendísimo de este obispado hizo una información en razón de lo contenido en el auto proveído procurando probar lo que en el dicho auto se contiene. Y que no sabe este testigo haya el señor gobernador quitado cura ni vicario de sus doctrinas ni la jurisdicción. Y asimismo sabe este testigo que a los principios de su gobierno el señor gobernador hizo hacer junta de personas graves, religiosas y seculares de esta ciudad con deseo de saber la costumbre que había en este reino sobre poner los señores gobernadores capellanes para los soldados de su majestad. Y los ordinarios a los señores obispos daban la jurisdicción espiritual a los clérigos para que pudiesen administrar los santos sacramentos a los soldados y que el señor presidente procedió siempre y lo ha hecho hasta la era presente. Y que asimismo sabe que en el tiempo que ha estado gobernando este reino el señor presidente siempre que se ha ofrecido ocasión de poner capellán en dichos fuertes ha pedido al señor obispo clérigo aprobado como le consta por papeles que el señor presidente escribió al señor obispo. Y asimismo sabe que en ocasiones que le ha pedido el señor gobernador al señor obispo [16] clérigos para dichos fuertes y que por no habérselos dado el señor gobernador ha pedido a las religiones de Nuestra Señora de las Mercedes y Señor Santo Domingo religiosos aprobados, los cuales le consta a este testigo han servido las plazas de capellanes. Como sabe estuvo en el fuerte de Lebo por capellán el padre fray Pedro de Aranjuez de la orden de predicadores. Y que el señor obispo dio facultad a dicho padre para que ejerciese a los soldados los santos sacramentos como lo dirá fray Pedro de Aranjuez. Y que sabe asimismo este testigo que en el fuerte de Buena Esperanza y San Cristóbal puso por capellán al padre presentado fray Rodrigo Lobato de la orden de Nuestra Señora de las Mercedes por no haberle querido dar su señoría, el señor obispo, jurisdicción para ser juntamente cura y que se quedó por cura y vicario el que antes tenía dicha plaza de capellán que era don Jerónimo de Riberos a quien se remite. Y asimismo sabe que por muerte del padre Diego López Hermoso que servía de capellán en el tercio de San Felipe el señor gobernador puso en su lugar al padre Juan de Reinoso y que el señor obispo dio jurisdicción para que fuese cura y vicario. Y que asimismo sabe este testigo que el señor gobernador es muy pío con personas religiosas y eclesiásticas, a quienes siempre ha respetado y tenido muchas cortesías hablando de todas ellas con mucho respeto y que ha procurado remediar muchas faltas de personas eclesiásticas con mucho silencio y honra de dichas personas. Y que asimismo sabe de muchos años a esta parte que las plazas de tales capellanes de los fuertes se pagan del real situado por orden del señor gobernador sin que el señor haya tenido jamás mano en mandar que se hagan dichas pagas. Y asimismo sabe que el señor gobernador ha guardado la jurisdicción eclesiástica sin haberla violado en cosa ninguna, [17] teniendo respeto al señor obispo y demás personas eclesiásticas y que lo que pertenece a cada uno sabe muy bien. Y asimismo sabe porque lo ha visto y experimentado que el señor presidente siempre ha tenido rendimiento y muy grandes cortesías con el señor obispo. Y haciendo oficio de patrón de este reino para presentar clérigos para las doctrinas como gobernador y capitán general para proveer capellanes en los fuertes pidiendo a su señoría, el señor obispo los clérigos que fuesen a gusto de él. Y en este punto ha dado el señor presidente muy larga mano al señor obispo dejando las doctrinas por largo tiempo con ínterin. Y que en este punto este declarante ha visto al señor gobernador notablemente rendido y ajustado al gusto y voluntad del señor obispo. Y pudiendo hacer instancia para que se pusiesen edictos para las doctrinas vacas el señor presidente no lo ha hecho, perdiendo en esto de su derecho por dar gusto al señor obispo. Y en general sabe y lo tiene por cierto que el señor presidente ha estado muy ajeno de quitar jurisdicción eclesiástica y que cualquier cosa que se haya hecho en contra de esto, es sin fundamento.

Y esto es lo que sabe y ha visto y en que se afirma y ratifica so cargo del juramento que tiene dicho firmó y el dicho señor auditor y dijo ser de edad de cuarenta y nueve años poco más o menos. Doctor Mendoza, Bartolomé Navarro ante mí Juan de Ugarte escribano principal y de cabildo.

Testigo   En la ciudad de la Concepción, en 13 de febrero de 1629.

Para la dicha información, su señoría el señor presidente presentó por testigo al padre presentado fray Rodrigo Lobato de la orden de Nuestra Señora de las Mercedes de quien se recibió juramento *in verbo sacerdotis* poniendo la mano en el pecho y so cargo de él prometió decir la verdad. Y siendo preguntado por el tenor del auto de atrás, dijo que no sabe que el dicho [18] señor gobernador haya quitado cura ni vicario de fuerte ni tercio. Antes habiendo sido capellán este testigo de los fuertes de Buena Esperanza y San Cristóbal de la Paz asistió en entrambos fuertes al padre don Jerónimo de Riberos por cura propietario sin contradicción alguna. Y que este testigo no tuvo nombramiento de cura sino de meramente capellán, ni asistió para cosa más de para decir misa y confesar. Y que asimismo sabe que los señores gobernadores antecesores del presente han tenido de costumbre nombrar en los tercios y fuertes de este dicho reino capellanes como pasa en persona de este testigo por nombramiento del señor don Lope de Ulloa y Lemos de capellán del tercio de Yumbel y luego, por su muerte, por el señor gobernador don Pedro Sores de Ulloa de los fuertes de la ribera de Bio Bio. Y que este testigo tuvo noticia de junta que hizo el señor gobernador don Luis Fernández de Córdova de personas religiosas y seglares doctas para saber de la costumbre y que por parecer de todos hizo los nombramientos de tales capellanes. Y que asimismo sabe que por no haber dado el señor obispo de esta Imperial clérigos ha pedido el señor gobernador a las órdenes de Santo Domingo y la de Nuestra Señora de las Mercedes, donde es religioso este testigo, religiosos aprobados. Que sabe que en el fuerte de Lebo sirvió de capellán el padre fray Pedro de Aranjuez de la orden de Santo Domingo y le dio facultad y jurisdicción el señor obispo para ser cura con la plaza de capellán como lo dirá fray Pedro de Aranjuez, a cuya declaración se remite. Y siendo este testigo capellán del fuerte de Buena Esperanza y San Cristóbal pidió al señor obispo el curato de dichos fuertes y no lo quiso conceder a causa de lo cual asistió el propietario, que era don Jerónimo de Riberos como estaba. Y sabe que del señor gobernador que es grande [19] el respeto y devoción que tiene a los religiosos haciendo la estimación que se debe. Y asimismo sabe que las plazas de capellanes mayores y menores del real ejército se pagan por orden del señor gobernador del real situado sin que el señor obispo tenga mano para ello como no la ha tenido en ningún tiempo. Y esta es la verdad, so cargo del juramento que tiene hecho. Se le leyó su dicho, se ratificó en él y lo firmó el auditor que estuvo presente y dijo que es de edad de cuarenta y cinco años. Doctor Mendoza presentado, fray Rodrigo Lobato ante mi Juan de Ugarte escribano público y de cabildo.

Carta   Copia del papel que su señoría envió al señor obispo de la Imperial sobre el nombrar capellán para el fuerte de Lebo.

Recién llegado a este reino a ejercer estos cargos informándome entre otras cosas del estado que tenían las del ejército y principalmente de la manera que los soldados de los tercios de San Felipe, estado de Arauco y otros fuertes y presidios tenían en personas eclesiásticas que les dijesen misa y confesasen, me dijeron por no haberlo visto entonces la disposición del fuerte de Lebo y como estaba siete leguas de Arauco la tierra dentro en la del enemigo que no tenía ni había tenido capellán. Po esta causa y por no poder ir ni venir de él sin grandes escoltas, desolados habían muerto algunos sin confesión y que jamás oían misa. Y pareciéndome cosa rigurosa que a soldados del rey nuestro señor faltase tan gran consuelo como el de la misa y considerando el medio que podía haber en esto en algunos acuerdos de hacienda que con los ministros de ella y del susodicho tuve por el mes de junio del año pasado de mil seiscientos veinticinco, les dije lo mal que me parecía que dicho fuerte de Lebo estuviese sin capellán y que yo estaba con resolución de ponerlo, que viesen el modo en que se podía hacer. [20] Y en esta conformidad se resolvió que pusiese capellán y para ello se quitase cierta parte del sueldo que tenía el de Arauco y con otra que se le añadió quedó acordado que del real situado que viene para los demás militares se le diese el sueldo que por el acuerdo constara. Y no habiendo hallado entonces clérigo que fuese a servir esta capellanía nombré en ella a un estudiante que en mi compañía traje del Perú. En virtud del dicho nombramiento se ordenó y habiéndola de ir a servir fue llamado de aquel reino por sus padres y vuestra señoría le dio licencia y con ella y la del gobierno se fue. Algunas veces que he besado a vuestra señoría las manos le he suplicado de palabra se sirva darme algún clérigo que yo nombre para que vayan a servir esta capellanía que como es en parte tan apartada ninguno de los muchos que hay quiere ir. Y aunque vuestra señoría me dijo mucho que el padre Feliciano iría y que vuestra señoría le había mandado acudiese al gobierno por los despachos para ello y que por estar pobre había menester algún bastimento y socorro adelantado y yo dije se lo haría dar. Habiéndose ido fuera del reino dicho padre Feliciano, este otro día debe de ser cinco, o seis, otro clérigo trajo una nominación para que yo hiciese la presentación a vuestra señoría usando del patronazgo que en nombre de su majestad tengo. A esto respondí lo que vuestra señoría habrá visto, de que me han dicho vuestra señoría se ha sentido mucho diciendo lo que desea venga navío con nuevas alegres de gobierno. Yo lo deseo tanto como vuestra señoría con que me ha parecido le he encarecido harto aunque ninguno vendrá que más desee servir a vuestra señoría más que yo. Y como quiera que en mi tiempo no se ha ofrecido otro símil a este y lo que los señores gobernadores, mis antecesores, han permitido no puede perjudicarme. Hasta que su majestad mande otra cosa, no tengo de permitir que vuestra señoría haga nominación por las razones siguientes: la primera porque si como lo he hecho como todos mis antecesores puedo nombrar [21] capellán mayor siguiese que si puedo lo más, puedo lo menos siendo la razón más fuerte que aquí milita que el patronazgo real no dice que se haga nominación a los capitanes generales sino a los gobernadores. Esta acción hago como capitán general, luego no es comprendida en el patronazgo que ampliándolos su majestad cuanto puede temporalmente con la permisión que su santidad le tiene dada no se había de restringir lo que no expresa y como a gobernador me envía vuestra señoría las nominaciones de los beneficios para que haga las presentaciones. Y esto no hago como capitán general pues como tal no pondré corregidores, ni como gobernador haré capitanes, ni tampoco como gobernador en los oficios del sueldo podía mandar ninguna cosa ni librar sobre el real situado. Y así los capellanes que son para el ejército tienen sus plazas en los dichos oficios y cuando Dios sea servido que se acabe la guerra o se extinga el ejército, que cada día su majestad lo da a entender por enviar con limitación de tiempo los situados, no habiendo ejército no habrá capellanes. O en no teniendo sueldo que darles demás que no sé yo que tengan más que los que cualquiera puede tener en su casa pagándoles que cuando no se alcancen con ellos podrá despedirlos y nombrar otros como lo hacen todas las audiencias en los que tienen. Y la de Lima tiene capellanes mayores y cuatro o seis en que no interviene el patronazgo y lo mismo corre en las armadas reales. Y en esta razón habla la cédula de la consignación del situado y disposición de plazas que ha de haber en este real ejército donde se comprende la del capellán mayor y menores y sueldos que han de tener. Y así el capitán general solo debe buscar clérigo aprobado para decir misa y confesar que teniendo esta aprobación de su prelado no ha de menester más. Y si vuestra señoría no fuere servido de darle la de vicario la dará a quien lo fuere enviado persona que lo ejerza y en Lebo no la ha de menester porque no hay una mujer y aún yo pongo cuidado en que [22] las haya demás de que cada cuarto meses se mudan aquellos soldados queriendo y para enterrar. Como en parte donde no hay otras la tienen de Dios cumpliendo con una obra de misericordia el cabo de escuadra y el atambor y pues no litigamos sobre la persona que ha de ir sino sobre la forma que ha de haber. Suplico a vuestra señoría se sirva de mandar a este clérigo que estaba para ir, lo haga en la que digo pues en otra no será razón ni que siendo vuestra señoría tan buen pastor por nuestras diferencias se estén aquellos soldados sin el consuelo de oír misa y confesar que yo estoy presto de mandarle sentar y hacer buena la plaza en los oficios del sueldo y dando fianzas de vida le haré socorrer con alguna cosa para su avío. Y si vuestra señoría no se sirviere de darnos este clérigo y otros, buscaré en las religiones frailes que sean capellanes y no los privará vuestra señoría de decir misa ni confesar como dijo ese otro día, hablando en esta materia su secretario, que vuestra señoría lo haría; cosa que a mí y a otros pareció harto mal. Y que no la puede vuestra señoría hacer conforme a razón y justicia por tomar venganza. Soy servidor de vuestra señoría y por el camino de tener yo más mano en esto la ha de tener vuestra señoría y ser dueño a su voluntad de todo como mío mandándome lo que fuere servido particularmente y no de otra manera hasta que su majestad mande otra cosa a quien daré cuentas de ello y también lo hará vuestra señoría cuya vida guarde Dios como deseo.

Concepción, 12 de julio de 1627
Don Luis Fernández de Córdova y Arce.

Respuesta del señor obispo

Recibí la que vuestra señoría fue servido escribirme en 12 de julio y por responder con distinción a los puntos de ella, quise consultar en los libros y ver primero lo que nos enseñan. Y para seguir su doctrina y conclusiones el doctor Navarro, tan celebrado en el mundo, dice que todos los beneficios ora sean de patronazgo real o patrimoniales o prestimoniales, o de otros títulos son derechos espirituales que no pueden [23] ser levantados ni establecidos sino por el romano pontífice o por quien mediata o inmediatamente tuviese potestad del mismo papa. Y que ni el emperador, ni los reyes, ni otros príncipes pueden establecer beneficios eclesiásticos aunque sea el mínimo del mundo. Ni tampoco lo pueden extinguir ni quitar sino es que tenga la misma dicha potestad para ello del papa mediata o inmediatamente. Esta conclusión pone por fe y aconseja que siempre el papa sea obedecido aunque sea con algún detrimento de los beneficios de Castilla. Y decir lo contrario dice *sapit bene sim anglicanam que huele a eregia de Yngalterra Nabarro C, 27, num. 13.*, de lo cual se infiere que siendo beneficio pertenece luego la colación de él al papa o a quien tuviese del mismo derivada potestad para exigirlo o extinguirlo. Esto se aplica al caso presente que vuestra señoría ha tratado de que las capellanías y curatos de los fuertes han de ser por solo su nombramiento y no por colación canónica institución, como dispone y manda que sea la provisión del patronazgo real. Presuponemos primero que las tales capellanías así la del capellán mayor que reside cerca de la persona de vuestra señoría, como las otras de los fuertes piden aneja jurisdicción eclesiástica por cuanto son beneficios curados con cargo de almas y no capellanías y beneficios simples para solo decir misa, sino también para administrar sacramentos en los presidios y fuertes donde residen los militares que están en guarnición de este reino en el estado de Arauco, Lebo, Colcura, San Luis de Laraquete y en San Felipe de Austria, Nuestra Señora de Buena Esperanza, San Rosendo, San Cristóbal, Talcamavida y el Nacimiento. En los cuales curatos tenemos obligación de proveer ministros, sacerdotes idóneos que administren sacramentos lo que se ha usado y ha sido costumbre antigua desde la erección y fundación del obispado. Y su primero, el señor don Antonio de San Miguel y los señores don Agustín de Cisneros, don fray [24] Reinaldo de Lizárraga, fray Juan Pérez de Espinoza obispo de Santiago y gobernador de este obispado y en mi tiempo ha corrido la misma orden según lo dispuesto por la provisión del patronazgo real. Y esto está ordenado cristiana y santamente por su majestad y su consejo de Indias porque sí, por sí solo proveyera los curatos de este reino y los del Perú y todas las Indias siendo derecho espiritual que pertenece a la Iglesia y al papa. Y a quien se deriva su potestad, que es el ordinario, pudieron decir que se hacía cabeza de la Iglesia de España y las Indias en lo temporal y espiritual que es lo que llama Navarro *schisma* o herejía anglicana desde Enrique VIII que se hizo cabeza de la Iglesia de Inglaterra. El rey católico, nuestro señor de España como columna de la Iglesia la defiende y sustenta como brazo invicto en todas partes y también en este reino por sus gobernadores, capitanes generales y otros ministros de guerra. Y de lo principal que se deben preciar es de ser obedientes a las leyes de la Iglesia y en particular en la administración de sacramentos por los sacerdotes y ministros que para ellos fueren idóneos con que se ha quitado su corona de caer en sospecha de la *schisma* anglicana que dice Navarro. A lo dicho pone fuerza lo que manda el papa Pío V en una constitución que comienza *inconferendis benefisiis ecclesiastisis* en lo cual ordena y manda que los curas sean proveídos en los curatos con oposición y de la manera que manda su majestad en la provisión del patronazgo real y que la provisión hecha de otra manera sea nula. Y así será inválido todo lo que hiciere el tal cura que fuere proveído sin el orden tan recibido en la cristiandad. Ninguna cosa he deseado tanto como ver un sacerdote en Lebo, lo cual traté muchas veces con los señores don Pedro Ozores y don Francisco de Álaba. Y a mi instancia concedió el señor don Pedro estipendio para el cura del Nacimiento, a donde fue según el patronazgo real [25] el padre Perdomo y al fuerte de Carelmapo me hizo vuestra señoría merced de que enviásemos al padre Toledo. Y sabe vuestra señoría las veces que le supliqué que se concediese para Lebo cuando a ese título se ordenó el padre Juan Cano y por irse a Lima persuadí muchas veces al padre Feliciano de Andrade para que sirviese aquella plaza. Y se fue del reino porque convino que no de todas las cosas ocultas se debe dar cuenta al príncipe y al padre Bernardino Ruiz de la Canal. Más por ruegos que con violencia de mandatos lo reduje para Lebo y temo que el demonio lo ha estorbado con esta acción y se fue a buscar de comer en compañía de Pedro de San Martín que es de su tierra en la estancia de Don Pedro Páez Castillejo. Y es menester trabajar de nuevo con él para que vaya con gusto y por estas causas y otras de haberme certificado que vuestra señoría puso en práctica de quitar los curas de los fuertes y en particular el de Yumbel. Y que mi provisor ha dicho a vuestra señoría que lo podía mudar, salí de su casa a reprenderle de palabra y dicho tan sin fundamento. Y hallando a la puerta al auditor general y a don Antonio de Espinoza le dije que algún demonio de la cadena de San Bartolomé se debía de haber soltado, pues él había aconsejado a vuestra señoría un caso como éste. Y sobre lo que me respondió dije que vendría algún navío que nos quitase de estos ruidos y en ninguna manera tomé en la boca las alegres nuevas que vuestra señoría me dice en la suya que dije que si lo hubiera dicho lo sustentara porque lo que se dijo fue con llaneza y sin la malicia que comentó el traidor que fue con el cuento y chisme de que vuestra señoría no se debe pagar. Cartas tengo de los señores gobernadores de Santiago en que dicen que ningún gobernador de los pasados ni por venir será tan a propósito como vuestra señoría por el aviso que les he dado de las malocas y felices sucesos de vuestra señoría y cuan acosado tiene al enemigo. No se debe persuadir nadie que habiendo recibido yo de vuestra señoría tantas honras y mieles en dos años [26] que concurrimos en el primer encuentro de jurisdicción se había de perder las correspondencias pasadas y desear ver a vuestra señoría fuera de aquí, como vuestra señoría me escribe y encarece que lo desea tanto como yo. La razón que pone vuestra señoría en su papel de que pudiendo poner capellán el que fuere servido *a fortiori* pondrá y podrá poner los capellanes de los fuertes. Si vuestra señoría y los señores gobernadores pasados los han elegido por su gusto y sin oposición ni examen ha sido por haberlo hecho de absoluta potencia, que antes del señor Alonso de Ribera entraban por oposición los capellanes mayores y quitó su señoría un clérigo sobrino del auditor general, hombre muy honrado. Y el señor don Pedro Ozores trajo consigo al padre fray Atanasio antes del señor don Lope que trajo al padre Andía y vuestra señoría tiene al padre fray Francisco Ponce. Y bien consta de la cédula de su majestad de que no sean frailes los capellanes, sino clérigos y por el gusto de vuestra señoría y de los pasados los hemos tolerado porque así conviene y ha convenido hacer el gusto de los señores gobernadores para la quietud, disimulando cosas, aunque sean contra las ordenes de su majestad. Y lo que toca poner religiosos en los fuertes bien sabe vuestra señoría que están mejor en sus comunidades que en los fuertes porque de santos se harán inquietos, jugadores, contratos y conchabos. Y no los podremos castigar por otros prelados que tienen que esto sería admitir un fuego monstruoso y no gobierno suave de la Iglesia; además que hay texto en el *praxis episcopalis* sacado del derecho que los curatos de los seglares no se den a los regulares. Suplico a vuestra señoría nos coadyuvemos para el bien de las almas y este clérigo vaya con mi nombramiento y la aprobación de vuestra señoría aunque sea pro ínterin de cuatro meses que para lo de adelante se mediará y se hará todo lo que vuestra señoría mandare sin perjudicar a la jurisdicción eclesiástica. No he comunicado hasta ahora con alguna persona lo que vuestra señoría [27] me escribió, que no está el deán aquí sino en su estancia y al arcediano lo tengo por sospechoso que por ganar favores de vuestra señoría para el capitán Don Miguel de Quiroz me venderá como lo hizo en decir que podía vuestra señoría quitar al vicario de Yumbel. Yo me honro y precio de ser más servidor de vuestra señoría y su perpetuo capellán rogando a nuestro Señor todos los días en el sacrificio de la misa nos guarde a vuestra señoría.

De esta celda hoy día de San Buenaventura, julio 14 de 1627
Fray Luis Jerónimo de Oré, Obispo de la Imperial.

Junta de personas eclesiásticas sobre el nombramiento de capellán para el fuerte de Lebo

En la ciudad de la Concepción en 17 de julio de 1627, habiendo llamado su señoría el señor don Luis Fernández de Córdova y Arce, señor de la villa del Carpio veinticuatro de la ciudad de Córdova del consejo de su majestad, su gobernador y capitán general de este reino de Chile y presidente de la Real Audiencia que en él reside etc. a los padres excelentísimo fray Diego de Urbina, vicario provincial de la orden de Santo Domingo y prior del convento de esta ciudad, comisario del Santo Oficio; al padre fray Gregorio de Mercado, provincial de la orden del seráfico padre San Francisco; padre fray Pedro de Inostroza, lector de Teología y prior del convento de San Agustín de esta ciudad; padre Francisco Gómez, rector del colegio de la Compañía de Jesús de esta ciudad; padre fray Juan Deca, provincial que ha sido de su orden y guardián del convento de San Francisco de esta dicha ciudad; el padre predicador fray Francisco Montes, su prior del dicho convento de Santo Domingo; el padre presentado fray Francisco Ponce de León, visitador y reformador general que ha sido de la orden de Nuestra Señora de las Mercedes de este reino y capellán mayor de este real ejército; el doctor Andrés Jiménez de Mendoza, auditor general de él. Y estando todos [28] juntos en estas casas reales vuestra señoría el señor gobernador propuso como hacía pocos días que el señor obispo de este obispado a quien también habíase hecho saber cómo esta tarde tenía esta junta y que si era servido hallarse en ella lo podría hacer y el dicho señor obispo se había excusado, le envió una nominación de un clérigo para que su señoría conforme al real patronazgo le mandase despachar presentación de la capellanía del fuerte de Lebos. Sobre lo cual su señoría, el señor gobernador, había escrito un papel al señor obispo en que le decía algunas razones fuertes que se le ofrecían por donde no le competía al dicho señor obispo nombrar la persona que había de ir a decir misa y confesar al dicho fuerte de Lebo. Más de tan solamente pidiéndoselo darle clérigo aprobado para estos efectos advirtiendo al señor obispo como su señoría el señor gobernador hacía aquella acción como capitán general y no como gobernador, sin otras razones que se contienen en el dicho papel. A éste el señor obispo había respondido otro a su señoría alegando algunos textos del doctor Navarro diciendo era herejía anglicana y una bula de la santidad de Pío V afirmando competirle el nombramiento del sacerdote para el fuerte de Lebo. Y estando en estas competencias de jurisdicciones, su señoría el señor gobernador con el deseo del mayor servicio de entrambas majestades y para certificarse y entender si con justo y derecho título como a tal capitán general le competía el nombramiento del sacerdote o al dicho señor obispo y asimismo para saber si era herejía o no, o cosa contra nuestra santa fe católica, había llamado a todos los de la dicha junta para que como personas tan prácticas, doctas e inteligentes y de la experiencia y cristiandad que su señoría conocía tenían en el caso presente lo consultasen, difiriesen, tratasen y resolviesen encaminándolo al servicio de nuestro Señor. Pues su señoría el dicho señor [29] gobernador estaba presto de hacer luego lo que sus paternidades acordasen y habiéndose leído los dichos papeles de *verbo adberbum* y tratado y conferido sobre esta materia y los pros y contras que se ofrecían en entrambas jurisdicciones eclesiásticas y seculares unánimes y conformes y de común consentimiento *nemine discrepante* se resolvieron en que a su señoría del señor gobernador como a capitán general que era de este real ejército y reino competía esta acción de nombrar sacerdotes, para decir misa y confesar en el dicho fuerte de Lebo. Estando aprobado por su prelado y demás de pertenecerle el dicho nombramiento sin nominación del señor obispo, el padre maestro fray Diego de Urbina dijo incurría en pecado mortal el señor gobernador en no nombrar desde luego al dicho sacerdote para que fuese a decir misa y confesar al fuerte de Lebo, así por la mucha experiencia que tenía. Y era notorio de los soldados que habían muerto sin confesión como por lo mucho que en aquel fuerte carecían de oír misa y confesar. Y demás del presente parecer que unánimes y conformes dieron, dijeron lo darían cada uno de por sí en forma y con más distinción y así lo acordaron, resolvieron y firmaron de sus nombres juntamente con el dicho señor gobernador don Luis Fernández de Córdova y Arce, fray Diego de Urbina, fray Gregorio de Mercado, fray Pedro de Inostroza, fray Juan Deca, Francisco Gómez, fray Francisco Montes, fray Francisco Ponce de León, doctor Mendoza. Por mandato de su señoría Alonso Mejía Tinoco.

Carta   Por las que van con este verá vuestra señoría las razones que me han movido a desear obviar los inconvenientes que tiene estar el padre don Jerónimo de Riberos sirviendo la capellanía de los presidios y fuertes de Buena Esperanza y San Cristóbal, donde hay para distraerse por su condición [30] más ocasiones que en otras personas. Y puesto que el intento principal mío solo mira al mayor servicio de Dios y que tengamos todos el ejemplo que es justo de los sacerdotes que están en el ejército y presidios, suplico a vuestra señoría se sirva de deponer en don Jerónimo el remedio que convenga advirtiendo que conforme a derecho para las visitas y averiguar la vida de cualquiera es muy conforme al que salgan de la parte donde son visitados, que por esta razón quizá nunca vuestra señoría ha sabido los excesos de muchos. Puesto que tan diversas veces yo lo he advertido a vuestra señoría y asimismo le he pedido enviarme los clérigos que vuestra señoría fuere servido para que en el Nacimiento y Talcamavida acudan a estas capellanías por los inconvenientes que he dicho a vuestra señoría tienen que estén los que hoy las ejercen. Y para algunos de estos dos presidios últimos será mejor don Jerónimo que para donde está que como vuestra señoría en esto ordenare y mandare les haré hacer buenos los sueldos en los oficios de este real ejército con que creo será nuestro Señor más bien servido. Que guarde a vuestra señoría como deseo.

Concepción, 16 de agosto de 1627
Don Luis Fernández de Córdova y Arce.

Carta   Me tiene con cuidado y aún con escrúpulo que el tercio de San Felipe de Austria esté sin capellán después de la muerte del padre Diego López Hermoso. Y aunque por ser criollo de esta tierra virtuoso y clérigo de aprobación el padre Juan Mejía Reinoso quise enviarlo a esta ocupación; lo he dejado de hacer por no estar aprobado por vuestra señoría.

Porque como tengo más largamente por escrito en otra ocasión he dicho a vuestra señoría sobre lo que todos los religiosos graves y doctos de esta ciudad dieron su parecer. Puedo poner en nombre de su majestad persona eclesiástica para que le sirva de capellán [31] en cualquiera de los tercios y fuertes con que esté aprobada. Y diferentes veces he dicho a vuestra señoría que sea quien fuere servido con que vuestra señoría le mande ocurra a mí para que ordene se le haga bueno el sueldo de capellán en los oficios de este ejército. Y para más justificación de mis acciones y de lo que procuro encaminarlas al servicio de Dios y de su majestad sin faltar a ellos he deseado estos días que a vuestra señoría se le dé a entender esta materia como se ha hecho por personas de autoridad y religión, a quienes ha parecido justificado mi intento. Suplico a vuestra señoría se sirva de avisarme el clérigo que tiene gusto que vaya en la forma que digo al cual haré hacer luego buena la plaza porque de otra manera no me será bien contado permitir lo contrario. La provincia de Chiloé en lo espiritual y temporal tiene necesidad de gran remedio; en lo uno se lo pondré como convenga y en lo otro es justo que vuestra señoría lo procure atajando tantos escándalos como allá dan los sacerdotes que hay viviendo muy mal y como quiera que aquellas cosas piden más breve de liberación que las de por acá en que con tanta remisión he visto a vuestra señoría muchas veces. Es justo ahora se sirva de acordar en esto lo que convenga porque si no es de año en año no se sabe lo que pasa en aquella provincia. Y si al presente no se envían eclesiásticos procederán con sus excesos hasta otros con que no podremos prometernos cosa buena. Y siempre creí el padre Toledo había de proceder como se ha visto pues de soldado y sargento en el ejército no dio ningún buen ejemplo. Y habiéndome hallado en su misa nueva me informé de su poca virtud, letras y suficiencia, no solo para encargarle almas, más ni aún para el sacerdocio que después que lo fue dio el escándalo [32] que se vio en Chillán. Ya que habiendo tenido a punto de muerte al padre canónigo Juan Gutiérrez, persona de tan aprobada vida y en Chiloé quitado al padre Bernardo que me dicen es buen clérigo, a los demás es justo vuestra señoría los promueva. Y sino por lo que toca al ejército haré lo que convenga y pues su majestad manda a las personas que están en las ocupaciones que yo cele por lo que toca al descargo de su real conciencia así en lo temporal como espiritual de que manda se le dé con mucha particularidad cuenta cumpliendo con lo que debo me será fuerza hacerlo. Pues aun cuando pudiera predicarlo no lo dijera en aquella parte sin habérselo primero comunicado a vuestra señoría. De lo que vuestra señoría dijo ayer en el sermón algunas cosas juzgué (como otros) por no de aquel rigor pues lo que el señor obispo de Chiapa escribió defendiendo a los naturales de las Indias no se entiende con los rebeldes de este reino apóstatas los más de nuestra santa fe que con tan grandes insultos la han negado como la obediencia al rey nuestro señor que con tanta cristiandad y celo mira el bien de sus reinos. Y la esclavitud no tengo la de los moros por más justa que la de estos enemigos y no es canónico lo que dicho señor obispo escribió, ni tiene más autoridad que la suya y su majestad. Por otros de tanta como su señoría en letras y experiencia como rey tan cristiano se deja entender lo haría mirar como lo dice en la cédula de dicha esclavitud de que con éste envío a vuestra señoría un tanto cuya causa está hoy con más justificación para que sean esclavos esos rebeldes. Que cuando se despachó dicha cédula por haberse guardado trece o catorce [33] años el modo de la guerra defensiva en tan gran perjuicio de este reino, vidas de españoles y menoscabo de la real hacienda. Que de todo consta a vuestra señoría cuya persona guarde nuestro Señor los muchos y dichosos años que deseo con los acrecentamientos que vuestra señoría merece.

Concepción, 9 de diciembre de 1627

Don Luis Fernández de Córdova y Arce.

Carta   Ayer tarde recibí el papel que vuestra señoría se sirvió escribirme y juntamente la cédula real de la esclavitud de estos indios y con lo uno y otro recibí mucha merced y contento y hasta bien tarde no pude juntar los cuatro prebendados para con su parecer responder a lo que vuestra señoría me envía a mandar. Del mismo escrúpulo que vuestra señoría ha tenido, me ha constreñido de dar orden al padre don Jerónimo de Riberos para que no haga falta en acudir al cuartel para todo lo que fuere necesario. También he enviado a la estancia de su majestad a Cristóbal Meléndez y el padre Antonio Gómez está cerca de allí que fue a suplir al padre Agustín Hernández que ha estado muy enfermo y me lo trajeron a esta ciudad y está convaleciendo en casa de su madre; les ha parecido a los prebendados se sobresea con poner un ínterin como dispone el concilio. Y entre tanto se remita a su excelencia y a la Real Audiencia de los Reyes donde hay hombres tan doctos y sigamos todos su parecer. Y porque esto va a lo largo, me parece que en la primera ocasión de correo que vuestra señoría despachare a Santiago, se sirva hacer relación a los señores de aquella audiencia [34] el parecer que firmaron los prelados de las órdenes con que vuestra señoría se ha movido de poner capellanes en los fuertes sin mi nominación. Y también yo haré relación de no haber venido en esta opinión por ser contra el orden que su majestad da en la cédula del patronazgo real, mandando que se provean los beneficios y oficios eclesiásticos con edicto de oposición y de los más idóneos nombre el prelado, dos para que vuestra señoría en nombre de su majestad elija el que fuere servido. Y siendo presentado el prelado le de la colación y canónica institución del oficio o beneficio que fuere no perpetuo, sino que cuando fuere justo removerlo vuestra señoría y yo le podamos quitar y nombra otro y esto es según el concilio de Trento. El concilio limense segundo manda y dice que cualquiera que se atreviere a poner o quitar alguno en doctrina de indios sin consentimiento del obispo incurra *ipso facto* en pena de ex comunión mayor. Y en la misma y ultra de eso en suspensión de oficio por un año incurra el sacerdote que tomare la doctrina y su cargo de indios sin orden del obispo o de su vicario que tenga poder para ello. Y a los gobernadores y real audiencias se advierta que demás de ser esto conforme al derecho canónico es especial mandato de su majestad que quiere que así se haga y guarde inviolablemente. Hasta aquí son palabras del concilio que cuando yo fuere a besar a vuestra señoría las manos las verá en romance y de molde y en derecho de unos decretos se saca consecuencia para cosas semejantes que pueden suceder como el proveer curas en los fuertes. Y el Tercer [35] Concilio Limense en el capítulo dieciséis ordena y manda que *nullus postac clericus parc chiam yndorum absque episcopi colasione suscipiat vel administret qui aliter susceperint etiamsi propio rectore parrochia destituta sit anachemat feriatur ydem a rregularibus onserbetur.* De manera que también incurrirán en pena de la excomunión y *anathemat* los frailes que sin orden del prelado fueren enviados y el mismo concilio tercero manda en dos lugares que los mandatos del patronazgo real se guarden inviolablemente. Certifico a vuestra señoría que deseo después de la salvación, acertar en el gobierno de este pobre obispado y en servir y dar gusto a vuestra señoría como a tan gran señor mío y caballero que tantas mercedes y honras me hace. Pero como la jurisdicción no es mía no soy tan presto en reducirme a lo que me parece ser contra la de la Iglesia. Y esto vuestra señoría debe tener a bien que un capellán y mayor servidor de vuestra señoría tenga entereza en mirar por lo que la Iglesia le ha confiado. Los desórdenes de Chiloé me han lastimado grandemente, procuro el remedio todo lo posible. Y a más de cuatro días envié a llamar al cura de Toquigua, persona que procede religiosa y cristianamente para enviarlo allá y que sean visitados los sacerdotes que por relación de los que han venido han causado malos ejemplos y escándalos, que todos cesarán con la persona que vuestra señoría ha elegido por cabo de aquella provincia pues tiene valor para mediar y componer y remediar mayores daños. La cédula de esclavitud es del año de siete y me he holgado de verla y [36] aquella ha estado suspensa con la guerra defensiva que introdujo el padre Valdivia[3]. Vuestra señoría me hará merced de que me conste de la autoridad real del príncipe que es la de su majestad para que se prosiga en la suspensión de aquella que se envió al licenciado Merlo de la Fuente. Y en esta materia estoy tan neutral que cuando veo algún mal suceso en los nuestros lo siento en el alma y deseo el castigo. Y cuando a los enemigos los veo muy acosados, herrados y vendidos y los veo llevar a partes con guinguas me acuerdo que tienen ángel que los defienda y que soy su obispo y ruego a nuestro Señor los humille, convierta y reduzca al gremio de la Santa Iglesia y que guarde muchos años a vuestra señoría en este oficio o en otros mayores. Y porque nos llaman nuestros difuntos ceso en esta.

De esta celda, diciembre 10 de 1627
Fray Luis Jerónimo, obispo de la Imperial.

Carta   Muy grande merced recibí con el papel de vuestra señoría su fecha de esta mañana en respuesta del mío. Y satisfaciendo a lo que vuestra señoría se sirve de decirme en él, dije señor que he visto la cédula del patronazgo real y sesiones de los concilios tridentino y limeses. Y como en otras ocasiones he escrito y dicho a vuestra señoría, no militan en la causa presente las razones de los concilios para hablar de curas y no de las personas que en los ejércitos o armadas tienen plazas de capellanes. Y aseguro a vuestra señoría que además de las opiniones que en esto tienen tantos religiosos doctos sino fuera con la experiencia de lo que he visto no hablara de ello con que no se me ofrece que hacer otras consultas al señor virrey del Perú ni a aquella audiencia. Y los señores de la de Santiago cada uno de por sí ha visto el papel que escribí a vuestra señoría en esta [37] materia, la respuesta de vuestra señoría y junta. Y sienten lo mismo y puesto que es tan justo como vuestra señoría me dice el defender las jurisdicciones, le suplico no tenga a mal defender yo la real por las razones referidas. Y el ínterin está muy bien que lo haya en los curatos por el tiempo que el concilio permite y así se podrá entender en los casos que expresa con que en esta materia no se me ofrece más que decir a vuestra señoría. Muy cierto estoy que con el gran celo y cristiandad de vuestra señoría se servirá de poner en los clérigos de la provincia de Chiloé el remedio que las cosas de ella piden, como yo lo he hecho en la persona que he elegido por gobernador en quien concurren

---

[3] Aquí parece referirse al año 1607; no obstante, la esclavitud fue derogada en 1609. Ver Díaz Blanco, 2005.

las partes que vuestra señoría también conoce. Como me dice vuestra señoría olvidóseme con la cédula de su majestad que envié ayer a vuestra señoría
sobre el dar estos enemigos por esclavos, remitir las cartas de su excelencia
por donde me dice lo que su majestad se sirve de mandar y en una pone las
palabras formales como vuestra señoría verá por las copias que van con este.
Y también he hecho sacar la de la junta que hice donde se leyeron dicha
cédula y cartas y vuestra señoría se halló en todo y se sirvió de dar su parecer
y firmarlo. Y así creo, como a mí, se le debió de olvidar a vuestra señoría,
diciendo no le ha constado de esta materia potes por lo que se ha hallado en
el gobierno consta de lo contrario. Y su majestad que Dios guarde como rey
tan cristiano, es cierto, justifica las cosas que manda y que el señor virrey del
Perú en cosa tan grave no había de poner ninguna de su casa. Y no embar-
gante que vuestra señoría dijo y firmó lo que consta para enterarme de lo
que no alcanzo en la materia, holgare vuestra señoría se sirva de advertírme-
lo y nunca he tenido ningún suceso después que soy soldado bueno que no
entienda pueda seguirse al adverso siendo en la guerra tan contingentes los
unos [38] o los otros. Y por el pasado del agua sabrá que tuvo el tercio de San
Felipe, he dado a Dios infinitas gracias y le he tenido por de los mejores que
su Divina Majestad me ha dado pues haber muertos y heridos en las guerras
es más sin duda que salir sin ellas. Y el tercio estuvo tan perdido que de no
haber sido por el valor de algunos nuestros y tanta mortandad de los enemigos que en todo después mostraron tristeza no sé qué fuera hoy de estas
fronteras. Muy a prisa y sin que pase de la semana que viene con el favor de
nuestro Señor quisiera salir a tomar más entera satisfacción que por la falta
que tenemos de cuerda no lo he hecho. Doy de todo cuenta a vuestra señoría como a tan gran señor y dueño mío a quien aseguro que con mucha
voluntad recibiré siempre lo que vuestra señoría fuere servido de advertirme
en el servicio de su majestad y en el de vuestra señoría me emplearé con
muchas veras, cuya persona guarde Dios con las felicidades que deseo.

Concepción, 10 de diciembre de 1627
Don Luis Fernández de Córdova y Arce.

Este es un traslado bien y fielmente sacado de copias de cartas y papeles
que su señoría el señor presidente escribió ante mí con las de su señoría reverendísima del señor obispo y junta que se hizo que va inserto con lo cual
corregí y conserve este dicho traslado que hice sacar y saqué de pedimiento
de su señoría del señor gobernador, el cual se quedó en su poder con las
dichas copias de cartas, papeles y junta a que me refiero y para que conste
del presente.

En la ciudad de la Concepción, en 15 de febrero de 1629
Y en fe de ello hice mi signo en testimonio de verdad Juan de Ugarte
escribano público y de cabildo.

Auto   En la ciudad de La Concepción en 15 de febrero de 1629.

El señor [39] don Luis Fernández de Córdova y Arce señor de la villa de Carpio veinticuatro de la ciudad de Córdova, gobernador y capitán general de este reino y presidente de la Real Audiencia que en él reside habiendo visto la información hecha en oposición de la que hizo el señor obispo de este obispado imperial de que se le dio noticia pretendiendo informar a su majestad de que su señoría ponía y quitaba curas en los presidios y fuertes de la guerra de este reino contra la puntualidad y cuidado que ha tenido y tiene en la observancia de la jurisdicción eclesiástica. Y es debido a su inmunidad y para que conste de esta verdad y el rey nuestro señor sea bien informado de ella mandó que de esta dicha información se saque una copia y traslado, o los que convinieren para que se remitan a su majestad y su real consejo y con ella la junta y acuerdo y los demás papeles que sobre esta materia tratan, para que conste a su majestad y se sirva de mandar lo que en este caso se deba hacer. Y lo que los prelados han de observar en los nombramientos de capellanes y lo demás que convenga a su real servicio.

Y lo firmó Don Luis Fernández de Córdova y Arce, ante mi Juan de Ugarte escribano público y de cabildo.

Corregido con la información original y testimonio que saqué de copias de cartas y papeles que está cosido todo con la dicha información, la cual llevó originalmente su señoría el señor presidente don Luis Fernández de Córdova y Arce, a cuya petición hice sacar este traslado y va cierto y verdadero porque lo corregí y concerté con el dicho original. Y para que conste di el presente en la Concepción, a 19 de febrero de 1629, siendo testigos de vista el corregir Dionisio de Salamanca y Pedro Vélez.

Enmendado: trario/vs/to/siempre/sios/p/ ocasion/Gomez/vs/entre/renglones/dho/vale.

OBRAS CITADAS

ABBOTT, D., *Rhetoric in the New World: Rhetorical Theory and Practice in Colonial Spanish America*, Columbia, University of South Carolina Press, 1996.

ACOSTA, J. de, *Historia natural y moral de las Indias, en que se tratan las cosas notables del cielo, elementos, metales, plantas y animales de ellas; y los ritos, ceremonias, leyes, gobierno y guerras de los Indios* [1590], vol. 1. Madrid, Ramón Anglés, impresor, 1894.

— *De procuranda indorum salute (Predicación del Evangelio en las Indias)* [1588], ed. F. Mateos, Madrid, Colección España Misionera, 1952.

— *Natural and Moral History of the Indies*, trad. F. M. López-Morillas, ed. J. E. Mangan, Durham/London: Duke University Press, 2002.

ADORNO, R., «El sujeto colonial y la construcción cultural de la alteridad», *Revista de Crítica Literaria Latinoamericana*, 28, 1988, pp. 55-68.

— «Nuevas perspectivas en los estudios literarios coloniales hispanoamericanos», *Revista de Crítica Literaria Latinoamericana*, 14, 1988, pp. 11-28.

— *Guaman Poma: literatura de resistencia en el Perú colonial*. Ciudad de México, Siglo XXI, 1991.

— *The Polemics of Possession in Spanish American Narrative*, New Haven, Yale University Press, 2007.

ÁLVAREZ-CALDERÓN, A., «Fray Martín de Murúa y su crónica: vida, obra y mentiras de un mercedario en los Andes (fines del siglo XVI-principios del XVII)», *Bira*, 31, 2004, pp. 97-154.

ANDRANGO-WALKER, C., «El Colegio de caciques San Andrés y la transformación del espacio colonial quiteño», *Latin American Literary Review*, 40, 2012, pp. 28-51.

ANDRIEN, K., "Spaniards, Andeans, and the Early Colonial State in Peru", en *Transatlantic Encounters: Europeans and Andeans in the Sixteenth Century*, eds. K. Andrien y R. Adorno, Berkeley, University of California Press, 1991, pp. 121-148.

— *Andean Worlds: Indigenous History, Culture, and Consciousness Under Spanish Rule, 1532-1825*, Albuquerque, University of New Mexico Press, 2001.

ARISTÓTELES, *Política*, ed. A. Gómez Robledo, Ciudad de México, Universidad Nacional Autónoma de México, 2000.

ARMAS ASÍN, F., «Introducción. Espacios y formas: los procesos de evangelización en Iberoamérica», en *La invención del catolicismo en América: los procesos de evangelización, siglos XVI-XVIII*, ed. F. Armas Asín, Lima, Universidad Nacional Mayor de San Marcos, 2009.

BARNES-KAROL, G., «Religious Oratory in a Culture of Control», en *Culture and Control in Counter-Reformation Spain*, ed. A. Cruz y M. E. Perry, Minneapolis, University of Minnesota Press, 1992, pp. 51-77.

BARTRA, E., *Tercer Concilio Limense, 1582-1583: versión castellana original de los decretos con el sumario del Segundo Concilio Limense*, Lima, Facultad Pontificia y Civil de Teología de Lima, 1982.

BAUER, B., «Legitimization of the State in Inca Myth and Ritual», *American Anthropologist*, 98, 1996, pp. 327-337.

— *The Sacred Landscape of the Inca: The Cusco Ceque System*, Austin, University of Texas Press, 1998.

BAUER, R./MAZZOTTI, J. A., «Introduction», en *Creole Subjects in the Colonial Americas: Empires, Texts, Identities*, eds. R. Bauer y J. A. Mazzotti, Chapel Hill, University of North Carolina Press, 2009, pp. 1-57.

BENITO RODRÍGUEZ, J. A., *Libro de visitas de Santo Toribio Mogrovejo, 1593-1605*, Lima, Pontificia Universidad Católica del Perú, 2006.

BETANZOS, Juan de, *Suma y narración de los incas* [1551], ed. María del Carmen Rubio, Madrid, Atlas, 1987.

BEYERSDORFF, M., «Ritual Gesture to Poetic Text in the Christianization of the Andes», *Journal of Latin American Lore*, 18, 1992, pp. 125-162.

— «Rito y verbo en la poesía de Fray Luis Jerónimo de Oré», en *Mito y simbolismo en los Andes. La figura y la palabra*, ed. H. Urbano, Cuzco: Centro de Estudios Regionales Andinos Bartolomé de las Casas, 1993.

BHABHA, Homi K., *The Location of Culture*, London, Routledge, 1994.

BOONE, E. H., «Introducción», en *Native Traditions in the Postconquest World: A Symposium at Dumbarton Oaks, 2nd Through 4th October 1992*. eds. E. H. Boone y T. Cummins, Washington, D.C., Dumbarton Oaks, 1998.

BRADING, D. A., *The First America: The Spanish Monarchy, Creole Patriots, and the Liberal State, 1492-1867*, Cambridge, Cambridge University Press, 1991.

BROKAW, G., *A History of the Khipu*, Cambridge, Cambridge University Press, 2010.

BURNS, K., *Colonial Habits: Convents and the Spiritual Economy of Cuzco, Peru*, Durham, Duke University Press, 1999.

CAHILL, D./TOVÍAS, B., *Elites indígenas en los Andes: nobles, caciques y cabildantes bajo el yugo colonial*, Quito, Abya-Yala, 2003.

CALANCHA, A. de la, *Crónica moralizada* [1638], ed. I. Prado Pastor, Lima, Universidad Nacional Mayor de San Marcos, 1974, vol. 1.

CAÑIZARES-ESGUERRA, J. «New World, New Stars: Patriotic Astrology and the Invention of Indian and Creole Bodies in Colonial Spanish America, 1600-1650», *The American Historical Review*, 104, 1999, pp. 33-68.

— «Racial, Religious, and Civic Creole Identity in Colonial Spanish America», *American Literary History*, 17, 2005, pp. 420-437.

CARRILLO, F., *Cronistas del Perú antiguo*, Lima, Editorial Horizonte, 1989, vol. 4.

«Carta del cabildo eclesiástico de la Concepción. Ciudad de la Concepción, reino de Chile», en *Cartas y expedientes de cabildos eclesiásticos de Santiago de Chile y Concepción, 1564-1696, 24 de abril de 1630*, Archivo General de Indias. Sevilla, España.

CASAS, B. de Las, *Historia de las indias*, Madrid, Imprenta de Miguel Ginesta, 1875.

— *Apologética historia sumaria* [1552?], ed. y estudio preliminar E. O'Gorman, 3ª ed., Ciudad de México: Universidad Nacional Autónoma de México, 1967.

CASTRO PINEDA, L., *La cátedra de lengua Quechua en la catedral de Lima*, Lima, Universidad Nacional Mayor de San Marcos, 1963.

CERRÓN-PALOMINO, R., *Castellano andino: aspectos sociolingüísticos, pedagógicos y gramaticales*, Lima, Pontificia Universidad Católica del Perú, 2003.

CERTEAU, M. de, *The Practice of Everyday Life*, trad. S. F. Rendall, Berkeley, University of California Press, 1984.

— *The Writing of History*, New York, Columbia University Press, 1988.

CÉSPEDES, V., «Jerónimo de Valera, padre del criollismo», *San Marcos. Revista editada por el Rectorado de la Universidad Nacional Mayor de San Marcos*, 24, 2006, pp. 281-292.

CHANG-RODRÍGUEZ, R., «Santo Tomás en los Andes», *Revista Iberoamericana*, 53, 140, 1987, pp. 559-567.

— «Estudio preliminar», en *Relación de los mártires de la Florida del P.F. Luis Jerónimo de Oré (c. 1619)*, ed. R. Chang-Rodríguez, Lima, Pontificia Universidad Católica del Perú, 2014, pp. 15-76.

— «Felipe Huaman Poma de Ayala y Luis Jerónimo de Oré, dos ingenios andinos», *Libros & Artes, Revista de Cultura de la Biblioteca Nacional del Perú*, 13, 78-79, 2016, pp. 11-14.

CHANG-RODRÍGUEZ, R./VOGELEY, N., «Introduction», en *Account of the Martyrs in the Provinces of la Florida*, ed. y trad. Chang-Rodríguez y N. Vogeley, Albuquerque, University of New Mexico Press, 2017, pp. 1-63.

CHARLES, J., «"Hacen muy diverso sentido": polémicas en torno a los catequistas andinos en el virreinato peruano (siglos XVI-XVII)», *Histórica*, 28, 2004, pp. 9-34.

CIEZA DE LEÓN, P., *La crónica del Perú*, [1553], Madrid, Espasa Calpe, 1922.

— *Crónicas del Perú. El señorío de los incas* [1554], ed. F. Pease, Caracas, Biblioteca Ayacucho, 2005.

COELLO DE LA ROSA, A., *Espacios de exclusión, espacios de poder: el cercado de Lima colonial (1568-1606)*, Lima, Instituto de Estudios Peruanos, 2006.

— «De mestizos y criollos en la Compañía de Jesús (Perú, siglos XVI-XVII)», *Revista de Indias*, 68, 243, 2008, pp. 37-66.

— «Más allá del incario: imperialismo e historia en José de Acosta, SJ (1540-1600)», *Colonial Latin American Review*, 14, 2010, pp. 55-81.

— *Historia y ficción: la escritura de la Historia general y natural de las Indias de Gonzalo Fernández de Oviedo y Valdés (1478-1557)*, València, Universitat de València, 2012.

COLLARD, A., *Bartolomé de Las Casas: History of the Indies*, New York, Harper Torchbooks, 1971.

Confesionario para los curas de indios con la instrucción contra sus ritos: y exhortación para ayudar a bien morir: y suma de sus privilegios: y forma de impedimentos del matrimonio, Lima, Imprenta de Antonio Ricardo, 1585.

COOK, Noble David, «Luis Jerónimo de Oré: Una aproximación», en Oré, L. J. de, *Símbolo Catholico Indiano* [1598], ed. facsimilar dirigida por A. Tibesar, Lima, Australis, 1992.

— «Introducción», en *Relación de la vida y milagros de San Francisco Solano*, Lima, Pontificia Universidad Católica del Perú, 1998.

— «Viviendo en las márgenes del imperio: Luis Jerónimo de Oré y la exploración del *Otro*», *Histórica*, 32, 2008, pp. 11-38.

COOK, Noble D./A. P. Cook, *People of the Volcano: Andean Counterpoint in the Colca Valley of Peru*, Durham, Duke University Press, 2007.

CÓRDOVA Y SALINAS, D. de, *Crónica franciscana de las provincias del Perú* [1651], ed., notas e introducción L. G. Canedo, Washington, Academy of American Franciscan History, 1957.

CORNEJO POLAR, A., «La literatura latinoamericana y sus literaturas regionales y nacionales como totalidades contradictorias», en *Hacia una historia de la literatura latinoamericana*, ed. A. Pizarro, Ciudad de México, El Colegio de México, 1987, pp. 123-136.

COURCELLES, D. de, *Escribir la historia, escribir historias en el mundo hispánico*, Ciudad de México, Universidad Nacional Autónoma de México, 2009.

CUENCA, L. A., «Persio», *Poéticas. Poesía sobre poesía*, 2014, disponible en <http://poeticas.es/?p=128>.

DEAN, C., *Inka Bodies and the Body of Christ: Corpus Christi in Colonial Cuzco, Peru*, Durham/London, Duke University Press, 1999.

DEL PINO, F., «Estudio introductorio», en Acosta, J. de, *Historia natural y moral de las Indias*, ed. Fermín del Pino, Madrid, Consejo Superior de Investigaciones Científicas, 2008.

DÍAZ, M., «El "nuevo paradigma" de los estudios coloniales latinoamericanos: un cuarto de siglo después», *Revista de Estudios Hispánicos*, 48, 2014, pp. 519-547.

DÍAZ BLANCO, J. M., «Los virreyes del Perú y la guerra defensiva de Chile», *Bira*, 32, 2005, pp. 101-126.

Doctrina cristiana, y catecismo para instrucción de indios, y de las demás personas que han de ser enseñadas en nuestra fe. Con un confesionario, y otras cosas necesarias, Lima, Imprenta de Antonio Ricardo, 1584.

DONKER, G. J., *The Text of the Apostols in Athanasius of Alexandria*, Atlanta, Society of Biblical Literature, 2011.

— *Athanasius of Alexandria: Bishop, Theologian, Ascetic, Father*, Oxford, Oxford University Press, 2012.

DUEÑAS, A., *Indians and Mestizos in the "Lettered City": Reshaping Justice, Social Hierarchy, and Political Culture in Colonial Peru*, Boulder, University Press of Colorado, 2010.

DURÁN, N., «De la evangelización de los mendicantes a la "Rectificación" jesuita de José de Acosta», en *Escrituras de la modernidad: los jesuitas entre cultura retórica y cultura científica*, eds. P. Chinchilla y A. Romano, Ciudad de México: Universidad Iberoamericana, 2008, pp. 21-52.

DURAND, J., «La biblioteca del Inca», *Nueva Revista de Filología Hispánica*, 2, 1948, pp. 239-264.

DURSTON, A., *Pastoral Quechua: The History of Christian Translation in Colonial Peru, 1550-1650*, Notre Dame, University of Notre Dame Press, 2007.

— «Apuntes para una historia de los himnos quechuas del Cusco», *Chungará, Revista de Antropología Chilena*, 42, 2010, pp. 147-155.

DUSSEL, E., *Desintegración de la cristiandad colonial y liberación: perspectiva latinoamericana*. Salamanca: Sígueme, 1978.

— *Historia general de la Iglesia en América latina*, Salamanca, Sígueme, 1983, vol. 1.

DUVIOLS, P., «Del discurso escrito colonial al discurso prehispánico: hacia el sistema sociocosmológico inca de oposición y complementariedad», *Bulletin de l'Institut Français d'Études Andines*, 26, 1997, pp. 279-305.

— «Sobre la extirpación de idolatría en el Perú», en *Procesos y visitas de idolatrías: Cajatambo, siglo XVII con documentos anexos*, Lima, Pontificia Universidad Católica del Perú, 2003, pp. 20-52.

EARLE, R., *The Body of the Conquistador: Food, Race, and the Colonial Experience in Spanish America, 1492-1700*, Cambridge, Cambridge University Press, 2012.

EICHMANN OEHRLI, A., «Copacabana en el escenario de la primera mundialización. Un episodio significativo», en *Migraciones & rutas del Barroco*, eds. N. Campos Vera y M. Pereira, La Paz, PROINSA, 2014, pp. 369-379.

El sacrosanto y ecuménico Concilio de Trento. Traducido al idioma castellano por Ignacio López de Ayala (Agrégase el texto original corregido según la edición auténtica de Roma, publicada en 1564), Barcelona, Imprenta y librería de D. Antonio Sierra, 1848.

ELLIOTT, J., «A modo de preámbulo. Mundos parecidos, mundos distintos», en *Mezclado y sospechoso movilidad e identidades, España y América (siglos XVI-XVIII): coloquio internacional, 29-31 de mayo de 2000 [seguido del Encuentro en la Universidad Paris I-Panthéon-Sorbonne, en marzo de 2002]*, ed. G. Salinero y J. Elliott, Madrid, Casa de Velázquez, 2005, pp. XI- XXVIII.

ESPINOZA SORIA, M. A., *La catequesis en Fray Luis Jerónimo de Oré, ofm: un aporte a la nueva evangelización*, Lima, Convento de los Descalzos, 2012.

ESTENSSORO, J. C., «Los bailes de los indios y el proyecto colonial», *Revista Andina*, 20, 1992, pp. 353-404.

— *Del paganismo a la santidad: la incorporación de los indios del Perú al catolicismo, 1532-1750*, trad. Gabriela Ramos, Lima, Instituto Francés de Estudios Andinos, 2003.

EX CATHEDRA, «Qhapaq eterno Dios», en *New World Symphonies from Araujo to Zipoli: an A to Z of Latin American Baroque*, dirigido por J. Skidmore, London: Hyperion, 2003.

FERNÁNDEZ DE CÓRDOBA Y ARCE, Luis, «Carta de don Luis Fernández de Córdoba sobre el obispo fray Luis Gerónimo de Ore, 1-29 de febrero de 1629», Archivo General de Indias. Sevilla, España.

FERNÁNDEZ DE OVIEDO Y VALDÉS, G., *Historia general y natural de las Indias, islas y tierra-firme del mar Océano* [1535], ed. J. A. de los Ríos, Madrid, Imprenta de la Real Academia de la Historia, 1851, vol. 1.

FOSSA, L., «"Desde que florecía como la flor del huerto": el cantar de Inca Yupanqui en la *Suma y narración* de Juan de Betanzos», en *Entre tradición e innovación cinco siglos de literatura amerindia. Actas del simposio «Fondo autóctono y aportes europeos en las literaturas amerindias: aspectos metodológicos y filológicos»*, eds. International Congress of Americanists y J. P. Husson, Lima, Pontificia Universidad Católica del Perú, 2005, pp. 27-48.

— *Narrativas problemáticas. Los inkas bajo la pluma española*, Lima, Instituto de Estudios Peruanos, 2006.

FOUCAULT, M., «Of Other Spaces». trad. J. Miskowiec, *Diacritics*, 1986, pp. 22-27.

FRIEDE, J., «La censura española del siglo XVI y los libros de Historia de América», *Revista de Historia de América*, 47, 1959, pp. 45-94.

GARCÍA AHUMADA, E., «La catequesis renovadora de Fray Luis Jerónimo de Oré (1554-1630)», en *Evangelización y teología en América (siglo XVI). X Simposio Internacional de Teología de la Universidad de Navarra*, Pamplona, Universidad de Navarra, 1990, pp. 925-945.

GAY, C., *Historia física y política de Chile, según documentos adquiridos en esta república durante doce años de residencia en ella y publicada bajo los auspicios del suprema gobierno*, París, Imprenta de E. Thunot, 1844.

GEIGER, M., *The Martyrs of Florida (1513-1616)*, New York, J. F. Wagner, 1936.

GENTO SANZ, B., *Historia de la obra constructiva de San Francisco desde su fundación hasta nuestros días, 1535-1942*, Quito, Imprenta municipal, 1942.

GONZÁLEZ HOLGUÍN, D., *Vocabulario de la lengua general de todo el Perú llamada lengua quichua o del Inca* [1608], ed. R. Porras Barrenechea, Lima, Imprenta Santa María, 1952.

GRANADA, fray L. de, *Los seis libros de la retórica eclesiástica escritos en latín por Luis de Granada y dados a luz de orden del ilustrísimo señor don José Climent* [1576], Barcelona, Imprenta de la V. É H. de J. Subirana, 1884, vol. 1.

GUAMAN POMA DE AYALA, F., *Primer nueva corónica y buen gobierno*, ed. J.V. Murra y R. Adorno, trad. J. Urioste, Ciudad de México, Siglo Veintiuno, 2006.

GUIBOVICH PÉREZ, P., «The Printing Press in Colonial Peru: Production Process and Literary Categories in Lima, 1584-1699», *Colonial Latin American Review*, 10, 2001, pp. 167-188.

GWYNN, D. M., *Athanasius of Alexandria: Bishop, Theologian, Ascetic, Father*, Oxford, Oxford University Press, 2012.

HALL, S., «Cultural Identity and Diaspora», en *Colonial Discourse and Post-Colonial Theory: A Reader*, eds. P. Williams, y L. Chrisman, New York, Columbia University Press, 1994, pp. 392-403.

HAMERLY, M., *Artes, Vocabularios, and Related Ecclesiastical Materials of Quichua/quechua, Aymara, Puquina, and Mochica Published During the Colonial Period: A History and a Bibliography*, Herzogenrath, Shaker Verlag, 2011.

HARRISON, R., *Sin and Confession in Colonial Peru: Spanish-quechua Penitential Texts, 1560-1650*, Austin, University of Texas Press, 2012.

HATFIELD, G., «Mechanizing the Sensitive Soul», en *Matter and Form in Early Modern Science and Philosophy*, ed. G. Manning, Leiden, Brill, 2012, pp. 151-186.

HERAS, J., «Las doctrinas franciscanas en el Perú colonial», en *Actas del III Congreso Internacional sobre los Franciscanos en el Nuevo Mundo (siglo XVII)*, Madrid, Editorial Deimos, 1991, pp. 693-723.

— «Prólogo», en Oré, L. J. de, *Símbolo Catholico Indiano* [1598], ed. facsimilar dirigida por A. Tibesar, Lima, Australis, 1992.

— «Bio-bibliografía de fray Luis Jerónimo de Oré, 1554-1630», *Revista Histórica*, 29, 1966, pp. 173-192.

HUSSON, J. P., «Literatura Quechua», *BIRA*, 29, 2002, pp. 387-522.

ITIER, C., *et al.*, *Qosqo quechwasimipi akllasqa rimaykuna = Antología quechua del Cusco*, Cuzco, Municipalidad del Cuzco/Centro Guaman Poma de Ayala, 2012.

JESUITA ANÓNIMO, *Relación de las costumbres antiguas de los naturales del Perú*, en *Crónicas peruanas de interés indígena*, ed. F. Esteve Barba, Madrid, Ediciones Atlas, 1968, vol. 209.

JULIEN, C., *Reading Inca History*, Iowa City, University of Iowa Press, 2000.

— «Francisco de Toledo and His Campaign against the Incas», *Colonial Latin American Review*, 16, 2007, pp. 243-272.

LAMANA, G., «Conocimiento de Dios, razón natural e historia local y universal en la «Nueva corónica y buen gobierno» de Guaman Poma de Ayala», *Revista de Crítica Literaria Latinoamericana*, 80, 2014, pp. 103-116.

LAVALLÉ, B., *Las promesas ambiguas: ensayos sobre el criollismo colonial en los Andes*. Lima, Pontificia Universidad Católica del Perú/Instituto Riva-Agüero, 1993.

LEVILLIER, R., *Gobernantes del Perú: cartas y papeles, siglo XVI. Documentos del Archivo de Indias*, Madrid, Imprenta de Juan Pueyo, 1924, vol. 3.

— *Don Francisco de Toledo. Supremo organizador del Perú. Su vida, su obra (1515-1582)*, Madrid, Espasa-Calpe, 1935-1940, vol. 2.

LEWIS, E., «Fray Luis de Granada», en *Dictionary of Literary Biography:16th-Century Spanish Writers*, ed. G. B. Kaplan, Detroit, Thomson Gale, 2006, pp. 96-102.

LIENHARD, M., «Oralidad», *Revista de Crítica Literaria Latinoamericana*, 20, 1994, pp. 371-374.

LISI, F., *El Tercer Concilio Limense y la aculturación de los indígenas sudamericanos. Estudio crítico con edición, traducción y comentario de las actas del concilio provincial celebrado en Lima entre 1582 y 1583*, Salamanca, Universidad de Salamanca, 1990.

LÓPEZ DE VELASCO, J., *Geografía universal de las Indias recopilada por el cartógrafo-cronista Juan López de Velasco desde el año de 1571 al de 1574* [1574], Madrid, Establecimiento tipográfico de Fortanet, 1894.

MACCORMACK, S., «From the Sun of the Incas to the Virgin of Copacabana», *Representations*, 8, 1984, pp. 30-60.

— «"The Heart Has Its Reasons": Predicaments of Missionary Christianity in Early Colonial Peru», *The Hispanic American Historical Review*, 65, 1985, pp. 443-466.

— *Religion in the Andes: Vision and Imagination in Early Colonial Peru*, Princeton, Princeton University Press, 1991.

MARTÍN HERNÁNDEZ, F./MARTÍN DE LA HOZ, J. C., *Historia de la Iglesia: la Iglesia en la época moderna*, Madrid, Palabra Ediciones, 2011.

MAZZOTTI, J. A., «Betanzos: de la "épica" incaica a la escritura coral. Aportes para una tipología del sujeto colonial en la historiografía andina», *Revista de Crítica Literaria Latinoamericana*, 40, 1994, pp. 239-258.

— «La heterogeneidad colonial peruana y la construcción del discurso criollo en el siglo XVII», en *Asedios a la heterogeneidad cultural: libro de homenaje a Antonio Cornejo Polar*, eds. J. A. Mazzotti y J. Zevallos Aguilar, Philadelphia, Asociación Internacional de Peruanistas, 1996, pp. 173-196.

— «Introducción. Las agencias criollas y la ambigüedad "colonial" de las letras hispanoamericanas», en *Agencias criollas. La ambigüedad "colonial" en las letras hispanoamericanas*, ed. J. A. Mazzotti, Pittsburgh, Instituto Internacional de Literatura Iberoamericana, 2000, pp. 7-35.

— *Lima fundida: épica y nación criolla en el Perú*, Madrid/Frankfurt, Iberoamericana/Vervuert, 2016.

MEDINA, J. T., *Historia de la literatura colonial de Chile*, Santiago de Chile, Imprenta de la Librería del Mercurio, 1878, vol. 2.

— *Biblioteca hispano-chilena (1523-1817)*, Santiago de Chile, Impreso y grabado en casa del autor, 1897.

— *La imprenta en Lima (1584-1824)*, Santiago de Chile, Impreso y grabado en casa del autor, 1904, vol. 1.

— *La Imprenta en México (1539-1821)*, Santiago de Chile, Impreso y grabado en casa del autor, 1909, vol. 1.

— *Diccionario biográfico colonial de Chile*, Santiago de Chile, Imprenta Elzeviriana, 1906.

MERRIM, S., *The Spectacular City, Mexico, and Colonial Hispanic Literary Culture*, Austin, University of Texas Press, 2010.

MIGNOLO, W., «Cartas, crónicas y relaciones del descubrimiento y la conquista», en *Historia de la literatura hispanoamericana: Época colonial*, ed. I. Madrigal, Madrid, Cátedra, 1982, pp. 57-116.

— «La lengua, la letra, el territorio o la crisis de los estudios literarios coloniales», *Dispositio*, 28, 1986, pp. 137-160.

— «On the Colonization of Amerindian Languages and Memories: Renaissance Theories of Writing and the Discontinuity of the Classical Tradition», *Comparative Studies in Society and History*, 34, 1992, pp. 301-330.

— «Colonial and Postcolonial Discourse: Cultural Critique or Academic Colonialism?», *LARR*, 28, 1993, pp. 120-134.

— «Afterword: Writing and Recorded Knowledge in Colonial and Postcolonial Situations», en *Writing Without Words: Alternative Literacies in Mesoamerica and the Andes*, eds. Mignolo, W. y Boone, E. H., Durham, Duke University Press, 1994, pp. 292-312.

— «Decires fuera de lugar: Sujetos dicentes, roles sociales y formas de inscripción», *Revista de Crítica Literaria Latinoamericana*, 21, 1995, pp. 9-31.

— «Introduction to José de Acosta's *Historia natural y moral de las Indias*», en *Natural and Moral History of the Indies*, trad. F. M. López-Morillas, ed. J. E. Mangan, Durham/London, Duke University Press, 2002, pp. XVII-XXVIII.

— *The Darker Side of the Renaissance: Literacy, Territoriality and Colonization*, Ann Arbor, University of Michigan Press, 2003.

MOLINA, C. de, *Relación de las fábulas y ritos de los Incas*, ed. P. Jiménez del Campo, P. Cuenca Muñoz, y E. López Parada, Madrid/Frankfurt, Iberoamericana/Vervuert, 2010.

MOLL, J., *Problemas bibliográficos del libro del Siglo de Oro*, Madrid, Imprenta Aguirre, 1979, 49-107, vol. 59.

MORAÑA, M., *Viaje al silencio: exploraciones del discurso barroco*, Ciudad de México, Universidad Nacional Autónoma de México, 1998.

MORGAN, R. J., *Spanish American Saints and the Rhetoric of Identity, 1600-1810*, Tucson, University of Arizona Press, 2002.

MUMFORD, J., «Francisco de Toledo, admirador y émulo de la «tiranía» inca», *Histórica*, 35, 2011, pp. 45-67.

— *Vertical Empire: The General Resettlement of Indians in the Colonial Andes*, Durham, Duke University Press, 2012.

MURRAY, P., *Aquinas at Prayer: The Bible, Mysticism and Poetry*, London, Bloomsbury, 2013.

OCAÑA, D. de, *A través de la América del Sur*, ed. A. Álvarez, Madrid, Historia 16, 1987.

— *Viaje por el Nuevo Mundo: de Guadalupe a Potosí, 1599-1605*, ed. B. López de Mariscal y A. Madroñal, Madrid/Frankfurt, Iberoamericana/Vervuert, 2010.

O'GORMAN, E., «Prólogo», en Acosta, J. de, *Historia natural y moral de las Indias: en que se tratan de las cosas notables del cielo, elementos, metales, plantas y animales de ellas, y los ritos, y ceremonias, leyes y gobierno, de los Indios*, ed. E. O'Gorman, Ciudad de México, Fondo de Cultura Económica, 1962, pp. XI- LIII.

— «Estudio Preliminar», en Casas, B. de Las, *Apologética historia sumaria*, [1552?], ed. E. O'Gorman, Ciudad de México, Universidad Nacional Autónoma de México, 1967, pp. XV-LXXIX.

OÑA, P., *Primera parte de Arauco domado*, Lima, Imprenta de Antonio Ricardo, 1596.

ORÉ, L. J. de, *Símbolo católico indiano en el cual se declaran los misterios de la fe contenidos en los tres símbolos católicos, Apostólico, Niceno, y de San Atanasio. Contiene asimismo una descripción del Nuevo Orbe, y de los naturales de él: y un orden de enseñarles la doctrina cristiana en las dos lenguas generales, quichua y aymara, con un confesionario breve y catecismo de la comunión: todo lo cual está aprobado por los reverendísimos señores arzobispo de los Reyes, y obispos del Cuzco, y de Tucumán*, Lima, Imprenta de Antonio Ricardo, 1598.

— *Symbolo Catholico Indiano* [1598], ed. facsimilar dirigida por A. Tibesar. Lima, Australis, 1992.

— *Rituale seu Manuale Peruanum et forma brevis administrandi apud Indos sacramenta per Ludovicum Hieronymum Orerium, elaborata*, Napoli, 1607.

— *Corona de la sacratísima Virgen María, Madre de Dios, nuestra Señora, en que se contienen ochenta meditaciones, de los principales misterios de la fe: que corresponden a setenta y tres Ave Marías y ocho veces el Pater Noster, ofrecidas a los felices años que vivió en el mundo*, Madrid, por la viuda de Cosme Delgado, 1619.

— «Carta de fray Luis Jerónimo de Oré, obispo de La Concepción a su majestad, 4 de marzo de 1627», en Chile 60, Cartas y expedientes de los obispos de Santiago y Concepción, 1564-1633, Archivo General de Indias. Sevilla, España.

— «Carta de fray Luis Jerónimo de Oré, obispo de La Concepción a su majestad, 5 de marzo de 1627», en Chile 60, Cartas y expedientes de los obispos de Santiago y Concepción, 1564-1633, Archivo General de Indias, Sevilla, España.

— *Relación de los mártires de la Florida del P.F. Luis Jerónimo de Oré (c. 1619)*, ed. y estudio preliminar R. Chang-Rodríguez, Lima, Pontificia Universidad Católica del Perú, 2014.

— *Relación histórica de la Florida, escrita en el siglo XVII*. Edición, prólogo y notas del P. Atanasio López, Madrid, Imprenta de Ramona Velasco, 1931.

ORTIZ, F., *Contrapunteo cubano del tabaco y el azúcar*. Introducción de Bronislaw Malinowski, Barcelona, Ariel, 1973.

PAGDEN, A., *The Fall of Natural Man: The American Indian and the Origins of Comparative Ethnology*, Cambridge, Cambridge University Press, 1982.

PAREDES, J. de/Carlos II, *Recopilación de leyes de los reinos de las Indias: Mandadas a imprimir y publicar por la Majestad católica del rey don Carlos II, nuestro señor.: Va dividida en cuatro tomos, con el índice general, y al principio de cada tomo el índice especial de los títulos, que contiene*, Madrid, 1681, vol. 1.

PASCUAL, P., «Las pragmáticas y la industria editorial española en el reinado de Felipe II», en *Congreso Internacional Felipe II (1598-1998), Europa dividida, la monarquía católica de Felipe II. Coord. V. Pinto Crespo,* Madrid, Parteluz, 1998, pp. 403-423.

PELLO, X., «Los últimos días de Luis Jerónimo de Oré (1554-1630): un nuevo documento biográfico», *Bulletin del Institut Francais D'etudes Andines,* 29, 2000, pp. 161-171.

PEREÑA, L., «José de Acosta. Proyecto de sociedad colonial pacificación y colonización. Estudio Preliminar», en Acosta, J. de., *De procuranda indorum salute,* ed. L. Pereña, Madrid, Consejo Superior de Investigaciones Científicas, 1984, pp. 3-46.

PÉREZ BOCANEGRA, J., *Ritual formulario, e institución de curas, para administrar a los naturales de este reino, los santos sacramentos del bautismo, confirmación, eucaristía, y viático, penitencia, extremaunción, y matrimonio: con advertencias muy necesarias,* Lima, Impresor Geronymo de Contreras, 1631.

PINO, F. del, «Estudio introductorio», en Acosta, José de, *Historia natural y moral de las Indias,* Madrid, Consejo Superior de Investigaciones Científicas, 2008, pp. XVII- LV.

POLO, J. T., «Luis Jerónimo de Oré», *Revista Histórica,* 2, 1907, pp. 74-91.

PORRAS BARRENECHEA, R., «Introducción», en González Holguín, D., *Vocabulario de la lengua general de todo el Perú llamada lengua quichua o del Inca* [1608], ed. R. Porras Barrenechea, Lima, Imprenta Santa María, 1952.

— *Los cronistas del Perú, 1528-1650,* Lima, Sanmartí Impresores, 1962.

PRADO, P. de, *Directorio espiritual en la lengua española y quichua general del inca,* Lima, Jorge López de Herrera, 1641.

— *Directorio espiritual en la lengua española y quichua general del inga,* Lima, Luis de Lira, 1651.

Pragmática sobre los diez días del año: impresa por mandato de los señores presidentes y oidores de la Real Audiencia, Lima, Imprenta de Antonio Ricardo, 1584.

PRATT, M. L., *Imperial Eyes: Travel Writing and Transculturation,* London, Routledge, 1992.

PUCKREIN, G. A., «Humoralism and Social Development in Colonial America», *JAMA,* 245, 1981, pp. 1755-1757.

QUIJANO, A./I. Wallerstein, «Americanity As a Concept, or the Americas in the Modern World-System», *International Social Science Journal,* 44, 1992, pp. 549-557.

RAMA, Á., *La ciudad letrada,* Montevideo, Arca, 1998.

RAMOS GAVILÁN, A., *Historia de Nuestra Señora de Copacabana,* La Paz, Academia Boliviana de la Historia, 1976.

REINA, C. de y VALERA, C. de, *La Santa Biblia: Antiguo y Nuevo Testamento,* 2013, disponible en <http://iglesia-de-cristo.org/biblia/>.

«Relación de los méritos del Doctor don Dionisio Ore Peña de Chávez, Arcediano de la Santa Iglesia Catedral de Guamanga, desde el año de mil setecientos y siete, 1709», John Carter Brown Library, Providence, Rhode Island.

RICHTER, F., *Fr. Luis Jerónimo de Oré O.F.M. Obispo de Concepción*, Santiago de Chile, Ediciones del Archivo Franciscano, 1990.

RIVARA DE TUESTA, M. L., «La influencia de los clásicos en la filosofía colonial peruana. Fray Jerónimo de Valera (1568-1625)», en *La tradición clásica en el Perú virreinal*, ed. T. Hampe Martínez y F. Pease, Lima, Sociedad Peruana de Estudios Clásicos, 1999.

SAHAGÚN, B. de, *Historia general de las cosas de Nueva España*, ed. A. M. Garibay, Ciudad de México, Biblioteca Porrúa, 1969, vol. 3.

SALINAS Y CÓRDOBA, B. de, *Memorial de las historias del Nuevo Mundo Perú* [1539], ed. W. L., Cook, Lima, Universidad Nacional Mayor de San Marcos, 1957.

SALLES-REESE, V., *De Viracocha a la Virgen de Copacabana: representación de lo sagrado en el lago Titicaca*, Lima, Instituto Francés de Estudios Andinos, 2008.

SALOMON, F., «La textualización de la memoria en la América Andina: una perspectiva etnográfica comparada», *América Indígena*, 54, 1994, pp. 229-261.

SANTO TOMÁS, D. de, *Gramática, o arte de la lengua general de los indios de los reinos del Perú*, Valladolid, Imprenta de Francisco Fernández de Córdova, 1560.

— *Lexicón, o vocabulario de la lengua general del Perú*, Valladolid, Imprenta de Francisco Fernández de Córdova, 1560.

SEPÚLVEDA, J. G., *J. Genesii Sepulvedae Cordubensis Democrates alter, sive de justis belli causis apud Indos: Demócrates segundo o de las justas causas de la guerra contra los indios*, ed. y estudio introductorio de M. Menéndez y Pelayo, en *Boletín de la Real Academia de la Historia*, 21, 1892, pp. 257-369.

SHEPHERD, G. J., *José De Acosta's De Procuranda Indorum Salute: A Call for Evangelical Reforms in Colonial Peru*, New York, Peter Lang Publishing, 2014.

SOLÓRZANO PEREIRA, J. de, *Política indiana*, Madrid, Diego de la Carrera, 1647.

SPITTA, S., *Between Two Waters: Narratives of Transculturation in Latin America*, Houston, Rice University Press, 1995.

STERN, S., *Peru's Indian Peoples and the Challenge of the Spanish Conquest: Huamanga to 1640*, Madison, University of Wisconsin Press, 1982.

STEVENSON, R., *The Music of Peru: Aboriginal and Viceroyal Epochs*, Washington, Pan American Unión, 1960.

— *Music in Aztec & Inca Territory*, Berkeley, University of California Press, 1968.

TAYLOR, G., *El sol, la luna y las estrellas no son Dios: la evangelización en quechua, siglo XVI*, Lima, Instituto Francés de Estudios Andinos, 2003.

Tercero catecismo y exposición de la doctrina cristiana, por sermones: para que los curas y otros ministros prediquen y enseñen a los indios y a las demás personas, Lima, Imprenta de Antonio Ricardo, 1585.

TIBESAR, A., *Franciscan Beginnings in Colonial Peru*, Washington, Academy of American Franciscan History, 1953.

TOMLINSON, G., *The Singing of the New World: Indigenous Voice in the Era of European Contact*, Cambridge, Cambridge University Press, 2007.

TORD, L. E., «Luis Jerónimo de Oré y el *Symbolo Catholico Indiano*», en Oré, L, J, de. *Símbolo Católico Indiano* [1598], ed. facsimilar dirigida por A. Tibesar. Lima, Australis, 1992.

URZÁIZ TORTEJADA, H., «El libro áureo: un tótem cultural», en *Materia crítica: formas de ocio y de consumo en la cultura áurea*, ed. E. García Santo-Tomás, Madrid/ Frankfurt, Iberoamericana/Vervuert, 2009, pp. 127-148.

URTON, G., *The History of a Myth: Pacariqtambo and the Origin of the Inkas*, Austin, University of Texas Press, 1990.

— «From Knots to Narratives: Reconstructing the Art of Historical Record Keeping in the Andes», *Ethnohistory*, 45, 1998, pp. 409-438.

— *Inca Myths*, Austin, University of Texas Press, 1999.

VARGAS UGARTE, R., *Impresos peruanos: [1584-1650]*, Lima, Universidad Nacional Mayor de San Marcos, 1956, vol. 1.

VEGA, Inca G. de la, *Comentarios reales de los Incas*. [1609, 1617], Lima, Fondo Editorial de la Universidad Inca Garcilaso de la Vega, 2007.

— *Segunda parte de los comentarios reales, que tratan del origen de los incas, reyes que fueron del Perú, de su idolatría, leyes y gobierno, en paz y en guerra, de sus vidas y conquistas, y de todo lo que fue aquel imperio y su república antes que los españoles pasaran a él*, Madrid, Imprenta de los hijos de doña Catalina Piñuela, 1829, vol. 2.

VITULLI, J. M., *Instable puente: la construcción del letrado criollo en la obra de Juan de Espinosa Medrano*, Chapel Hill, University of North Carolina Press, 2013.

VITULLI, J./SOLODKOW, David M., «Introducción», en *Poéticas de lo criollo. La transformación del concepto "criollo" en las letras hispanoamericanas (siglo XVI al XIX)*, eds. J. Vitulli y D. Solodkow, Buenos Aires, Corregidor, 2009, pp. 9-58.

WEY-GÓMEZ, N., *The Tropics of Empire: Why Columbus Sailed South to the Indies*, Cambridge, MIT Press, 2008.

— «Los trópicos del imperio: Cristóbal Colón y el sur en la empresa de las Indias», en *La pluma es lengua del alma: ensayos en honor de E. Michael Gerli*, ed. M. Gerli, Newark, Juan de la Cuesta-Hispanic Monographs, 2011, pp. 433-457.

ZALDUMBIDE, G., *Fray Gaspar de Villarroel, siglo XVII*, Quito, Biblioteca Ecuatoriana Mínima, 1960.

ZAMORA, M., «Historicity and Literariness: Problems in the Literary Criticism of Spanish American colonial Texts», *MLN*, 102, 1987, pp. 334-346.

— *Language, Authority, and Indigenous History in the Comentarios Reales de los Incas*, Cambridge, Cambridge University Press, 1988.

ZÁRATE, A. de., *Historia del descubrimiento y conquista de las provincias del Perú y de los sucesos que en ella habido, desde que se conquistó, hasta que el licenciado de la Gasca, obispo de Sigüenza volvió a estos reinos: y de las cosas naturales que en la dicha provincia se hallan dignas de memoria* [1555], Sevilla, En la casa de Alonso Escribano, 1577.